作者简介

王　俊　女，湖北黄石人。2011年毕业于华中师范大学对外汉语教学专业，获文学博士学位。2015年博士后出站。现为深圳职业技术学院对外汉语教师。

本书为2017年教育部青年基金项目"动宾关涉对象类离合词及其构式研究"的部分成果，由深圳职业技术学院学术著作出版基金资助出版。

当代人文经典书库

XianDai HanYu LiHe—Ci
YanJiu

现代汉语离合词研究

王 俊 ◎ 著

东北师范大学出版社
NORTHEAST NORMAL UNIVERSITY PRESS

长春

图书在版编目（CIP）数据

现代汉语离合词研究 / 王俊著 . —长春：东北师
范大学出版社，2018. 2
ISBN 978 - 7 - 5681 - 4206 - 9

Ⅰ. ①现… Ⅱ. ①王… Ⅲ. ①现代汉语—构词法—研究
Ⅳ. ①H146. 1

中国版本图书馆 CIP 数据核字（2018）第 037722 号

□责任编辑：包瑞峰　　　　　　　　　□封面设计：中联学林
　　　　　　　　　　　　　　　　　　□内文设计：中联学林
□责任校对：王春彦　　　　　　　　　□责任印制：张 允 豪

东北师范大学出版社出版发行

长春市净月开发区金宝街 118 号（邮政编码：130117）

销售热线：0431 - 84568122

传真：0431 - 84568122

网址：http：//www. nenup. com

电子函件：sdcbs@ mail. jl. cn

三河市华东印刷有限公司印装

2018 年 2 月第 1 版　2018 年 2 月第 1 次印刷

幅面尺寸：170mm×240mm　印张：16. 5　字数：296 千

定价：**68. 00 元**

目　录
CONTENTS

第一章

绪　论

1.1　关于离合词的研究

在 20 世纪初期,汉语拼音化运动引起了汉语学界对离合词现象的关注。汉语拼音化的目的之一是使汉语摆脱汉字的束缚,最终把汉字变为拼音文字,从而与西方保持一致。实现拼音化要解决的问题之一就是要像印欧语一样将词作为书写单位,实现"分词连写",而分词连写遇到的最大困难就是将汉语的词这一级单位明确地界定处理,可是明确划分词的最大障碍就是词的离合现象。如"洗澡"是将其作为一个词拼写为"xǐzǎo",还是拼写为"xǐ zǎo"? 这些结构是词还是短语? 陈望道先生就发现双音述词,如"上当"、"捣乱"、"生气"等的对象词是"你"、"我"、"他"等的时候,常常会将对象词插于双音述词的中间,成为"上你的当"、"捣我的乱"、"生他的气"等等句式。虽然陈望道先生并没有对此现象作进一步的分析,但是由于离合词的特殊性,此后的学者对离合词的现象逐步给予了关注并进行了多维度的探讨,由此拉开了词的离合现象的序幕。总体来看,离合词的研究自 20 世纪 40 年代开始,可以分为两个阶段:

第一阶段是基本问题的探索阶段(从 20 世纪 40 年代起到 70 年代末):该阶段的研究主要集中在厘清离合词的基本面貌为基点,以汉语拼音化运动为背景,以词与词组的界定与分词连写的探讨为动力,探索离合词的定义、性质、分类、归属等。

第二阶段是扩展深挖阶段(从 20 世纪 80 年代起至今):该阶段的研究除了进一步探索离合词的基本问题以外,还主要运用新的理论方法对离合词进行全方位、多层次、广角度的深入研究,着力在实际应用,如对外汉语教学、中文信息处理和词典编撰等实践方面进行探讨。

以下是对离合词半个多世纪以来研究成果的总结,将从本体研究和应用研究两个方面进行介绍：

1.2　已有的研究与认识

1.2.1　离合词的本体研究

1.2.1.1　离合词的命名

对离合词的命名众多，自 20 世纪上半叶人们开始关注离合词开始，人们就根据自己对它的认识进行多角度的命名，这一现象在汉语研究史上实属少见，也从中凸显了离合词的复杂性。如：

1946 年，王力在《中国语法纲要》中将离合词称为"仂语"。

1953 年，林汉达曾经在《动词的连写问题》中也注意到动宾结构的可分离性，将离合词称为"离合词动词"。

1954 年，彭楚南在《两种词和三个连写标准》中将离合词命名为"可分离词"。

1957 年，张寿康在《关于汉语构词法》中，首次提到"离合动词"。

1957 年，洪笃仁在《词是什么》中将离合词命名为"词化词组"。

1957 年，陆志韦在《汉语构词法》中最早提出了"离合词"这一概念。

1968 年，赵元任在《汉语口语语法》中将这类结构中的成分称为"离子化形式"。

1979 年，吕叔湘先生在《汉语语法分析问题》中使用了"基本短语"和"短语词"来称呼那些介于词跟短语之间的组合，吕叔湘先生列举的例子中间包括了前人未有提及的动补结构。

1980 年，洪心衡在《汉语词法句法阐要》中将离合词命名为"组合词"。

1982 年，张理明在《论短语动词》中将离合词命名为"短语动词"。

1983 年，王松茂在《现代汉语》中将离合词作为"破裂词"来处理。

1983 年，史有为在《划分词的普遍性原则和系统性原则》中将离合词命名为"粘连短语"。

1983 年，刘月华在《使用现代汉语语法》中将离合词命名为"凝固得很紧的动宾短语"。

1990 年，柯彼得在《汉语作为外语教学的语法体系急需修改的要点》中将离合词命名为"最小的述宾结构"。

2003 年，黄晓琴在《"离合词"研究综述》中将离合词命名为"离合字组"。

2004 年,王用源在《废"离合词"、兴"词组词"》中将离合词命名为"组合词"。

2007 年,黎良军在《词性标注与异层同形单位的处理》中将离合词命名为"紧词组"。

以上这么多的命名中,陆志韦(1957)在提出"离合词"这一概念后,被大部分人所采纳,我们在下文中仍然沿用这一称谓。

1.2.1.2 离合词的属性

离合词到底属于词? 还是属于词组? 或者属于介于词与词组的中间状态? 这一直以来都是语法学界争论的焦点问题,至今仍然仁者见仁,智者见智,众说纷纭,争论不休。

1.2.1.2.1 词说

有学者认为离合词属于词或者更接近于词。持"词说"的观点有:林汉达(1953)第一个将离合词当作词来处理,称其为"结合动词"。他认为"凡是由动词跟附加语合成,中间能够插入某些音节的动词称为结合动词",后面的附加语是动词的"自身受词",它是补足动词所表示的动作,但是不是动作涉及的目的。他认为"唱歌"的"歌"是"唱"的自身受词,补足"唱"的意义,共同来说明施事者所发出的动作,而不是具体代表某个歌曲。

刘泽先(1953)认为不能因为一些词能够被拆开来就认为它们是两个词,否则"决议、服务、咳嗽"也是不能算作词的,因为"大伙决的议(马烽)、这个务是如何服的(赵树理)、又咳了两声嗽(巴金)"等用法确实是存在的。

彭楚南(1954)认为动宾结构是"可分离词",不论是分是合,这个动宾结构都是词。

胡裕树和张斌(1955)认为基于西方语言学的立场,它们认为"离合词是词"。

赵元任(1968)从"动不离宾、宾不离动"的角度出发,认为复合词也能够进行有限的扩展,"害羞、做梦、放心"等应该属于复合词的一种,并称之为"离子化"的复合词。

赵元任(1979)列举出判定复合词的 5 条标准,认为只要具备条件之一,都应该被认定为是复合词:(1)两个成分或者其中一个是不成词语素;(2)宾语素读为轻声;(3)整个结构是外中心的(即组合整体能够用名词、形容词等非动词或者及物动词);(4)意义的专门化;(5)不能分开使用。离合词虽然能够扩展,但都至少符合上述条件之一,因此按照赵先生的标准应该视为复合词。

赵淑华、张宝林(1996)对离合词阐述得较为全面,他们从离合词的常例与特例、原式与变式来论证离合词是一种较为特殊的词,认为这类特殊的词具有两种不同的形态且临时能够改变形态。汉语的双音节化趋势使得离合词能够以"合"

为常例,词语中使用的灵活性又能够出现"离"的特例,"是一类不同于一般的词,是一类比较特殊的词"。

饶勤(2001)从配价的角度研究动宾结构离合词,认为离合词属于一价动词。

吴道勤和李忠初(2001)认为在结构上,离合词要么各个结构成分合在一起表示一种特殊含义,要么含有粘着成分不能各自独立;在语素上,离合词虽然能够拆开使用,但是这只是词的内部语素之间的一种变化而已;在语法上,离合词具有明显的强制性和规律性,带有一套以动宾短语句法为模式的词的内部特殊的句法。所以不论离合词是合是离,均被认作为一种特殊的双音节动词。

向小清、向丽清(2008)从离合的现象、扩展、比较动宾词组和动宾式合成词等方面论证了离合词是一类介于"离"与"合"之间的一类特殊的词。

还有范晓(1981)、李清华(1983)、赵金铭(1984)、张静(1987)、郭锐(1996)、柯彼得(1999)、齐沪扬(2000)、华玉山(2005)、王海峰(2008)均认为离合词是词的一种。

1.2.1.2.2 词组说

王力先生(1946)称"两个或更多词的组合"为"仂语"。他严格以能否扩展作为区别词跟短语的标准,认为"凡是两个字中间还可以插得进别的字者,就是仂语,否则只是一个单词",认为像"说话、睡觉、走路、害病"等因为能够说成"说大话、睡了一觉、走小路、害了大病"等,应该都看成词组。

吕叔湘先生(1979)在谈及离合词时没有对此下过非常肯定的结论,但是他更倾向于将一般的离合词从语法角度来归入短语。他屡屡提及语法与词汇之间的矛盾,从词汇的角度看,"睡觉,打仗"等应该能够算作一个词,但从语法的角度看,不得不认为这些组合为短语。"一个组合成分要是可以拆开,可以变换位置,这个组合只能是短语。可是有些组合只有单一的意义,难于将这个意义分割开来交给这个组合的成分,例如'走路,洗澡,睡觉,吵架,打仗'等,因此有人主张管这类组合叫'离合词',不分开的时候是词,分开的时候是短语。可是这种组合的语法特点与一般的动名组合没有什么两样。"但是在文章的小结部分,吕先生还是认为"词汇上可以认为是一个词,而语法上宁可认为是一个短语:走路/打仗/睡觉,这种例子还是应该归入短语"。此外,他还提出了"短语词"的概念。

钟锓先生(1954)从词的语法特征的角度将离合词归入短语。

张静先生(1987)指出"任何一个合成成分都不能扩张",他认为离合词应该算为词组。她提出了区别述宾结构离合词和述宾结构短语的几条标准:两个成分凝固为一个特定的意义,表示一个简单的概念,有的整个结构是可以再带上宾语,两个成分的次序是不能颠倒的;有的结构中间虽然能够插入其他成分,动词性词素可以重叠,但是其中一个成分不能独立成词,扩展性是也是有限的。

王彬(2006)从扩展法论述"可离可合"只是复合词的特点,其实"事实上无离合词",所谓离合词"本身就是一个短语"。持此种观点或者与此种观点接近的还有史有为(1983)、王还(1995)、李大忠(1996)等。

1.2.1.2.3 离为短语合为词说

陆志韦先生(1957)早在提出"离合词"这一概念的同时,就已经明确了他对于离合词的态度了。在《汉语构词法》中,陆志韦认为离合词"合起来是一个词,在同形式的结构里,两段分开了,就是两个词"。"两个词"的说法暗含"分开后是短语"的意思。陆志韦先生的离合说理论是在词与短语区分的基础之上,运用扩展法对词与短语进行区分。一些能够扩展的结构,当它们不再扩展的时候,整个词连写,则同样收入词典。当中间插入其他成分时,就不能不分写,就变为两个词,离合词应该是合则为词,离为短语的一类。

张寿康先生(1957)认为"革命、跳舞、洗澡、鞠躬"这类单位,是赵元任先生所提出的"这种结构的性质介乎造句和造词之间"的单位。这一类单位可以命名为"离合动词",因为这一类词在句法上经常是一个成分。如"我洗澡了",这句话中"洗澡"作谓语而不是"洗"作谓语,"澡"作宾语。可他们的内部构造用"词"的语法特点来衡量,就又具有词组的资格。所以这类用支配式构成的"离合动词",合在一起为一个"词",拆开来用时是一个"短语"。

朱德熙先生(1982)以扩展法为界限,认为述宾结构复合动词在扩展以前是复合词,扩展以后就属于组合式的述宾结构。从结构上考虑"'吃饭'是粘合式述宾短语,述语'吃'和宾语'饭'都是独立的词。'吃亏'的'亏'是粘着语素,不是词,所以'吃亏'是述宾式复合词,不是述宾结构。可是述宾式复合词跟其他类型的复合词不一样,往往可以扩展","扩展以前是复合词,扩展以后就成了组合式述宾结构,在由复合词扩展成组合式述宾结构里,述语和宾语往往不能彼此分离,例如只能说'失了一次火',不能说'失了一次',可以说'起了个草',不能说'一个草'"。

张涤华、胡裕树(1988)认为:"意义上具有整体性、单一性,但是结构上有时可以分开或者扩展的语素的组合——这类词合则为一,离则为二,即合的时候是一个词,分开的时候是一个短语。"

邢福义先生(1996)认为离合词的原式可以称为"本来形式",应该属于词;"鞠了一个躬、洗了一个澡、散了一会步"称为临时性扩展形式,属于短语。

持此种观点的还有张寿康(1957)、郭绍虞(1979)、黄小萍(1982)、喻芳葵(1989)、杨庆蕙(1995)、余维钦,戴为华(1996)、胡明扬(2001)、曹保平,冯桂华(2003)、任凤琴(2005)、于晶晶(2005)等等。

1.2.1.2.4 中间状态说

张理明先生(1982)认为,离合词是词与短语之间的一类,兼有词与短语的性质。

李临定(1990)认为,汉语的词与短语之间是渐变的,没有截然分明的界限,离合词就是处于词与短语之间的一类,但是更接近于词。

史有为先生(1992-1999)认为,离合词是"词与短语的中间状态",认为这种组合看成词或者短语都未尝不可。他曾主张对于词的划分应该有一贯到底的标准,将汉语的词定义为"汉语的词是在专指的语义下具有不可扩展性的造句语法单位"。可他在划分动宾结构词的时候却又放弃了这种说法:"'洗澡'和'洗了一个澡'既然是同一个东西,那么就很难认为它们是不同的语言单位,既不能说'洗'和'澡'在'洗澡'中是语素,而在'洗了一个澡'中是词。因此,说'洗澡'是词而'洗了一个澡'是短语,是不合逻辑的。"

范晓先生(1996)认为:"词与短语之间能够划界,这是一面,同时也应看到另一面,即词跟短语之间也没有绝对的界限","有一些组合是词还是短语不是很明显:既像词,又像短语,处于中间状态,这是可以理解的。短语向词转化,这是普遍现象;也有少数的词向短语转化。这种相互转化的过程,即量变到质变的过程。在未达到根本质变的时候,组合便既不是标准词,也不是标准短语,他们正处于词与短语之间的一种中间状态的组合"。

梁驰华(2000)认为:"离合词既有语义上凝聚性,又有语法上的松弛性。它的形式具有词组的特点,意义上具有词的特点,是处于词和词组之间的一种中间性语言单位。"

周上之(2001)指出,离合词是一个具有词与词组中间性状和兼有单词与词组双重功能的语词群体,只有一个可分可合的共同的外部特征,而缺乏单一的共同的语法性质,是集词与短语于一身的语言单位。

李明浩(2002)用模糊理论说明离合词这样的中间状态是客观存在,无法排除的。

任凤琴(2005)指出,"汉语的语素、词和词组之间没有泾渭分明的界限,而是存在着连续渐变的过渡体,过渡体中间就只有模棱两可的亦此亦彼的中间体,离合词就是这样的一个变体"。

持此种观点的还有洪笃仁(1984)、曹乃玲(1994)、张斌(1998)、吕文华(1999)、齐沪扬(2001)、冯胜利(2001)、蔡国妹(2002)、王会琴(2008)等。

1.2.1.2.5 字结/字组说

徐通锵先生（2001）认为，汉语中没有和词（word）相当的结构单位，词是印欧系语言的基本结构单位，而"字"才是汉语的基本结构单位。中国语言学家奋斗了几十年还分不清词与词组的界限，以及计算机语言信息处理在分词的问题上止步不前的一个重要原因就是很难说清哪些是凝固的词，哪些是联系松散的词组。因此，根据徐先生的观点，他认为字以上、词以下的结构单位，都可以笼统地叫作"字组"，其中二字组最为常见、最为重要。

持此种观点的还有黄晓琴（2004）、刘颂浩（2006）、王骏（2006）、管春林（2008）、邹晓辉（2013）等。

1.2.1.2.6 否认存在说

还有些学者认为汉语的语法单位中根本就不存在离合词，如果将离合词还原为字组，这种语言现象根本就没有任何奇特之处，而是汉语组合的常规形式。

但持此种观点的学者比较少。

1.2.1.3 离合词的界定

对于离合词的鉴定标准，很多学者也对此提出了自己的观点：吕叔湘先生（1979）认为离合词这种组合只有单一的意义，很难将这个意义分割开从字面上简单理解。

朱德熙先生（1982）提出判定述宾结构离合词的几个特点：（1）汉语粘着语素；（2）述语与宾语常常不能分离；（3）有些离合词是能够带上宾语的。

赵金铭（1984）认为离合词从语法功能上看整个动名结构的作用，相当于一个形容词或者动词，即便是拆开使用，整个动名结构的性质是依然存在的。

张静（1987）提出了判定离合词的几个标准：（1）两个成分凝固成为一个特定的意义，表示一个简单的概念；（2）有的离合词的整个结构能够再带上宾语，有的离合词的两个成分的次序是不能颠倒的，有的离合词中间虽然能够插入其他成分；（3）离合词的动词性语素虽然能够重叠，但是其中的一个成分不能独立成词；（4）扩展形式是有限的。

赵淑华、张宝林（1996）提出鉴定离合词的几条标准：（1）组合成分中含有粘着语素的是离合词；（2）离合词的搭配受到限制，即一个动词性成分只能与一个名词性成分组合；（3）非动宾结构却用为动宾结构的动名组合是离合词；（4）能够扩展又兼属名词或者形容词的是离合词。凡是符合其中之一的都应该归入离合词的范畴。

吴道勤、李忠初（2001）也提出鉴定离合词的几条标准：（1）在结构上，离合词或各个结构成分合在一起表达一种特殊的含义，或包含有粘着而不能各自独立的成分;(2)在语素上,虽然能够拆开来使用,但是这些形式最终只是词内部语素之间的一种变化而已;(3)在语法上,离合词具有明显的规约性和强制性,而且有一套以动宾短语的句法为模式的词的内部特殊的句法。

此外,提出离合词界定的还有王洪君(1994)、周上之(1998)、齐沪扬(2000)、沈怀兴(2002)、麻彩霞(2005)等等。

1.2.1.4 离合词的类型和扩展形式

1.2.1.4.1 离合词的类型

离合词的类型有一种到五种数目不一,在语言学界一直没有形成一致意见,但主要有以下五种:

吕文华(1999)认为离合词只有动宾结构。齐沪扬(2000)赞同此观点。

张宝敏(1981)认为离合词有动宾结构和动补结构两种。蔡国妹(2002)、朱坤林(2006)持此种观点。

金锡谟(1984)认为离合词有动宾结构、联合结构、偏正结构三种;刘顺(1999)认为离合词有动宾结构、主谓结构、动补结构三种;付世勇(2001)认为离合词有动宾结构、补充结构、附加结构三种。

曹保平、冯桂华(2003)认为离合词有动宾结构、动补结构、主谓结构和联合结构四种。持此种观点的还有王素梅(1999)。

谢耀基(2001)认为离合词有动宾结构、动补结构、主谓结构、联合结构和偏正结构五种。

1.2.1.4.2 离合词的扩展形式

赵元任(1968)认为离合词的扩展形式有:(1)动词带上后缀或者补语;(2)宾语带上修饰语;(3)动宾语素颠倒。

李清华(1983)认为动宾结构离合词的扩展形式有:(1)插入"着、了、过";(2)插入数量词;(3)插入其他方式,如"什么"。

段业辉(1994)认为离合词的扩展形式有:(1)插入时态动词;(2)插入趋向动词;(3)插入数量短语;(4)插入代词;(5)插入对称形式;(6)插入较为复杂的语言成分。

王铁利(2001)以语料库为基础,认为离合词有4类29种扩展形式。

任海波、王刚(2005)以语料库为基础,认为离合词有4类28种扩展形式。

王海峰(2008)基于2万字的语料统计,认为离合词有13种扩展形式。

1.2.1.5 离合词的成因及功能

张理明(1982)认为离合词离析的原因是为了让意思能够表达得更加具体和明确。当离合词表达动作影响到人,为了将具体受影响的人表达出来,才将其加

以扩展。·

王海峰(2002)结合语言范畴连续统等理论观点,从汉语的言谈交际与特点出发,深入地挖掘了离合词离析现象产生的根源。

马清华(2009)提出离合词的形成原因是多向和多源汇聚形成的。离合词有的由离到合,由语到词;有的由合到离,由词到语;还有短语词的自由变换关系,其形成原因是各不相同的。

蔡国妹(2002)认为离合词是汉语由古代汉语向现代汉语发展过程中出现的一种必然的现象。

对离合词的原因和功能进行探讨的还有喻芳葵(1989)、曹乃玲(1994)、聂仁忠、王德山(1994)、吴登堂(1996)、饶勤(1997)、刘顺(1999)、梁驰华(2000)、付士勇(2001)、王铁利(2001)、丁勇(2002)等。

1.2.2　离合词的应用研究

随着对外汉语教学事业的发展与计算机技术的进步,离合词成为汉语教学和中文信息处理中的一大重点和难点。

1.2.2.1　对外汉语教学

1.2.2.1.1　对外汉语教学中的偏误研究

高思欣(2002)系统分析了留学生在使用动宾结构离合词时产生的偏误类型和偏误原因。

王瑞敏(2005)通过对留学生使用离合词时出现的具体偏误进行分析和归类,对其成因进行总结和分析,为离合词的对外汉语教学提供了一些行之有效的方法。

从偏误角度入手探讨离合词的研究较多,还有任雪梅(1999)、张雅冰(2005)、郑海丽(2005)、陈炜(2006)等。

1.2.2.1.2　对外汉语教学中的教材编写与教师教学

李清华(1983)应该是我国的对外汉语教学界最早提出离合词问题的。李清华认为,"把'睡觉、起床、完成'作为一个词处理要比作为词组处理更为合适。这样简单明了,清楚易懂,便于学生理解、记忆、运用和翻译。如果作为词组来处理,将'睡觉'分析为由动词'睡'加名词'觉'组成,'起床'由动词'起'加名词'床'组成,'完成'由动词'完'加动词'成'组成,这样既烦琐又不便于理解和记忆。"因此,她认为离合词应该处理为"特殊的词"、"能扩展的词"。

赵金铭(1984)认为动宾离合词是词。他将《现代汉语词典》中几千个动宾结构分为动宾结构的复合词、动宾结构的离合词与动宾结构的短语,并将这三类进行比较,考察动宾结构的离合词与动宾结构的复合词相同之处多,还是动宾结构的离合词与动宾结构的短语相同之处多,最后得出动宾结构的离合词是词。

高书贵(1993)提出了一种对于离合词的教学新尝试。他认为对于可以与英语中结构相对应的离合词,在教材的生词表中可以采取的形式为:

开会	kaihui	(vi)	to hold a meeting
开会	kaihui	(vi)	to hold a meeting
开	kai	(vi)	to hold a meeting
			to open, to drive

离合词中与英语简单动词能够相对应的,则可以采取相反的方式,如:

游	you	(vi)	to swim
			to have a swim
游泳	youyong	(vi)	to swim
			swimming
游泳	youyong	(v + o)	to swim
			to have swim

吕文华(1994)在考察了《汉语教科书》、《基础汉语课本》和《初级汉语课本》三部教材对离合词的处理方式后,认为将离合词作为单个动词,并在语音上采用分开标注的形式来处理离合词的方式不能引起教师和学生的注意,不利于对外汉语教学。同时,由于离合词的数量庞大,并且呈现不断增多的趋势,很多离合词又是高频词,因此,她建议应该将离合词的教学作为一个专门的语法项目列入教学计划。

赵淑华、张宝林(1996)认为离合词是"一种特殊的,可以具有两种不同形态的词"。他们对《汉语水平词汇与汉字等级大纲》中所有动宾结构的离合词进行了分类整理,并逐一进行了检验,发现"离合词是词,不是短语",是"可以扩展,但不同于一般的词,而是一种比较特殊的词"。

李大忠(1996)认为离合词是"短语"。"离合词里的动词成分,带上宾语成分以后,仍然保留着原动词具有的全部语法性质,这就证明这个动词性成分本身就是动词,带上宾语就自然是词组了"。他是对外汉语教学界唯一一个将离合词划为词组的人。

周上之(2000)提出"离合词复式教学模式"。该模式将离合词的教学一分为二,"合"的形式先出现在教学环节中,完成词汇教学的内容,之后再以"离"的形式出现,这样结合各个语法项目逐级反复展开扩展形式的教学。

刘春梅(2004)从生词表处理、词语搭配和扩展、适当地引入有关离合词的语法点等几个方面探讨了通过教材编写来改善离合词教学的一些设想。

鲁春霞(2005)指出,应按照一个离合词的离析方式的多寡决定是按"离"教,还是按"合"教。离析方式多的离合词以"离"为主,离析方式少的离合词以"合"来教。同时,她认为离析方式要与语法相结合。一方面,每学一个离合词,要根据学过的语法点进行扩展,在语法项目未出现之前,相应的离析方式暂时不要介绍;另一方面,在介绍新的语法项目时,穿插一些离合词的相关扩展性。

1.2.2.1.3 针对特定母语留学生教学的探讨

李炳生(1996)结合离合词的特点与维吾尔语的特点,提出"主要讲清离合词的离合规律"。

饶勤(1997)在离合词的扩展方式、语法特点和语用等方面做了较为深入的分析,对高级阶段的离合词教学问题进行了探讨。

吕文华(1999)认为在对外汉语教学中,应该把离合词当作"短语词"。"短语词的概念意味着既有短语又有词的特征,但既不是短语又不是词。""这样处理能使动宾式离合词归类和定位,也能简化原语法体系中的补语系统,有利于补语教学。"

沙吾丽·库尔班别克(2002)认为:"离合词的教学原则是将它们分类、分阶段再进行针对性的指导,从最简单的东西入手,并且让学生大量操练,使学生熟悉离合词在实际语句中的结构形式,并有针对性地解释偏误。"

韩明(2003)全面分析了离合词的扩展形式、语法功能和特点、语用价值等等,提出有利于离合词教学过程中的系统训练。

萧频、李慧(2006)基于中介语语料库来考察印尼学生使用离合词的偏误和原因,有利于离合词在教学过程中的系统训练。

杨峥琳(2006)通过对在北京语言大学中介语语料库中提取到的例句的整理与在教学过程中收集到的例句,并在综合分析了韩国学生在学习汉语过程中出现的偏误和非偏误的情况的基础之上,运用语言对比的手段,深入地探讨了其形成的成因。

近年来,针对不同国家留学生的研究和探讨越来越多,还有鲁文霞(2005)、周上之(2006)、马萍(2008)等等。甚至对少数民族学生学习汉语的研究也越来越多,如李果(2004)、刘江涛(2004)、崔新丹(2008)。

1.2.2.2 中文信息处理

黄昌宁(1997)认为分词问题是当前中文信息处理的一大瓶颈。在中文信息处理的众多的应用领域中间,从最底层的键盘、语音和字符识别等等各类汉字输入方法到最高层的各种汉语的理解系统,均未能完全摆脱汉语文本分词处理的困扰,而离合词问题就是其中的困扰之一。他认为当务之急是应该制定一份与分词规范相配合的汉语通用词表。

王海峰、李生、赵铁军、杨沐昀(1999)认为,离合词在机器翻译中对译文的影响程度很大,造成了对照翻译中的难度和不准确,离合词是中文信息处理亟待解决的一大难题。《汉英机器翻译中离合词的处理策略》以大规模的语料库为基础,对离合词进行了详细的统计和分析,并提出 BT863 汉英机器翻译系统中离合词的处理策略。

傅爱平(1999)以处理离合词为例,把字作为源语句法分析的起始点,使词与词组的识别与句法分析能够同时进行,并且说明了识别离合词的基本方法。

随着计算机技术的不断进步,中文信息处理的研究也在不断深入。离合词在计算机的自动分词、统计、识别和翻译等方面成为一大难题。近年来,在中文信息处理方面学者们开展了很多研究,如:王春霞(2001)、王春霞(2001)、史晓东(2002)、余笑寒(2004)、任海波、王刚(2005)、王海峰、王铁利(2009)、李海波(2010)等。

1.3　存在的问题

1.3.1　本体研究存在的问题

综观离合词半个多世纪的研究,虽然取得了很多进展,但是还存在很多问题。如:"词说"的优点在于简单明了、清楚易懂。但是这种说法与词的本质特征有着一定的矛盾。因为复合词的各个成分之间,结合关系是很紧密的,不容许随便拆开来,或者随意加进什么成分。我们显然是不能将"睡觉、帮忙"这类简单归并入词的范畴,因为他们的确有别于"着眼""着手""知音""索性"等这类典型的词;"词组说"的优点在于严格依据形式作为判定的标准,易于操作。但是这样的标准会将很大一部分双音节组合排斥在"词"的门槛之外,如"鞠躬、担心、结婚"等因为能够离析都被判定为词组,这又与我们的语感是不相符的。另外,从语义上看,短语的语义为各个组成部分的相加,而"伤心、熬夜"等的语义并非各个组成部分的简单相加,它们具有凝固性、整体性的特点。前贤们的各种提法都存在着各自的问题,主要集中在以下几点:

1.3.1.1 整体研究意识不强

离合词是一个数量庞大、内部复杂、无统一规律可循的特殊一类。有的研究仅仅只是用几个简单的例句来演绎分析一下,最后得到的结论往往也难以经受住实践的检验。周上之(2006)指出:早期的研究者,往往根据的是手中几个有限的例句来做理论基点,观察的视点与得出的结论往往带有很大的局限性。几十年来,关于离合词的问题一直争论不休,分歧的各方往往只从自己的一方出发去看待和分析问题,列举的离合词的例子也只是为了反驳别人观点,来印证自己的观点,很少有人将离合词作为一个整体的类特征来研究过。

1.3.1.2 以偏概全,定性不当

半个多世纪以来,对离合词的研究绝大多数还只是建立在凭感觉的基础之上,对离合词的定性一直都不明确。在过去没有建立大型语料库的情形之下,前贤们实在难以采取先进的科学统计手段,对离合词进行全方位的考察,来进行定量的研究。

1.3.1.3 追求刚性,忽视柔性

综观多年来的离合词研究,学者们一直在寻求画定词与词组的非此即彼、泾渭分明的截然分界,却无视汉语自身的客观特点这一事实强行定性,有的人使用的区分手段和鉴定方法多达十几种,但是至今仍然未得到一个明确的答案。

1.3.1.4 研究的视野狭窄

半个世纪以来,对离合词总体的研究还局限于静态的内部因素的研究,对动态的外部研究关注不够,对于深挖影响语言的外部因素也很少顾及。同时,语言研究与应用研究结合不紧密,以至如今的汉语语法研究已经走入了死胡同。

1.3.1.5 离合词的工具书凤毛麟角

到目前为止,只出版了三部专门讲解离合词的工具书:第一部是1995年杨庆蕙主编的《现代汉语“离合词”用法词典》,此书对1738个离合词进行了剖析,以语法为纲进行举例;第二部是2009年高永安主编的《边听边记HSK离合词》,此书收录了HSK词汇大纲中188个离合词,并给出英、日、韩文的简单翻译,集中讲解了离合词扩展形式的用法;第三部是2011年周上之主编的《汉语常用离合词用法词典》,此书收录了《汉语水平词汇与汉字等级大纲》中268个离合词,并从“句法功能”与“插入成分”两个方面讲解了离合词的用法。

1.3.2　应用研究中存在的问题

1.3.2.1 对外汉语教学中存在的问题

1.3.2.1.1 本体研究不透彻影响汉语教学实践

本体研究中没有给出一个确切的统计分析:哪些动宾结构中间能够插入成分,哪些动宾结构中间不能插入成分,这样导致教者难教,学者难学,无规可循。

1.3.2.1.2 研究成果没能及时应用到教学中

目前无论是离合词的本体研究还是对外汉语教学的研究都取得了很多的成果。但是这些研究成果很多都没有受到足够的重视,没有及时反映到教学大纲的制定、教材的编写与课堂教学等环节中。

1.3.2.1.3 在教材的编写中没有统一标准

在《汉语水平等级标准与语法大纲》中,离合词被安排为"词类"来处理,在《汉语水平词汇与汉字等级大纲》中,离合词没有标注词性。另外,《汉语水平等级标准与语法大纲》与《汉语水平词汇与汉字等级大纲》对于离合词的安排顺序也没有相互映照,如,《汉语水平词汇与汉字等级大纲》的甲级词中有"发烧、见面、起床"等,但是在《汉语水平等级标准与语法大纲》根本没有"离合词"这一语法项目。

1.3.2.1.4 教学建议过于笼统

研究者们对于离合词的教学建议,虽说提法都各有所长,但是对于每种教学方法,从提出到完全应用于教学实践,均有很大一段距离,建议大多过于笼统,不具体,不细致。比如一些研究者提出采用语块教学法对离合词进行教学,可是具体怎么操作没有说明;再如,很多研究者提到要在教材中的语法部分为离合词立项,但是究竟为哪些离合词立项,为哪些形式立项,这些语法项目的顺序怎样安排等问题却谈得很少;还有,研究者还提议要在教材中增加离合词的练习题,怎样设计这些练习题,设计什么形式的练习题,不同学习阶段的留学生适合什么样的练习题等问题也谈得不够详细。这就需要我们进一步做出更多、更细致的工作。

1.3.2.2 中文信息处理中存在的问题

总体来说,离合词在自然语言处理中的研究逐渐受到重视。北京大学计算语言学研究所开发的电子版《现代汉语语法信息词典》收录动词共有1万多条,其中标明离合词用法的只有1894条,主要包括了动宾式、动结式和动趋式三种。现有的语料库对于离合词的标注大多是没有的,只有北京语言大学的"现代汉语研究语料库"标注了离合词,对于离合词在自动句法分析和语义分析中将如何处理的研究,重视程度也不够多。在机器翻译中,离合词的研究和应用也需要重点关注。

尽管我国政府部门有"信息处理用现代汉语此类标记集规范"立项,有GB13715等面向信息处理的国家标准,但是这种"规范""标准"并没有被普遍接受和使用。同时,有许多其他国家及公司正凭着他们的规范与标准的优势占领着中文信息处理市场,因此,我们需要加快提高中文语料库规范化程度。

1.4　关于本书的研究

关于离合词与离合词教学的研究,前人已经有不少成果。本书的写作目的不在于评价这些已有的研究,而是希望在前人研究的基础之上,对离合词与离合词教学做一个试探性的补充研究。特别是如下问题:

　　a 离合词的界定

　　b 离合词产生的动因

　　c 离合词的游离态与合并态

　　d 离合词的教学

语言的本体研究就是为了应用,不仅限于学术界的应用,更应该应用于社会,应用于教学,从而为普通人所用。

1.4.1　研究目的与意义

1.4.1.1 摸清离合词的基本情况

本书主要以离合词作为研究对象,在考察各家标准的基础之上,初步确定离合词的数量;摸清了离合词的基本情况之后,明确提出自己对离合词的判定标准;并探讨离合词与复合词、短语之间的关系。

1.4.1.2 探索离合词演化的过程

从词法和句法两个方面对离合词进行描写与研究。我们认为离合词的形成是多方面因素综合的产物。离合词是一种过渡的中间状态,是一类具有句法属性的词的单位,即在形式上能扩展,意义上凝固的单位;既涉及词法模式,又涉及句法模式的一类特殊的语法单位。

离合词的合并态涉及词法模式;离合词中的游离态涉及句法模式。因此离合词是语义构词与句法构词的混合体。

离合词演化的过程涉及词汇化、去词汇化和语法化。离合词的合并态涉及词汇化;离合词的游离态涉及去词汇化与语法化。通过对离合词的考察,我们认为词语演化的一般过程是:短语→离合词→凝固词;不及物→及物。

1.4.1.3 为应用研究提供本体支持

通过对离合词的考察,为现代汉语词典编撰提供依据;针对留学生在离合词使用中存在的问题进行分析,并提出避免和解决离合词偏误的方法;并通过对离合词给出判定标准,为中文信息处理分词提供支持。

1.4.2　研究方法

本书在前贤们研究成果的基础之上,将从以下六个方面展开分析和研究:

1.4.2.1 定量与定性

在充分考察研究《现代汉语词典》第5版和第6版,并以《现代汉语词典》第7版和杨庆蕙的《离合词用法词典》为基础,对离合词进行周遍性统计(详见附表)。统计出谓词在前(动宾结构、动补结构)、谓词在后(主谓结构)的离合词各自所占的比例。并从形式和意义两个方面来探讨离合词的性质,对离合词进行界定。文中所举例句,绝大部分出自北京大学语料库,非北大语料库的语料均在例句后面注明了出处,偏误例句均来自《离合词用法词典》。

1.4.2.2 历时与共时

将离合词历时阶段的形成原因与离合词的共时阶段的逐步扩散分析结合起来进行研究,寻找离合词逐渐壮大的原因。

1.4.2.3 词法与句法

打通词法与句法的界限,从语义构词的角度来分析静态离合词的结构和关系;从句法构词的角度来分析动态离合词的扩展和构式。将语义构词分析法和句法构词分析法结合起来分析离合词,使之更加贴近离合词的实际面目。

1.4.2.4 对比研究

将现代汉语普通话、方言与古代汉语进行对比研究,将汉语、英语、德语进行对比研究,研究离合现象在语言中存在的普遍共性。

1.4.2.5 静态与动态

将静态离合词与动态离合词分别进行研究,对静态离合词带宾语的现象进行描写分析,对动态离合词的几种构式给予分析解释。

1.4.2.6 本体与应用

将本体研究应用于对外汉语教学,针对留学生在离合词使用中存在的问题寻找一个适合于汉语教学、研究及留学生学习的离合词教学模式。

1.4.3　语料来源

为了使结论尽可能符合事实,统计数据尽可能地客观准确,本书的研究是在充分占有自然语料的基础上进行的。但由于条件所限,并未开展大规模的语料收集工作,也未能占有较多的日常会话录音材料,文中所列举的语料主要来源于书面语料。书面语料不能与书面语等同,书面语料中有些是书面的口头材料。本书中的语料大多为书面的口头材料。由于互联网的普及与便捷,我们利用北京大学汉语语言学研究中的语料库(CCL)、北京语言大学 HSK 动态作文语料库、国家语委现代汉语语料库检索系统等检索系统;《离合词用法词典》《现代汉语词典》《现代汉语八百词》等权威工具书;并利用了人民网的搜索频道(PSN)与一些常用的搜索工具,如百度、google 等。

第二章

离合词的定义

半个多世纪以来，离合词一直为众多学者所关注。最初，它曾在汉语拼音化的大背景中引起广泛争议：是词还是词组？是分写还是合写？后来，越来越多的外国留学生加入学习汉语的大潮中，他们在使用离合词的过程中产生的大量偏误成为他们学习汉语的"通病"。除此之外，离合词的切分问题在中文信息处理中也成为一大难点。至于如何为离合词定性，邢福义先生(2002)认为："不管用什么办法来解释有关事实，不同的人在处理上总难免出现分歧。在各持己见的情况下，可以认为各种处理都对。事实上，各种处理都不影响对构成成分间关系的认识。"以下我们将立足于根本，结合汉语事实，在对比考察《现代汉语词典》第 5 版和第 6 版，并以《现代汉语词典》第 7 版和《离合词用法词典》为基础，对离合词进行周遍性的统计和调查，从历时角度研究离合词的发展特征；从语法形式入手，结合语义探讨其性质、特点和判定标准，为对外汉语教学、离合词词典编撰和中文信息处理提供参考。

2.1 离合词的界定

形式上，离合词是以双音节语素构成的、以动宾结构为主体的、可离亦可合的最小的独立运用单位；意义上，离合词是口语色彩极浓的、非字面意义简单加合的整体意义单位。具有形式上的离析性和意义上的整体性。离合意义基本相同。

离合词分为典型离合词和非典型离合词，它们共同组成广义离合词。典型离合词是指形式与意义兼备的一类词。如，吹牛、洗脑、拿大等等。它们不仅在形式上以双音节语素构成、以动宾结构为基础、可分离为"吹了一个牛""这个牛，你可别吹大了""洗了脑""你拿什么大"等形式；在意义上，具有语素意义为基础引申而来的意义，该意义与社会、文化、风俗、制度紧密联系在一起，口语方言色彩浓厚。如"吹牛"指说大话，"拿大"指摆架子，其意义属于引申义，口语和方言色彩浓厚。典型离合词是离合词的主体,介于词组词汇化为词的中间阶段。

非典型离合词指在形式或意义上,具有其中之一特征的词,它包括两类:

一类是形式上符合典型离合词的标准,但词义相对透明,这类词更趋近于词组。如:洗澡,帮忙,鞠躬,离婚等。语素之间可以比较自由地扩展,甚至语素间逆转的情况也较为常见。如,洗了一个冷水澡、这个澡洗得真痛快;帮不了这个忙、这个忙只有你能帮;鞠了深深的一躬、一个九十度的大躬鞠下去;离过几次婚、婚都离了等等。

一类是意义上符合典型离合词的标准,但形式上几乎不"离",这类词更趋近于复合词。如:洗钱。

由于语言是一个渐进的过程,是一个连续系统的统一体,谁也无法将词组和词的界限一刀切下,划分开来。离合词就是这一连续性统一体的最好体现。它是介于词组和词之间的一个阶段,是词组词汇化不充分的产物,它的演变过程是渐进的、连续的。存在着新形式的产生、新旧形式的共存和旧形式被取代或恢复的演变过程。

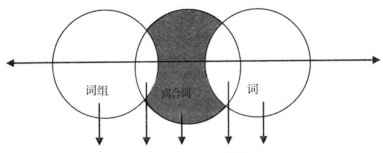

图1:离合词与复合词、词组的关系

如图所示,阴影部分代表典型离合词,第二个整圈体(阴影＋左右非阴影)代表广义离合词(包括典型离合词和非典型离合词)。在第二个整圈体中,阴影部分之外的其他部分就是非典型离合词部分。与第一个圈体(词组圆)相交的部分(左非阴影)代表接近于词组的离合词,这类离合词在形式上符合典型离合词的标准,但意义接近字面,相对透明,如。洗澡,照相等;和第三个圈体(词圆)相交的部分(右非阴影)代表接近于复合词的离合词,这类离合词在意义上一般符合典型离合词的标准,但在形式上一般不"离",如,洗钱。典型离合词与非典型离合词一起,构成广义离合词。

2.1.1 典型离合词的演变过程

从意义上来看,典型离合词的发展演变经会历以下三种情况:

一、新旧形式共存

如"吃饭":①进食;②维持生计,泛指靠……生活或生存。吃饭①是可以从字面意义上得到的,形式上可以扩展,比较接近于词组;吃饭②是从吃饭①的基础上引申而来,可以扩展为"吃国家的饭、吃衙门饭、吃闲饭、吃干饭"等等,现在这些用法甚至已经成为惯用习语了,这说明它的词汇化得到进一步的加强。

二、新形式产生,旧形式消亡

如"吹牛":指说大话,夸口。据著名史学家顾颉刚先生考订,"吹牛"一词最早出现在西北方言中,由于当地水深浪大,大河巨津,舟不可行,于是当地人就地取材,用若干牛皮袋吹成气囊,连接成筏,虽奔腾咆哮如黄河,牛皮筏亦畅通无阻,载重竟能过千至数万斤。然而,一张"牛皮筏"一般得几个人通力合作才能吹胀,是一件相当费力的事情,所以,当时凡遇到说大话的人,总有人以"好大的口气,简直可以吹胀一只牛皮筏子"之类的话来回敬。久而久之,"吹牛皮筏子""吹牛皮"就很自然地和"说大话"联系在了一起,后来竟成了"说大话"的同义词。慢慢地,人们越来越频繁地使用这种说法,为了在语言中使用起来更经济更简便,常常就被简省为"吹牛"。但是"吹牛"的本义就基本消亡了。

三、新形式产生,旧形式反复

如"缠足":①裹足;②犹豫不决,有所顾虑。缠足①的语义透明度较高,指旧时把女孩子的脚用长布条紧紧缠住,使脚畸形变小,脚形尖小成弓状,以此为美。这是一种旧社会摧残妇女身心健康的陋习,在辛亥革命后,缠足陋习始逐渐废绝。随着这种社会陋习被废绝之后,在此意义基础之上引申而来缠足②逐步取代缠足①。缠足②指好像脚被缠住了一样,不能前进,形容有所顾虑而止步不敢向前。但由于缠足①的这种社会现象曾经深入人心,如今在人们的思想观念中还未完全褪去,"缠足"的语义范围又有所反复。但是,我们认为,随着社会车轮的不断前进,旧的社会现象在人们的思想意识中也会渐渐淡去,缠足②必然会逐步取代缠足①。

2.1.2 离合词的定性分析

离合词是现代汉语中非常特殊的一类。形式上,离合词是以双音节语素构成的、以动宾结构为主体的、可离亦可合的一类词;意义上,离合词是非字面意义简单加合的、离合意义基本不变的,与社会、文化、风俗、制度紧密联系的、口语色彩极浓的一类词。

2.1.2.1 以双音节语素构成的

我们以《现代汉语词典》(第7版)为基础,对现代汉语离合词进行界定。据笔者统计,现代汉语离合词共4004个。其中,双音节语素的离合词占绝对优势,共计3842个,为总数的96%。(见下图)

表2.1:音节语素统计表

双音节语素	三音节语素	离合词总数
3842	儿化 161	4004
96%	4%	100%

我们将具体分析上表中4%的非双音节语素离合词。为什么占绝对优势的双音节语素离合词中会出现三音节语素的离合词,这些离合词会是"星星之火"还是"铢两分寸"? 它们的存在又有什么意义?

如表2.1所示,在三音节语素的离合词中,有161个是儿化音节,其中的159个离合词里儿化音节是附着在第二个语素之后,作用在于:

一、使非名词成分转指为名词成分。如,遛弯儿,纳闷儿等。"弯"与"闷"加上"儿"就变成一个名词成分,这个名词成分所指代的事物是与单个语素行为或属性相关的事物。"儿化"使非动名结构转变为动名结构,改变原有词类,是名词化的一种手段。

二、儿化音节附着于一个名词性成分之后,增加了口语随意性。如,"挖角儿""提头儿"等。

在周遍性的统计中,我们还注意到,在三音节儿化离合词里,还有些离合词是"儿化与非儿化"的形式能够同时存在,它们口语色彩浓,随意性强,大多词都带有方言色彩。它们分为两类:

一类是:"儿化与非儿化"的形式与意义都相同。

如,"抽空"和"抽空儿","没劲"和"没劲儿"。第一组词:"抽空"与"抽空儿"的意思都是挤出时间(做别的事情)的意思。它们属于非典型离合词的范畴,其演变还未进入典型离合词化的阶段,意义较透明,口语色彩浓,可以扩展为"抽点空"或"抽点空儿",语素间还可以逆转,如,"这点空都抽不出来"等形式,不论扩展与否意义不变。第二组词:"没劲"和"没劲儿"的意思是没有力气,引申为没有意思,不够味儿。它们属于典型离合词的范畴。这组词的演变进程已经典型离合词化,基本义项接近词组,属于非典型离合词的范畴;在基本义项的基础上引申而来的义项:"没有意思,不够味儿"属于典型离合词的范畴。这组离合词的口语色彩浓,可以扩展为"没什么劲"或"没什么劲儿",属于典型离合词的义项词汇化已经相当充分,基本未出现语素逆转的现象,它们使用的语义、语用和语境范围也都缩小了。

一类是:"儿化与非儿化"的形式相同,意义不同。

如,"变法"和"变法儿","开怀"和"开怀儿"。第一组词:"变法"和"变法儿"在形式上,均能扩展为"变了个法"和"变了个法儿"。在意义上,"变法"的意思是指历史上对国家的法令制度做重大的变革。"变法儿"一般用于口语中,指想另外的办法或者想各种办法的意思。"变法"更接近于非典型离合词的范畴,意义较为透明。"变法儿"已经发生词化,属于典型离合词的范畴,意义在"变法"的基础上引申而来。第二组词:"开怀"和"开怀儿"在形式上,都能扩展为"开过怀"和"开过怀儿"。但在意义上,"开怀"是指心情无拘无束,十分畅快。"开怀儿"是指妇女第一次生育。这一组词均属于典型离合词的范畴,已经发生词化,所以没有发现语素逆转的现象。

除此之外,178个"儿化三音节"离合词中,仅2例儿化音附着在第一语素后,如"玩儿命,玩儿票",儿化后,动词仍然保持用为动词,不改变其词类,但加入主观化的意味,表示不屑和轻视,认为"命""票"不值一提。去掉"儿"后基本意思不变。

可见,以上161例非双语素离合词中必有一个语素是念作轻声的,不占据一个独立的音段,它们并非是十足的三音节离合词。我们以此得出结论:离合词是以双音节语素为基础的。

为什么离合词一定是由双音节语素构成的呢?我们同意冯胜利的意见。冯胜利提出,从韵律的角度看,汉语复合词的"形式标记"就是汉语韵律系统中的"音步"模式,汉语复合词的构词法就是汉语的韵律词构词法。双音节单位是汉语的"标准韵律词",复合词就是在韵律词的基础上实现的。双音节韵律词是最合乎语感、又最像词的中级单位,双音节韵律词既包括词,也包括短语在内。①

根据冯胜利"右向构词,左向为语"(即"2+1,1+2")的说法,可以推导出由最小音步(标准韵律词)组成的双音节形式既可为词,也可为短语的结论。因为对于"1+1"的最小音步来说,不存在"左向"和"右向"的区别,无论是左起,还是右起,都是"1+1"模式,都是一个双音节的音步,"1+1"模式不构成区别"词"还是

---

① 冯胜利. 韵律语法理论与汉语研究[J]. 语言科学,2007(3).

"语"的音步。根据"右向构词、左向成语"的说法,一个句法形式如果能够既能是"词",还能是"语"的话,"1+1"模式就能够摆脱"左、右"的限制,能够亦左亦右,就可能亦词亦语。① 如:

"1+1"模式	合	离
操心	操心他	操他的心
帮忙	帮忙自己	帮自己的忙
喝彩	喝彩奥运	喝奥运的彩
操闲心	*操闲心他	操他的闲心
帮倒忙	*帮倒忙他	帮他的倒忙
喝倒彩	*喝倒彩奥运	喝奥运的倒彩

离合词是以一个双音节音步为绝对主体的,即"1+1"模式的音步,而大于"1+1"模式的音步一方面不符合韵律词的要求,另一方面也根本没法"合"。只有双音节音步才能够不受"左、右"的音步限制,可做到亦左亦右,亦词亦语。所以,离合词就只能由双音节语素充当,这就为双音节形式的离合词能够"可词可语"创造条件。

2.1.2.2 以动宾结构为主体的

离合词是以动宾结构为主体的。据笔者统计,离合词分为谓词在前型和谓词在后型。谓词在前型的离合词中,由于动宾结构强大的影响,非动宾结构也有被动宾结构类化的趋势,越来越多的非动宾结构用为动宾结构。动宾结构为离合词的主体形式。

表2.2:离合词动宾结构统计

谓词在前型						谓词在后型
动宾结构				动补结构		主谓结构
动+名	动+动	动+形	形+名	动+动	动+形	名+动
3603	201	129	4	49	14	4
3937				63		4
97%				3%		

如上表所示,动宾结构有两种类型:

一、动语素+名语素:共3603例,在现代离合词中占有绝对优势,占据了总数

① 冯胜利.汉语的韵律、词法与句法[M].北京:北京大学出版社,1997(7).

的90%,如聊天、下海、撞车、越轨等等。它们是语言长期发展的产物。

二、类化为动名结构:共334例,包括:①动语素加上动语素(洗澡、鞠躬等),②动语素加上形语素(冲凉、卖乖等),③形语素加上名语素(灰心、红眼)。这类离合词是随着社会的发展和新事物的出现,为了表达的需要,越来越多地被动语素加上名语素的形式所类化,通过转喻机制,实现动名化,成为一个动名结构,并能与数量词结合。如:洗了一个澡,鞠了一个躬,冲了一个凉,卖了一次乖等等。这些离合词通过转喻机制,隐含了语素结构的核心,使处于同一认知框架中的不同概念间发生转指,事物概念由非事物概念转指为与该语素相关的抽象的泛指的事物,动作行为由事物性状转指为与该语素相关的具体的形象的动作。如,"洗澡"在古代汉语中是两个并列动词,"洗"是洗头,"澡"是洗身体的意思。后来人们在使用的过程中,"洗"已经侧重于表示洗的动作,"澡"转指为抽象的泛指洗的身体,动词性消失,被名物化变为一个名语素了。现在,"洗澡"已泛指洗身体。如,"红眼"原本是形语素加上名语素构成的,"红了眼"中,"红"类化为动词,动作行为由事物性状转指。越来越多的动语素和与形语素增加了新的义项,如,"航",在《现代汉语词典》第3版中,只有作动词"航行"的用法,而到了《现代汉语词典》第5版中,又增加了名词"船"的义项。还有"摸彩"中"彩"在《现代汉语词典》第5版中,也增加了"彩票"的新义项,成为固定用法了。

据笔者统计,动宾结构共计3937例,占离合词总数的97%,离合词是以动宾结构为主体的,在主体动宾结构强大的类化作用下,其他结构(3%)的离合词势必将会逐渐收入旗下。如,"幽默"是一个音译兼意译的外来词,是指言语行动有趣可笑,意味深长。"幽"不是动语素,"默"也不是名语素,可越来越多地出现"幽默"扩展为"幽了一默"的用法,这里,"幽默"显然已被类化为动宾结构了,"幽默"也就理所当然地进入离合词的行列。

离合词以动宾结构为主体,一般读为"轻重"音,后一语素一律重于前一语素,以"将军"为例,用为动宾式动词性的意义时,读为轻重音;用为名词性的意义时,读为重轻音。

2.1.2.3 离合两可的

离合词近半个世纪以来备受众多学者关注的一个重要原因在于:

(1)几乎所有的离合词都能不同程度地介于词和词组之间。合时像词,离时像短语,离合意义基本不变,不同级的语言单位完美统一于离合词之中。

(2)离合词的扩展度是不一样的。典型离合词和非典型离合词的扩展度是有区别的。

根据上面图1的分析,我们认为:越是靠近词组的地带,词义透明度越高;词义透明度高,语素间扩展度就越自由,粘合度也越松散。越靠近词的地带,词义透明度越低;词义透明度越低,语素间的扩展度就越受限,粘合度也越紧密。越是靠近词组的地带,词汇化程度就越低;词汇化程度越低,语素易位的现象就越易发生;越是靠近词的地带,词汇化程度就越高;词汇化程度越高,语素易位的现象就越难发生。

2.1.2.4 词义的文化地域性

离合词的词义中,绝大多数是非字面意义的简单加合,其意义与社会、文化、风俗、制度紧密联系在一起,口语色彩极浓。如,"冲喜"指旧时迷信风俗,家中有人病重时,用办理喜事(如娶亲)等举动来驱除邪祟,希望转危为安。"出马":①原指将士上阵作战。今多指出头做事。②(方)出诊。"拿大"在方言中指自以为比别人强,看不起人,摆架子的意思。再如"洗脑"也不是洗脑袋的意思,而是透过系统性的方法,对人进行密集性观念灌输,以改变其原有的思想和态度的一连串的手法和过程。"洗脑"一般多用于意识形态领域内的思想渗透活动。它们的意义是在语素意义的基础上引申出来的,是与社会文化、风俗、制度等等紧密联系在一起的。特别是"离"的形式口语色彩极浓,随意性强,因此,游离态的离合词与合并态的离合词意义并非完全一致,带有极浓的文化地域色彩。

离合词的地域性很强,离合词中多以北方方言的离合词为基础。如,挨班儿,得济,搭白等等。这些地域性强的词都是长期活跃于广大的劳动者的生活中,生命力极强,运用率极高,才进入现代汉语的。

2.2 离合词的特征

离合词是一类既涉及词法模式,又涉及句法模式的特殊的语法单位。

2.2.1 词汇性特征

由于离合词的形成是多方面因素综合的产物,因此离合词是一类具有句法属性的词的单位,是汉语发展过程中的一种过渡的中间状态。词表示的是概念,刘叔新把词定义为"意义单纯的语言单位"[①],词表示的是一个单纯的概念。词的意义一般具有专指性,倾向于"整合",一般一个概念只用一个词来表示。在现代汉语中,合并态的离合词以复合词的形式出现在句法层面中,结构紧密,表示的也是

---

① 刘叔新. 汉语描写词汇学[M]. 北京:商务印书馆,1990.

一个整体性、专指性的概念。离合词是可以自由运用的表示整体意义的造句单位。作为造句单位，合并态的离合词可以自由地充当句子的主语、谓语和定语。如：

1. 吹牛是一件很开心的事情。

2. 他喜欢吹牛。

3. 吹牛的时候，他很开心。

2.2.2　句法性特征

离合词除了在意义上具有凝固性，在形式上还具有扩展性。离合词的合并态涉及词法模式；离合词的游离态涉及句法模式。它是语义构词与句法构词的混合体。

离合词是一种高度能动的句法结构，正由于离合词的游离态必须在句法层面中生成的，所以，只有在句法形式中才能看到离合词的游离态。

在离合词中，插入成分可以从时间、性质、状态或者数量方面为离合词的语义设立一个边界，使句子听起来完整、全面。插入成分主要有介词或助词、时量补语、数量词、时间词、形容词等。离合词离析出来后，在动词后插入表示事件动作、时间的体标记，在名词前插入表示事件性质、状态的数量词、名词、代词、形容词等修饰语，增加事件的有界性，典型性，提高信息度，从而凸现事件的完整性。如：

4. 有一天老赵见着魏老者，欧阳吃了醋，他硬说我有心破坏他与老赵的交情。

5. 小谢到底是个开朗少年，吃完醋，生完闷气，还是想着姐姐。

6. 别的和尚们往往不把这寺院中的某些"潜规则"往心里去，吃一回醋，争一回风，然后该干吗就去干吗。

7. 吃十年前的醋，你有意思没意思？

8. "谁吃没用的醋了！"枫桥的脸一下红了。

9. "我又不是你的未婚妻，我吃什么醋啊！"

2.3　离合词的产生与传播

现代汉语中某种语法现象往往由汉语史上的多种渠道发展而来，若在探讨其形成的时候，越尽可能地全面，就越能详尽地对其进行把握。离合词的形成就不是一种孤立的语法现象，它的产生绝不可能只是一连串毫不相干的偶然事件的堆积，而是一系列语法变化相互作用下的产物。

2.3.1 离合词的产生

离合词以两字动宾结构为主体,离合两可且意义基本不变,口语色彩浓厚。从宋代开始,已经开始出现了离合词的萌芽,宋元时期,离合词开始正式登上汉语的舞台。例如:

10. 王吉接得书,<u>唱了喏</u>,四十五里田地,直到家中。

(宋《简贴和尚》,收辑于明·冯梦龙《喻世明言》)

11. 古人礼仪,都是自少理会了,只如今人低躬<u>唱喏</u>,自然习惯。

(宋·黎靖德《朱子语类》第 120 卷)

12. 我两口却在这里住得好,只是我家爹妈自从我和你逃去潭州,两个老的<u>吃了些苦</u>。

(宋《崔待诏生死冤家》,收辑于明·冯梦龙《喻世明言》)

13. 鲁公子<u>吃苦</u>不过,只得招道:"顾奶奶好意相唤,将金钗钿助为聘资。"

(明·冯梦龙《喻世明言》第 2 卷)

14. 当晚西门庆在金莲房中吃了回酒,<u>洗毕澡</u>,两人歇了。

(明·兰陵笑笑生《全本金瓶梅词话》第 11 回)

15. 您来的当儿,巧了我在那儿<u>洗澡</u>,急得什么似的,连衣裤都没有穿好,就冒冒失失跑出来了。

(清·曾朴《孽海花》)

16. 西门庆房中<u>睡了一觉</u>出来,在厢房中坐的。

(明·兰陵笑笑生《全本金瓶梅词话》第 47 回)

17. 每日五更<u>睡觉</u>,不时跳将起来料度这件事。

(明·施耐庵《水浒传》第 45 回)

18. 备闻祝家庄三子豪杰,又有教师铁棒栾廷玉相助,因此二次<u>打不破</u>那庄。

(明·施耐庵《水浒传》第 49 回)

19. 譬如一物本完全,自家<u>打破</u>了,便是毁。

(宋·黎靖德《朱子语类》第 45 卷)

20. 张书玉既然起了这个念头,料想不是三百、五百块钱可以<u>打得倒</u>他的。

(清·漱六山房《九尾龟》第 10 回)

21. 三藏在马上见<u>打倒</u>许多人,慌的放马奔西。

(明·吴承恩《西游记》第 56 回)

22. <u>白了眼</u>,是处便撞,垂着头随处便倒,也不管桌,也不管凳,也不管地下。

(明·陆人龙《型世言》第 21 回)

23. 言增添,则<u>白眼</u>相顾耳。

(宋·李昉《太平广记》第257卷)

24. 张副都犒赏了这两营,马文英、杨廷用都与冠带,<u>安了他心</u>。

(明·陆人龙《型世言》第22回)

25. 余管内苦无异事,请<u>安心</u>歇息,不用忧烦。

(宋·圆仁《入唐求法巡礼行记》卷四)

26. 但想冯茂擒一次,纵一次,今捉回即再欲放脱,此回亦恐众将兵不允,<u>心不服</u>也。

(清·好古主人《宋太祖三下南唐》第39回)

27. 听者眩惑,不达其义,言者收声,莫不<u>心服</u>,虽白起之坑赵卒,项羽之塞潍水,无以尚之。

(晋·陈寿《三国志·魏书·方技传》)

28. 他的嘴<u>又硬</u>,口说的无凭,倘有疏虞,他哪里又来顾我?

(明·罗懋登《三宝下西洋》第41回)

29. 火母道:"你还<u>嘴硬</u>哩!"

(明·罗懋登《三宝下西洋》第12回)

中古以后,离合词开始了漫长的发育成长历程,它的四种基本形态基本都出现了:动宾结构、动补结构、偏正结构和主谓结构。动宾结构为离合词的主体结构,占离合词的97%[1]。离合词两可,意义基本不变。插入离合词中的成分,对具体动作行为的结果、数量、状态、性质、时间等进行说明,多用于口头语言和不太正式的文体中。

2.3.1.1 动补结构对离合词的影响

在语法系统中,中古时期汉语动补结构的发展和成熟给中古汉语语法带来了深刻的影响,动补结构的迅速发展为离合词的产生奠定了坚实的基础,同时,类化在离合词发展和壮大的过程中起到了重要的作用。

2.3.1.1.1 动补结构的迅速发展为离合词的产生奠定了坚实的基础

在语法系统中,一个新的语法现象的出现会打破原来系统的平衡,引起一连串的变化,从而达到新的平衡。唐宋元时期是汉语语法发展非常重要的时期,几乎所有现代汉语区别于古代汉语的重要语法特征都是在这个时期产生或发展成熟的。[2] 根据祝敏彻(1990)的调查,动补短语的出现和迅速发展是在唐宋时期,

① 王俊. 现代汉语离合词研究[D]. 武汉:华中师范大学,2011.
② 石毓智. 现代汉语语法系统的建立[M]. 北京:北京语言大学出版社,2003.

宋代后期,动补结构就已经牢固地建立了。石毓智(2003)认为,中古汉语时期动补结构的发展和成熟带来了深刻的句法影响。而离合词就是在动补结构发展成熟时期萌芽并登上历史舞台的。我们认为,动补结构的产生和定型对于离合词动词的可分离化起到了重要的作用。①

动补结构的语义格式是:动作＋结果。它在中古汉语中的广泛使用对其他汉语语法产生了强大的类推力量,这种类推力量使动词前后的其他词语按照这个语义格式进行了重新分布,最后形成了现代汉语组织信息的一个普遍性原则:结果性成分限制出现在谓语动词之后,非结果性成分只能出现在谓语动词之前。与结果补语类似的,能够使动作行为有界化的词语均应分布在谓语动词之后。因此,在中古汉语中,动补结构发展和成熟最直接的结果就是体标记系统的建立——动词语法范畴的大量涌现,如体标记"了""着""过"的产生。曹广顺(1986、1987)认为,唐五代先后出现了若干动态助词"却、将、得、取、着",这些动态助词在"V＋X＋O"格式中,表示动作的完成或结果。后来,"了"字在"V＋却＋O"里替代"却",于是产生了"V＋了＋O"。即:"V＋结果补语＋O"、"V＋动态助词＋O"、"V＋完成貌词尾＋O"这三种结构可以排成台阶形的队,从产生先后的关系来看,"V＋结果补语＋O"是必要条件。

史有为还认为②(2009),离合词中动词的可分离化又与"了"的产生是有关联的,"了"的发展演变是离合词动词分离出来的主要动力。"了"经历了由表示"终了、完了"义动词的高度虚化之后,移动到动词之后附位的阶段。"V＋了＋O"格式开始于中晚唐,稳定于宋代,大约是在元末和明代扩大范围,之后形成一股"V＋了＋O"格式的大潮,从《金瓶梅》、"三言二拍"到《红楼梦》、《儿女英雄传》,体貌助词"了"插入动宾结构中的用例已经相当普遍。例如:

30. 君王索怀痛忧,报了仇也快活。

(元·关汉卿《关汉卿全集·关张双赴西蜀梦》第三折)

31. 鸳鸯忙命老婆子带了刘老老去洗了澡,自己去挑了两件随常的衣裳叫给刘老老换上。

(清·曹雪芹《红楼梦》第39回)

32. 你作了榜外举人,落了第,便不想着那老师的有心培植,难道你作了闺中

---

① 祝敏彻.《朱子语类》中的动词补语——兼谈动词后缀[M]//王力先生纪念论文集[C].北京:商务印书馆,1990.

② 史有为. 汉语离合词复观——兼议汉语基本词汇单位[J]. 中国语言学,2009(3).

少妇,<u>满了月</u>,也不想那丈夫的无心妙合不成？

(清·文康《儿女英雄传》第 35 回)

根据笔者的调查,在离合词的离析态词中,能插入体貌助词"了"的占 92%,除了动补结构、主谓结构的离合词中间不能插入"了"之外,绝大多数离合词中间可以插入"了"。同时,梅祖麟(1981)认为,动补结构中的"V+O+得"与"V+O+了"两个句式里各成分之间的语序演变是相同的,南宋之前,动补结构的表达形式是"V+O+得",从唐代到南宋,"V+O+得"改变了语序,"得"插入宾语之前,在动词之后附位,形成"V+得+O"的格式。① 如果句中还有一个动词或形容词作结果补语,则附于宾语 O 之后,形成"V+得+O+X"结构。但未见否定形式的表达移入"V+O"中的用例。例如:

33. 柴进虽不赶他,只是<u>相待得他慢</u>了。

(明·施耐庵《水浒传》第 23 回)

2.3.1.1.2 类化为离合词的发展起到了重要的作用

如果将动补结构对离合词动词的可分离化作用比喻为亚当和夏娃,那么类化则能够被看作人类的繁衍大军如滔滔洪水,滚滚而来。在离合词形成的历史过程中,类化对于大量成批地产生离合词起着不可低估的作用。美国著名语言学家布龙菲尔德在《语言论》中详细阐述了类化的巨大力量。根据认知方式的特点,人们会习惯性地将某一新形式类推到其他组合中,产生一类新的组合方式,这一类型的创新便是类推变化。类推变化是促进离合词产生巨大动力,主要表现为以下两个方面。

2.3.1.1.2.1 类化增加了离合词的结构方式

力量、晁瑞认为,离合词最早出现在宋代,最早的离合词是动宾式的。到明代则出现了并列式、补充式、偏正式和主谓式②。其中主谓式是出现最晚的离合词。③

在离合词中,双音节动宾结构的离合词占据着离合词总数的绝大多数。但随着动宾结构强大的类化作用,其他结构也加入到了离合词的行列中来,甚至将原本不是动宾式的结构也类化为动宾结构,从而衍生出大批离合词,这一现象的产生是与类化作用息息相关的。例如:"洗澡"的前身为"澡洗",最初为动词并列结构,到了元代被错析为动宾式结构,并以动宾式短语的形式开始了词汇化的历程。

---

① 梅祖麟. 现代汉语完成貌句式和词尾的来源[J]. 语言研究,1981(1).

② 力量,晁瑞. 离合词形成的历史及成因分析[J]. 河北学刊,2007(5)。

③ 赵欢. 试论离合词的性质和成因[J]. 南科技大学学报,2009(5).

在"洗澡"的词汇化进程中，"澡"逐渐获得了名词的意义，指称洗浴活动，更准确一些是指称"洗浴中的身体"。例如：

34. 孙舍混堂<u>洗澡</u>去来。

（元·佚名《老乞大谚解·朴通事谚解》上）

35. 第三滚油<u>洗澡</u>，第四割头再接。

（元·佚名《老乞大谚解·朴通事谚解》下）

但由于中古汉语中动补结构的影响，到了明代，"洗澡"又开始了自己去词汇化的历程。不但出现"洗澡了"，而且还能插入补语和"个""了""过"的用例。例如：

36. 我有五百多年不<u>洗澡</u>了，你可去烧些汤来，与我师徒们洗浴洗浴，一发临行谢你。

（明·吴承恩《西游记》第14回）

37. 吓得少府心中不胜大怒！便<u>洗个澡</u>，也不思量变鱼！

（明·冯梦龙《醒世恒言》第26卷）

38. 当晚西门庆在金莲房中吃了回酒，<u>洗毕澡</u>，两人歇了。

（明·兰陵笑笑生《全本金瓶梅词话》第11回）

在现代汉语中，"洗澡"成为一个动宾结构，能够自由地加上时体标记。在类推作用强大的影响下，产生了大量由非动宾结构转化为动宾结构的离合词，它们能够像动宾结构一样自由扩展，如"睡觉、游泳、登记、迟到、考试、学习、提醒、退休、鞠躬、进修、投降"等等，类化作用极大拓展了离合词的结构方式，它是促进离合词产生的巨大动力。

2.3.1.1.2.2 类化作用扩充了离合词的数量

离合词的发展在最近30年中迅速壮大。在20世纪二三十年代，离合词很少进入人们的视野，关于离合词的专门研究更是凤毛麟角，对离合词数量的统计资料不全，学者们相关方面的研究也只有只言片语。甚至到了80年代末，有的学者还认为，这是一个不符合语法规范的语言现象（陆志韦 1990:393）[①]，在语言运用的过程中，应该及时纠正这类语病。此后，离合词经历了一个快速增加的阶段，1995年由北京师范大学出版社出版、杨庆蕙主编的《离合词用法词典》（供外国人学习汉语用）中收录了4066个离合词。该词典描写了这些离合词"离"与"合"的基本状况，筛选出较为常用的1738个用例进行剖析，比较详细地说明了它们各自的离合状况。除了正面阐述之外，该词典还列举了一些误例进行纠正，以加深读

---

① 陆志韦.陆志韦语言学著作集:三[M].北京:中华书局,1990.

者对某些离合词用法的理解。此时的离合词已经作为现代汉语中一类正常的语法现象出现在语言运用之中了。到2017年,笔者以《现代汉语词典》第7版(2016年)、《离合词用法词典》(1995年)和《现代汉语学习词典》(2010年)为蓝本,将已经进入人们口头语言中的离合词和失去生命力的离合词的数量进行重新整理并统计,离合词的数量为4004个。

我们发现,在现代汉语中存在大量由于类化作用而形成的离合词。例如,在类推作用的强大推力下,汉语中有大量"澡"作宾语的结构,如"冲澡、搓澡、擦澡、泡澡、抹澡"等等。由于"结婚"的词汇化,产生了"求婚、离婚、完婚、主婚、成婚、抢婚、通婚、订婚、退婚、悔婚、复婚、征婚、逃婚、重婚、抗婚、逼婚、证婚、闹婚、赖婚"等离合词。

另外,受到类化作用的影响,某些复合词也加入了离合词的行列,例如:"奇怪"可表述为"奇了怪了","纳闷"可表述为"纳了闷了","地震"可表述为"地了震了","猫咪"可表述为"猫了个咪"、"微博"可表述为"微勒个博","慷慨"可表述为"慷他人之慨"等等。

2.3.1.2 轻动词对离合词的影响

现代汉语离合词的特殊,主要说的是它同时涉及词汇和句法两个层面。合并用时,语义用法与复合词相同;离析用时,用法与短语相似。试比较:

39. 她真伤心,30岁了都还没嫁人。

40. 她真伤了他的心,30年了都还没有忘记当年他说的那句话。

显然,"伤心"一词使用形态的不同,会造成理解上的不同。通过分析,我们可以看到句39的"伤心"与句40的"伤心"所表达的意思是不一样的。句39中合并态的"伤心"词汇化程度强,"伤心"有"可怜"之意。句40中离析态的使用中,"伤心"有"使……伤心"的意思。因此,我们认为:句39中的"伤心"在词汇化进程中,被充分词汇化,近乎一个复合词,语素间不能扩展、易位;句40的"伤心"受句法中的某种成分的影响后,不仅能够扩展、易位,而且产生了不同的附加意义。

为什么词汇层面的离合词与句法层面的离合词会造成理解上如此大的差异?同是离析态的离合词所表达的是同样的语法意义吗?试比较:"伤了一次心"、"伤了他的心"和"伤了他一次心"中,"伤心"是否表达同样的含义?形式语法中的轻动词理论能够较好地解释这一现象,但由于现代汉语表义的复杂性,我们认为,现代汉语离合词以离析态呈现在句法中的轻动词的语义具有泛化的现象,远远不止4种,下文中我们称之为"泛轻动词"并试着做出分析和研究。

2.3.1.2.1 轻动词句法理论的主要内容

轻动词是指在语言结构中,语义作用轻微而语法功能强大的一类动词。它的语音形式可隐可现,一般以无语音形式存在,带有 DO、OCCUR/BECOME、BE/HOLD、CAUSE 四类句法语义,但是由于该动词所承载的语义内容较轻微,无法单独表达一个完整的语义内容,所以能吸引核心动词进行移位,并与轻动词的语义算子进行语义融合。"轻动词"最早是由 Grimshaw Mester(1988)在研究日语动词时提出的。

轻动词句法理论是指在生成语法的原则和参数理论的框架下提出的轻动词句法理论假设。近年来,Larson(1988)的 VP Shell 理论,Jespersen(1954)的轻动词结构,Hale & Keyser(1993)的题元结构研究,Chomsky(1995、1998、1999)所使用的轻动词概念,Radford(1997)的轻动词类型,Huang(1997),Lin(2001)等,使轻动词研究成为生成语法研究的热点。下面主要简要介绍 Chomsky 和 Huang 的轻动词理论。

2.3.1.2.1.1 乔氏轻动词

乔氏轻动词主要是指 Larson(1998),Hale 和 Keyser(简称 HK)(1991,1993),还有 Chomsky(1995,1998,1999)所使用的轻动词概念。乔氏轻动词的句法根植于 Larson 的 VP shell 理论,这个理论是为了解 put 和 give 类动词论元的题元角色而提出的。VP shell 里的 v 只是一个空的位置,是为了给主语指派题元角色而存在的。尽管 Larson 没有使用"轻动词"这一术语,但是他的理论具有高度的启发性。之后,HK(1991,1993)吸收了 Larson(1988)的"VP 嵌套假设"来处理题元关系和事件结构,提出用句法结构来体现事件结构。词汇关系中的 VP shell 里的 V 是一个没有语音形式和语义内容的抽象动词,是个空的位置。Chomsky(1995,1998,1999)在"最简方案"中设置了轻动词(light verb)v 这个功能语类,指出轻动词是及物谓词的中心语,是一种核心的功能性范畴。轻动词没有语音形式,在语义方面很轻,不表达语义内容,属于词缀性的动词,可以吸引动词、名词或形容词移位。如下图所示,v 选择一个 VP 作为补语,投射一个 vP,下层的 V 上移并嫁接到 v 上,形成 V – v,Spec – vP 提供一个论元位置,用于合并外论元或填充词,或接纳自下移入的内论元。

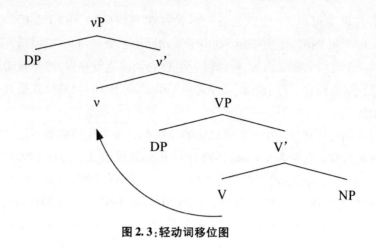

图 2.3：轻动词移位图

2.3.1.2.1.2 黄氏轻动词理论

Huang 的轻动词句法理论源于 Larson（1988）的 VP shell"VP 嵌套假设"、HK（1991,1993）的词汇关系结构假设以及 Radford（1997）的轻动词类型。在轻动词句法理论形成之初，轻动词 v 只选择应用于各类谓语结构之中，自 Radford 起，轻动词 v 则应用于各类谓语结构中，认为轻动词介于语义和句法之间。Huang（1997）从生成语义学的角度出发，对轻动词假说做了进一步的修正和扩展。他认为，这个抽象的动词并非是空的，它有具体的语义内容，轻动词的语义可以归纳为 DO、OCCUR/BECOME、BE/HOLD、CAUSE 四大类，这些事态谓词就被定义为轻动词。所有的动词都是各类轻动词的补足语：所有的行为动词都是谓词"做"（DO）的补足语，表示起始态的谓词内嵌于"发生"（OCCUR）或"变为"（BECOME）之下，状态动词内嵌于"是"（BE）或"保持"（HOLD）之下，使役结构则内嵌于"引起"（CAUSE）之下，这些事态谓词表达复杂的事态蕴含关系。这些轻动词触发核心动词进行移位，并表达不同的语义。如下图所示：

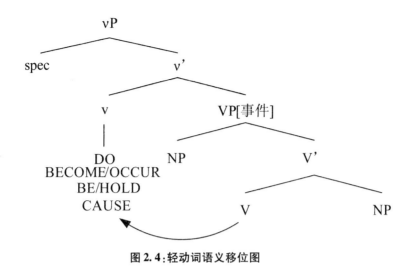

图 2.4：轻动词语义移位图

乔氏理论和黄氏理论的根本区别在于乔氏理论认为轻动词只是功能语类,不承担语义特征,是一个空的形式。黄氏理论则认为这个抽象的动词是有语义内容的,表达不同的事态关系。我们比较认同黄氏的理论,认为在现代汉语中的轻动词是承载语义内容的。

2.3.1.2.2 用轻动词理论解释现代汉语离合词的离析形态

现代汉语离合词以离析态的形式呈现在现代汉语句法中,这是与轻动词的存在分不开的。

2.3.1.2.2.1 离析态离合词的存在

在现代汉语中,轻动词大多没有语音形式,是一个空的位置,我们把这一类轻动词又称为"空动词"。由于它的位置是空的,它就需要促发下一层的核心动词进行句法移位,来填补它的空位。虽然,这一类抽象的动词在位置上是一个空位,但是它并非是真空的,它也有其具体的语义内容,这些语义内容被归纳为语义算子,分别为 DO、OCCUR/BECOME、BE/HOLD、CAUSE 四大类,当下层的核心动词向上移位之后,核心动词与空位上的语义算子能够进行语义融合,就获得了相应的附加意义。下面我们将逐一分析轻动词的存在对现代汉语离合词离析态和合并态造成的影响。

2.3.1.2.2.1.1 常态离析的存在

根据 Huang 的轻动词句法理论,现代汉语的轻动词 v 的实现方式是在句法层面上实现的(即轻动词不包含在动词的语义结构内),句子表达事态,事态结构决定句子结构,复杂事态的关系要靠事态谓词的语义算子(DO、BECOME/OCCURE、

BE/HOLD、CAUSE)来表达。以现代汉语离合词为例：

吹牛　　　　　[……做(DO)[……吹牛]]

冷场　　　　　[……变(BECOME)[……冷场]]①

挨宰　　　　　[……保持(HOLD)[……挨宰]]

伤心　　　　　[……致使(CAUSE)[……伤心]]

由于事态谓词的语义算子(即轻动词)DO、BECOME/OCCUR、BE/HOLD、CAUSE 的存在,它触发下层动词"吹、冷、挨、伤"进行核心移位,吸引核心动词提升到上层的 VP 中 v 的空位,进行语义合并,从而获得做、成为/发生、保持、使役等意义。随着核心动词的提升上移,现代汉语离合词就能以离析态呈现在句子的表层结构中了。如：

A　你吹了一天牛②　　　　　　　　(表层结构)

B　[你 DO 了[一天][吹牛]]　　　　(深层结构)

A　他冷了半天的场　　　　　　　　(表层结构)

B　[他 BECOME 了[半天的][冷场]]　(深层结构)

A　他挨了我的批　　　　　　　　　(表层结构)

B　[他 BE 了[我的][挨批]]　　　　 (深层结构)

---

① 由于轻动词的存在,底层 VP 选择动宾结构作为轻动词的补语成为一种强势结构,"冷场"中的"冷"用为动词,"红眼"中的"红"用为动词,"帮忙"中的"忙"用为名词,"洗澡"中的"澡"用为名词,它们由于这种强势结构的存在,成为一个名物化的结构。我们将分专文论述,这里不再赘述。

② "了"是表示时间的功能语类,它出现在句法结构中的 Inft 位置,具体演算过程我们不在此讨论。

A　我伤了她的心　　　　　　　　　（表层结构）

B　［我 CAUSE 了［她的］［伤心］］　　（深层结构）

上面四例中,v 是空动词,v 下面的 V"吹、冷、挨、伤"是被空动词所 C – command 的成分。V 这个空位的轻动词,触发下层的核心动词 V"吹、冷、挨、伤"分别上移到 v 的位置,与轻动词 DO、BECOME/OCCUR、BE/HOLD、CAUSE 这些语义算子分别进行语义合并,致使"吹牛、冷场、挨批、伤心"这些离合词能够以离析态呈现在表层句法中。这就是空动词促发的核心词移位,即轻动词移位。DO、OCCUR/BECOME、BE/HOLD、CAUSE 作为语义算子不仅给动词进行分类,同时也将事件进行了分类。

同时,现代汉语轻动词的实现方式是在句法层面上实现的(即轻动词不包含在动词的语义结构内),离开了句法层面,轻动词的语义内容是无法附加于离合词之上的,只有将离合词置于句法层面之中,才能实现轻动词与离合词的语义融合,表现其事态关系。这里能够比较好地解释为什么说话人有时选择合并态离合词表达主观意愿,有时选择离析态离合词表达主观意愿,为什么有时候选择这种离析态形式表达主观意愿,有时候又选择另外一种形式表达主观意愿。试比较"伤心"这一离合词:

A　伤了一次心　　　［……DO 了［一次伤心］］

B　伤了他的心　　　［……CAUSE 了［他的伤心］］

A 例中核心动词被空动词 DO 吸引,上移后,与空动词 DO 这一语义算子进行语义融合,表达的是"经历了一次伤心"的意思;B 例中的核心动词"伤"被空动词(CAUSE)吸引,上移到空动词的句法位置,并与 CAUSE(致使)这一语义算子进行语义融合,表达的是"使……伤心"的意思。在表层句法中,由于轻动词的存在,"伤心"出现离析态呈现于现代汉语中,表达了不同的意义。负载于轻动词中的 DO、OCCUR/BECOME、BE/HOLD、CAUSE 等语义算子,使"伤心"表达了不同的语义内容。如下图所示:

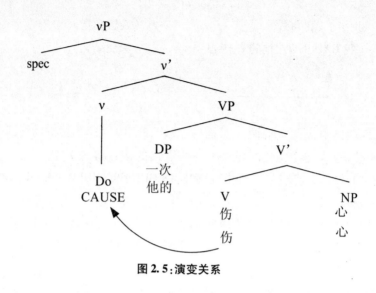

图 2.5：演变关系

从句法角度来看,核心动词 V 是空动词 v 的中心语,同时,空动词 v 不同的语义算子又辅助核心动词 V 表达不同的附加语义内容。轻动词的存在,不仅起到塑造和改变现代汉语离合词原有结构的作用,而且帮助产生了不同的附加意义。

2.3.1.2.2.1.2 非常态离析的存在

由于空动词吸引核心动词上升,造成动语素与名语素呈现出分离状态,我们称这种形态为"常态离析态"。除此之外,现代汉语离合词在句法中出现时,动语素和名语素不仅可以呈现出分离态,有些动语素和名语素还可以以易位的形态呈现出来,我们称这种形态为"非常态离析态"。如:

这个澡,洗得真舒服。

这个忙,帮起来有点难度。

现代汉语离合词为什么会出现非常态离析的形式? 按照 Huang(1997)和 Lin (2001)"轻动词是事态谓词"的假设,事态谓词作为轻动词要在句法中得到表达,首先,会吸引核心动词上移,与轻动词进行语义融合;其次,由于核心动词的上移,造成宾语处于漂移状态,能够前置,实现主题化,这样就造成了现代汉语离合词语素的易位。我们以"吹牛"为例,分析"吹牛"是如何演化为"牛……吹……"的。

A 你 DO 吹牛吹得太过火了。　　　　　(深层结构)

B 你吹牛吹得太过火了。　　　　　(核心动词移位,并进行语义融合)

C 牛,你吹得太过火了。　　　　　(表层结构)

从 A 到 B 再到 C 的演化进程中,我们可以解释"吹牛"是如何演变为"牛……吹"的。由于空动词 DO 的存在,触发了核心动词"吹"的核心移位,核心动词提升到轻动词的空位上,与之进行语义融合后,由于核心动词的提升,造成宾语"牛"处于漂移状态,为实现主题化而前置。前置后,两个"吹"出现在同一位置,进行同项合并,得到"牛,你吹得太过火了"的易位形式。

2.3.1.2.2.2 合并态离合词的存在

以上我们的分析是基于轻动词句法理论假设的基础上得出的结论:由于轻动词是一个没有语音形式的空位(即空动词),导致了现代汉语离合词能以离析态呈现在汉语里。同时,在现代汉语里,还有一类有语音形式的轻动词。有语音形式的动词出现轻动词的位置上后,占据了轻动词的位置,下层的核心动词得不到提升,离合词只能以合并形态出现在现代汉语中,这些有音形式的轻动词一般表现为"搞、做、打、弄、整、进行"等等。如果有语音形式的轻动词出现在句法中,现代汉语离合词该以什么形式存在呢? 它们还能以离析态存在于句法之中吗? 试比较:

A 他幽了个默。	*B 他整幽了个默。	C 他整了个幽默。
A 他们散了个步。	*B 他们搞散了个步。	C 他们搞了个散步。
A 他们比了个赛。	*B 他们进行比了个赛。	C 他们进行了个比赛。

以上三例中,A、C 句都成立,B 句不成立。A 中,由于存在的轻动词在语音形式上有空位,致使核心动词上移,离合词能够以离析态呈现在句法中。如,幽了个默,散了个步,比了个赛等。B 的表达均不能成立。这是由于有语音形式的轻动词占据了轻动词的位置,如果核心动词继续上移,就出现了两个动词在一个语法位置上,是不被允许的。如,整幽了个默,他们进行比了个赛。C 中,虽然有语音形式的轻动词占据了轻动词的位置,轻动词和核心动词都在自己原来的位置上保持不移动,即有音轻动词的出现保持了句法的深层结构,这样的形式是成立的。

因此,我们认为,在现代汉语中,有语音形式的轻动词和无语音形式的轻动词是决定现代汉语离合词以合并态或离析态出现在句法中的关键因素之一。

2.3.1.2.3 离析态离合词的五种构式类型

各类动词的句法语义结构中都存在轻动词,没有语音形式的轻动词(空动词)留下一个空的语法位置,吸引后面动名结构下的动词核心移入上面的无声轻动词空位中,改变了现代汉语离合词作为词的原型,致使现代汉语离合词呈现一种离析态。但由于现代汉语表义的复杂性,下面我们将总结空动词的存在造成的现代汉语离合词离析态的五种构式。

①所有格宾语构式

A 他们帮了我的忙　　　　　　　　　　(表层结构)

B 他们[VP DO[VP 我的[帮忙]]]　　　　(深层结构)

这类句子中的底层结构是一个"双层 VP 壳"。上层 VP 中的空动词是表示行为的 DO,内嵌于空动词 DO,下层 VP 是一个名物化结构,核心动词"帮"提升到 DO 的空位,便形成了表层结构。"帮我的忙"中,"我"实际是"帮忙"宾语。

②属格施事构式

A 你跳你的舞　　　　　　　　　　　(表层结构)

B 你[VP DO[VP 你的[跳舞]]]　　　　(深层结构)

这类句子中内嵌于空动词 DO 下面的 VP 也是一个名物化的结构,下层 VP 中的核心动词"跳"移动到 DO 的位置,便形成了表层结构。"你的跳舞"中,"你"实际上是"跳舞"的施事。

③涉及事件量化的构式

A 他吹了一天的牛　　　　　　　　　(表层结构)

B 他[VP DO[GP 一天的[e][吹牛]]]　　(深层结构)

用树形图表示:

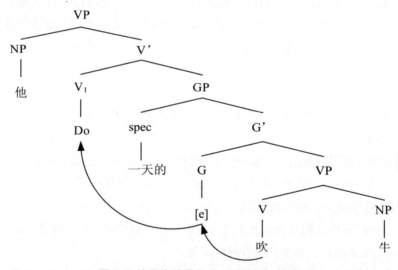

图 2.6:涉及事件量化关系轻动词移位图

谓语"吹牛"因为动名化置于动名短语 GP 下,因此动量词"一天的"处于定语位置。动词"吹"的初始位置是在结构的最底层,V1 和 G 都不含语音成分,因为没有语音成分不能独立成词,必须将下面的核心动词"吹"一步一步移上来补位。"吹"经历两次核心移动后,到达上层空动词 DO 的位置,从而形成了表层结构。这里,"吹牛"这个事件已经被"一天"量化,限定了"吹牛"这一事件的范围。

④役使结构

    A 这句话伤了她的心　　　　　　　　　　　　　　（表层结构）

    B 这句话[VP CAUSE[VP 她的[伤心]]]　　　　　　（深层结构）

核心动词"伤"处于双重 VP 结构中的轻动词 CAUSE 之下,当动词提升并占据空动词 CAUSE 的位置时,就获得了表层形式。同时,由于轻动词移位,使得"伤心"获得了使役的意义,这是和空动词进行语义融合后获得的附加意义。

⑤套合构式

在现代汉语的实际运用过程中,这四种构式很多时候都是交织在一起出现的。以下是我们总结的三种基本套合构式。

    a 事件量化与所有格宾语套合

    A 他们帮了我一天的忙　　　　　　　　　　　　（表层结构）

    B 他们[VP DO[VP 我[GP 一天的[VP 帮忙]]]]　　（深层结构）

上例就是一个涉及事件量化与所有格宾语结构套合的构式,谓语"帮忙"因为动名化置于动名短语 GP 下,因此动量词"一天的"处于定语位置。"一天的帮忙"是一个涉及事件量化的构式,在这层 GP 上还有一层 VP 是这个构式的所有格宾语"我",动词"帮"的初始位置是在结构的最底层,V1 和 G 都不含语音成分,因为没有语音成分不能独立成词,必须将下面的核心动词"吹"一步一步移上来补位。"帮"经历两次核心移动后,到达上层空动词 DO 的位置,从而形成了表层结构。这里,"帮"这个事件被"一天"量化,"一天的"限定了"帮"这一事件的范围;除此之外,"帮忙"这个事件包含了事件所有格宾语。

    b 事件量化与属格施事套合

    A 你跳你整天的舞,她唱她整日的歌　　　　　　（表层结构）

    B 你[VP DO[VP 你[GP 整天的[VP 跳舞]]]],她[VP DO[VP 她[GP 整日的[VP 唱歌]]]]　　　　　　　　　　　　　　　（深层结构）

这是一个事件量化与属格施事的套合构式的并列表达,下层 VP"跳舞""唱歌"均因为动名化置于动名短语 GP 下,动量词"整天的""整日的"均处于定语位置,"整天的跳舞"和"整日的唱歌"同样是一组涉及事件量化的构式,"整天的"与"整日的"限定了"跳舞"与"唱歌"的时间量。GP 上层的 VP 中包含了属格施事"你""她",你是"跳舞"属格施事,"她"是"唱歌"的属格施事。核心动词"跳"与"唱"的初始位置在结构的最底层,V1 和 G 都不含语音成分的空位,因为没有语音成分不能独立成词,必须将下面的核心动词"跳"与"唱"一步一步移上来补位。"跳"与"唱"经历两次核心移动后,到达上层空动词 DO 的位置,从而形成了表层结构"跳你整天的舞"、"唱她整日的歌"。

c 事件量化与役使套合

A 你伤了他一次心　　　　　　　　　　　　　　　　（表层结构）

B 你[VP CAUSE[VP 他[GP 一次[伤心]]]]　　　　（深层结构）

这是一个事件量化与役使结构套合的构式，下层 VP"伤心"动名化于 GP 之下，动量词"一次"限定"伤心"这一事件，使"伤心"这一事件实现了量化表达，GP 上层的 VP 中包含了具体役使对象"他"，由于空动词 CAUSE 的存在，吸引底层核心动词"伤"经过两次移位，与空动词 CAUSE 进行语义融合，实现了事件量化与役使结构的套合。

2.3.2　离合词的传播

2.3.2.1 离合词的整体传播图形描写

现代汉语中，离合词的发展规模逐渐壮大。离合词在 20 世纪二三十年代，很少进入人们的视野，关于离合词的专门研究更是凤毛麟角，对离合词数量的统计资料不全，学者们其他相关方面的研究提及的也很少。赵金铭(1984)对《现代汉语词典》中的离合词进行了统计，发现其考察的 2533 条离合词绝大多数均可归为词。甚至到了 80 年代末，有的学者还认为，这是一个不符合语法规范的语言现象(陆志韦 1990:393)，在语言运用的过程中，应该及时地纠正这类语病。

之后，离合词经过了一个快速增加的阶段，到了 1995 年，由北京师范大学出版社出版、杨庆蕙主编的《离合词用法词典》(供外国人学习汉语用)中收录了 4066 个离合词。词典描写了这些离合词"离"与"合"的基本状况，筛选了较为常用的 1738 个进行剖析，比较详细地说明它们各自的离合状况，除了正面阐述外，还举出一些运用不当的误例进行纠正，以加深读者对某些离合词用法的理解。这时，离合词现象已经作为现代汉语中一类正常的语法现象出现在语言中了。王素梅(1996)对《现代汉语词典》(第 3 版)的离合词进行统计，共有 3266 条。

之后的十年中，离合词的发展进入一个相对稳定的阶段。在《现代汉语词典》(第 5 版)、《现代汉语词典》(第 6 版)中，离合词接近 4000 条。① 到 2017 年，笔者以《现代汉语词典》第 7 版(2016 年)为蓝本，逐一将离合词重新统计了一遍，离合词的数量为 4004 个。我们将离合词的动态变化规律表示如下：

---

① 笔者博士在读期间，曾对《现代汉语词典》(第 5 版)的离合词进行统计，离合词为 3801 条。

笔者博士后在读期间，曾对《现代汉语词典》(第 6 版)的离合词进行统计，离合词为 3897 条。

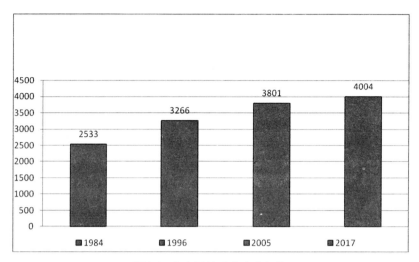

图 2.7：离合词的动态变化规律

离合词在近二十年的大规模出现和传播,与人和人之间的语言接触次数的增加紧密相关。在电子媒体诞生之前,人与人之间的接触量少,接触面窄,接触方式单一,一般为口头形式与书面形式,因此离合词的传播速度受到局限。在电子媒体诞生之后,人与人之间的语言接触次数大幅度增加,接触面被极大地打开了,比如电视、广播,尤其是网络的普及之后,人与人之间的接触次数大大增加,具有口语特征的离合词的传播飞速增长,方言特征过于明显的离合词逐渐消失,一些网络语言进入离合词的词条中。但长期来看,离合词的数量在未来还是会呈上升趋势。

2.3.2.2 离合词的个体传播数学描写

首个离合词的产生和传播对于离合词大规模的出现有着重大的意义。我们无法得知历史上第一个离合词是如何产生的,为了了解离合词的整个传播过程,我们有必要先以单个词作为观察现象。在历史文献中,我们发现离合词是近代汉语里产生的一种语言现象。根据王士元的词汇扩散理论①,任何语言现象在发生改变时,所有符合改变条件的词都是在时间推移中逐个发生变化的。这也就是说,离合词的产生是一个在时间上以变化词汇的多寡为标志的一个连续过程。只要任何观察或者记录是在这个变化的过程中做出的,都会以词汇的不规整的形式得到呈现,即所有应该变化的词中,有发生游离的,也有未发生游离的。

---

① 王士元. 词汇扩散理论:回顾和前瞻［M］//中国语言学论丛［C］. 北京:北京语言文化大学出版社,1997.

离合词是一类活跃在现代汉语方言和口语中的词。历史上的书面记录不多，历史材料也不过是某一个时间点上的记录，我们很难根据历史材料来重构词汇变化的整个过程，也难以对整个词汇变化的过程进行连续的动态描写。因此，我们在参考了王士元语音扩散理论中关于音变的动态描写，建立了关于单个离合词在传播扩散过程中合并态与游离态如何并存的数学模型。

离合词在产生过程之中，会产生新形式和旧形式共存的阶段——游离态与合并态并存使用、合并态单独使用。换句话来说，语言在使用演变的过程中，每个人不是使用旧形式——复合词的合并态来表情达意，就是使用新形式——离合词中的游离态或者合并态来表情达意。我们以"拼爹"一词为例，所有使用"拼爹"一词的人就均能被分成使用复合词合并态的人和使用离合词游离态或者合并态的人。在语言演变的过程中，这两部分人百分比的总和是 100%，也就是 1。可以表示为：

$$C_t + U_t = 1，或者 U_t = 1 - C_t$$

上面的公式中，C_t 是在时间 t 的时候，使用离合词游离态或者合并态的人的百分比；U_t 是使用复合词合并态的人的百分比。

一个新的离合词的产生就可以被认为是一个新的离合词的传播。这种传播是通过使用离合词游离态的人和使用复合词合并态的人的接触来实现的，是使用复合词合并态的人意识到也可以同时使用游离态的形式来传情达意。这种新形式的传播并不是一蹴而就的，而是逐步普及传播的。因为没有人能和所有其他的人接触，每次的接触也不一定能造成成功的传播。种种其他因素会共同影响到传播的成功率，其中影响传播成功率的重要因素是传播过程中接触的人的次数越多，传播的人数就越多，成功传播的效率就会越高。

下面我们试着以"拼爹"一词的产生和传播为例进行叙述。"拼爹"一词是一个当今社会的流行词，指的是"比拼老爹"的意思。在贫富差距越来越明显的社会，子女的贫富意识也越来越明显，这就造成了子女比拼各自的父母，例如：经济能力、社会地位等等的社会现象，这些"拼爹"的人认为自己学得好，有能力，不如有个"成功"的老爸。"拼爹"一词在产生之初是与这种社会现象紧密联系在一起的，是一个动宾组合的结构，常以复合词合并态的形式出现，由于通过各种媒介的作用，"拼爹"一词得以广泛使用，其作为离合词的游离态用法也在人群中得以传播，根据"例不十，不立法"的原则，当这个离合词的使用者的百分比达到一个阈值时，这个离合词就成活了。在互联网络上，我们搜索到以下例句，如：

41. 另一方面，不是所有拼过爹的人都懂得感恩。

（http://i7sea.com/Qblog/430029161 – 1253872435.html）

42. 经济膨胀,穷二代为了买房拼了爹。

http://bbs3. sun0769. com/viewthread. php? bfid = 255&tid = 806997&extra = page%3D1%26amp%3Borderby%3Ddateline%26amp%3Bascdesc%3DDESC)

43. 这年头,连幼儿园小朋友都在努力学习前辈的关系精神,没事儿印名片拼个爹"玩玩。

(http://ladyguagua. digu. com/detail/16234011)

如果我们把使用"拼爹"这个离合词游离态的人和不知道这个离合词游离态的人接触时,不知道使用这个离合词游离态的人成功接收离合词游离态的概率,即传播的成功率,写成 a;用"拼爹"游离态的离合词的人增长百分比为 u,在时间中,便可以写成:

$$\Delta C = acu\Delta t \qquad\qquad 公式 3.1$$

公式中,a、u 和 c 分别是传播的成功率、用"拼爹"合并态离合词的人的百分比和用游离态离合词的人的百分比。需要着重提到的是离合词游离态传播的成功率包含多种因素,一个使用过"拼爹"游离态离合词的表达者在单位时间内能够与其他人接触的次数,即传播的效率在传播的成功率中起到了最为关键的作用。公式(3.1)用微积分公式表示为:

$$\frac{dc}{dt} = ac(1-c) \qquad\qquad 公式 3.2$$

此公式的解为:$c = \dfrac{1}{1 + ke^{-at}}$ \qquad\qquad 公式 3.3

如果我们将使用离合词游离态的人当作施众,其所占比例越高,则其影响导致的增长率就越高;如果我们将未接触过离合词游离态的人当作受众,其所占比例越高,则受影响导致的增长率就越高。即使用离合词游离态的比例增长率中,已使用离合词游离态的比例和未使用游离态的比例成正比。公式(3.3)是用来说明使用"拼爹"游离态的人的比例相对于时间的变化规律,即最早使用游离态的人数很少,随着使用游离态的人数的增加,增速则越快。c 的值在 0 和 1 之间变化。c 的值的增长在开始时变化较慢,之后逐步加快。变化的速度在中点时达到最快,过了中点之后又逐步减慢下来,即增长率和施众与受众的比例都成正比,在中点,施众和受众各占一半时,"拼爹"游离态的传播的增长率最高。此公式的图像是 S 形的,见下图:

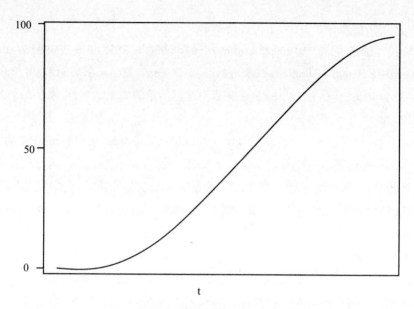

图 2.8：离合词游离态的百分比曲线图

公式(3.3)中，a 是离合词产生游离态的成功率，它决定曲线的陡度。a 的值越大，曲线就越陡，即变化需要的时间越短。传播的成功率中的关键因素是接触的次数，接触的次数越多，传播的次数就越多，变化需要的时间就越短。它们的关系也可以从下面的图中看出来。

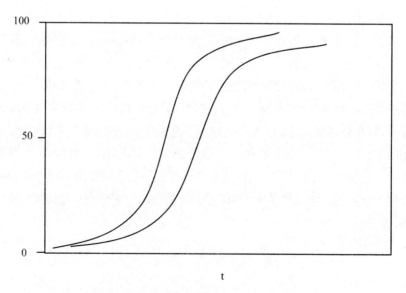

图 2.9：离合词游离态传播成功率的曲线图

我们认为,正是由于现代电子媒介在人民群众生活中的大量存在,比如:电视、广播、网络的普及,这些媒介比起口耳相传的方式大大地提高了传播的效率,因而一个新的离合词从出现到广为运用的周期大为缩短,也就是在同等时间内,离合词的形成速度大大加快。这就解释了为什么离合词的发展从发展到壮大,在短短的几十年的时间内,离合词由最初被认为是一个不符合现代汉语的语法规范的语病现象,到现在数量的急剧增加的原因。

2.4 离合词的多维度比较

语言类型学认为,一个特殊语法现象的存在,一定会在语言系统中与其他语言有着蛛丝马迹的联系,绝不会孤立地存在。国内一些语言学家普遍认为汉语离合词是汉语中特有的一类语法现象,我们尝试分别将汉语的离合词与德语的可分离动词、英语的可插入语进行比较分析,以揭示出语言的共性特点;将汉语离合词与汉语方言、古代汉语进行比较,以表现出汉语离合词的个性特征。

2.4.1 汉—外比较

汉语离合词是一个数量庞大、内部复杂、无统一规律可循的特殊一类。在对其半个多世纪的研究里,很多学者认为汉语离合词是汉语独有的语言现象。笔者将汉语离合词与日耳曼语中的可分离动词、英语的可插入语进行比较分析,发现不同语言中单个词的中间为了表达的需要,也存在可以插入一些成分的可离可合现象。

2.4.1.1 德语的可分离动词

日耳曼语的可分离动词几乎是印欧语系中独一无二的现象。日耳曼语的可分离动词是指德语、荷兰语中的相当一部分动词加上一个可分前缀,构成的可分动词。其中有相当一部分可分动词和分离出来的前缀既可拆开,也可不拆开,拆与不拆视表示的具体含义而定。句中拆开的可分离动词的根动词随主语变化,分离后前缀位于句末。以下我们以德语为例:

44. Wir müssen um 6 Uhr aufstehen. (我们必须六点钟起床。)

45. Wann haben Sie das Medikament eingenommen? (你服用这种药多长时间了?)

46. Steigen Sie bitter aus! (请您下车!)

例 44 中的可分离动词出现在(补充)结合情态动词的句子中,可分动词结构不发生变化,置于句末。例 45 中的可分离动词出现在现在完成时和过去完成时中,前缀与动词的过去分词合并在一起,置于句末。例 46 中的可分离动词出现在现在时主句中,句中无情态动词,可分前缀与根动词分离,置于句末,有祈使意味。

日耳曼语中可分离动词的分布以德语、荷兰语为轴心,向北沿斯堪的纳维亚山脉,向东北沿波罗的海,向西沿北海,向南沿阿尔卑斯山,随着地理位置的远离,动词的可分离性也逐渐减弱。日耳曼语中还有许多这样的常用可分离动词,如:ein/steigen 上(车、船等)、aus/führen 出口,输出,执行等等。如:

47. an/kommen(到达):

Ich komme pünktlich in Tianjin an. (我准时到达天津。)

48. ab/fahren(出发):

Der Zug nach Jinan f？hrt um 4 Uhr ab. (去济南的火车 4 点发车。)

在词法或者词典中,上两例中的 an/kommen(到达)和 ab/fahren(出发)表现为合的形式。在句法中,根据表意需要,有时候根动词 kommen 和 fahren 随着主语的变化,与根动词分离,位于句末,形式有异,意义基本不变。但这种可分离的表达方式能够使句子生动活泼,明确地表达说话者的心情和意图。

2.4.1.2 英语的可插入语

英语的可插入词是在单个词语中间为了表达说话者强烈的否定或不满情绪而将一个类似中缀的插入成分插到这个词语中间的词语。这些插入语常为一些诅咒语或者脏话,比如:damned(该死的)、freakin - damned (该死的)、bloody(该死的)、damn(该死的)、goddamn(该死的、被咒骂的)、fucking(他妈的)等等。如:

49. Abso – damned – lutely:

A "You guys aren't cheap. you're conserving your money for more glass!"

B "Abso – damned – lutely!! You gotta problem wit' dat?"

50. Abso – freakin – damned – lutely :

Abso – freakin – damned – lutely awesome in every way.

51. Fan – bloody – tastic :

Fan – bloody – tastic News!

52. Ala – damn – bama :

Villa Rica, GA otherwise known as Ala – damn – bama.

53. Philadelphia:

We are Phila – goddamn – Delphia, the 5th biggest City in the Country.

这些粗鲁的插入词在使用过程中并不固定,不同的职业、身份和地区使用的诅咒插入语都不尽相同。据笔者的调查,这种插入语一般在教育程度较低的人的口语和网络语言中使用频率较高。

除此之外,还有一些英语中借来的词离析后用为动宾式的。比如赵元任先生举过这样一个例子:学生用语中,裁判说:"Outside!"有学生反对,就说:"Out 什么side?"这种用法一定是因为这个词是抑扬型,所以就当成动宾式看待了。

还有,英式的下午茶被香港人习惯称为"high－tea"。现在在年轻人的粤语中非常流行一种说法:"去 high 一个 tea",即"食嗰 high－tea"。在"去 high 一个 tea"的表述中,将一个数量短语插入其间,使得原本是名词的"high－tea"用为一个动宾结构,表达生动活泼,形式新颖有趣。

2.4.1.3 普—德—英比较异同

德语中的可分离动词、英语中的可插入词与现代汉语的汉语离合词中间的插入成分都有着不同个体语言限制:德语的可分动词中,虽然动词和可分前缀之间可以插入任何词类,但动词的可分与不可分是要受到时态的限制的;英语的可插入词也是有着严格的条件限制,首先要求能够插入成分的单词是一个音节较长的词,如 important、conditioner、saxophone 等等;其次,插入其中的成分是一些为了表达说话者强烈的否定或不满情绪的诅咒语,一般出现在口语或者非常不正式的书面语中,如网络语言;再次,插入词中的成分是一个类似中缀的成分,如 fuckin、friggin、ma,词缀的数量有限。与此相较,现代汉语离合词中可插入的成分相对自由,常见于充满主观感情的非正式语体中。

虽然此三种语言均有着各自不同的个体语言限制,但由于所有离析态的形式都生成在句法层面中:将需要插入的成分置于一个完整的词语的内部,构成一种新的表达方式,这是语言表达的多元化和朝着精细表达方向发展的一种趋势,这种插入能够更加明确地限定事件的具体内容,或者强调说话者的丰富情感。我们不能就此简单地认为,在词汇层面上单个的词是词,在句法层面上,合并态的汉语离合词属于词的范畴,而离析态的汉语离合词中因为插入了其他的成分后,这个词就变成了一个短语。

2.4.2 普—方—古比较

现代汉语普通话是以北京语音为标准音,以北方方言为基础方言,以典范的现代白话文著作为语法规范的现代汉民族共同语。汉语离合词大多存在于口语语体中,汉语离合词词表①中收录的方言词汇也较多,基本上属于以北京话为基

---

① 王俊. 现代汉语离合词研究[D]. 武汉:华中师范大学. 2011.

础的北方话。

2.4.2.1 普通话与方言比较

2.4.2.1.1 株洲话中的离合现象

株洲方言是属于湘方言区新湘语长(沙)益(阳)片的一个方言点,总体特征靠近长沙方言。普通话和株洲方言中离合词的基本表现形式都具有"可离可合"的特点:株洲方言中的离析度更大,更自由,使用频率更频繁,形式更多样化;差异主要表现为在株洲方言中,结果性补语后移,特别是在否定形式中的可能性补语和结果性补语则整体后移,而在普通话中,可能性补语和结果补语均插入离合词中,即现代汉语普通话中 VCO 格式的表达在株洲方言中以 VOC 格式呈现。下面我们以"结婚""止血""捞本"为例:

表 2.10:株洲方言与普通话对照表

		结婚	止血	捞本
否定	(普通话)	结不成婚	止不住血	捞不回本
	(株洲话)	结婚不成	止血不住	捞本不回
肯定	(普通话)	结得了婚	止得住血	捞得回本
	(株洲话)	结得婚成	止得血住	捞得本回
疑问	(普通话)	结得了婚吗	止得住血吗	捞得回本吗
	(株洲话)	结得婚成不(吧)	止得血住不(吧)	捞得本回不(吧)
复杂	(普通话)	结得成一次排场的婚	止得住他手臂的血	捞得回他投资的本
	(株洲话)	结得次排场的婚成	止得他手臂的血住	捞得他投资的本回

任何语言演变都有一个新形式和旧形式共存的阶段,这两种新旧形式至今还保留在上述株洲方言的离合词表达中。由于湖南株洲多山地丘陵,在湘方言中保留了较多的古语成分,成为株洲方言的特色;而随着经济的发展,株洲是重要的铁路枢纽,交通的便利使株洲话也更容易受到汉语普通话的影响,汉语离合词在株洲方言中离析态的表达形式有扩大之势,因此,离合词离析态在株洲方言中存在着两种表现形式。我们认为,随着动补结构的发展和成熟,使"V + O + X"模式中的 X 有机会插到动宾结构之间,从而改变了原有的句法位置,为离合词动词的可分离化起到了重要作用。通过以上对汉语离合词在株洲方言中的情况进行分析比较,我们认为株洲方言中确实存在结果补语成分位置上与汉语普通话表述上的差异。株洲方言中存在两种情况:

一、词以合并态呈现：

在株洲方言中，否定句中的可能性补语和结果性补语成分整体后移，离合词以合并的状态存在，如"结婚不成、止血不住、捞本不回"；在汉语普通话中，可能性补语和结果性补语均得插入离合词中，不能以合并态出现，如"结不成婚、止不住血、捞不回本"。

二、汉语离合词以离析态呈现：

在肯定句、疑问句和复杂句中，除结果补语后移外，其他成分插入离合词中，离合词以离析的状态存在，以"结婚"一词为例，如"结得婚成、结得婚成不、结得次排场的婚成"；在汉语普通话中，可能性补语、结果性补语和其他成分均得插入离合词中，如"结得成婚、结得成婚吗、结得成一次排场的婚"。

在调查中，我们还发现越是口语程度高的汉语离合词，在株洲方言中越易出现补语成分的后移；越是书面语程度高的汉语离合词，在株洲方言中越与普通话的表达形式相似。

我们认为，株洲市位于湖南省东部，属于湘方言区。由于湖南株洲多山地丘陵，在湘方言中仍然保留了较多的古语成分，株洲方言中补语后移的现象就保留了株洲方言的特色；而随着经济的发展，由于株洲是重要的铁路枢纽，交通的便利使株洲话更容易受到汉语普通话的影响，汉语离合词在株洲方言中离析态的表达方式有扩大之势，除了是因为在方言口语的表达中随意性较大之外，另一个重要的原因则是受到了普通话的影响。

因此我们在株洲方言与普通话的对比中，除了能感受到它所受到的汉语普通话的影响之外，还能观察到株洲方言中具有特色的语法现象。

2.4.2.1.2 上海话中的离合现象

吴方言分布于浙江、江苏、上海、安徽、江西、福建。由于在国内外的影响力较大，上海话可被看作吴语的代表方言。上海经过近代周边地区大规模的移民进入，语言发生了较大的改变，其中受宁波话的影响较大，同时，受到普通话的影响也越来越深，但基本面貌仍是吴语形态。以汉语离合词在上海方言中的用法为例：

表 2.11：上海方言与普通话对照表

	普通话	上海话	普通话	上海话
动宾式	吹牛	吹牛逼	做活	做生活
	做伴	做道伴	打架	打相打
	乘凉	乘风凉	宰客	斩客人
	打盹	打瞌匆	作保	做担保
	有门	有门路	动嘴	动嘴巴
	掺假	掺假格	打折	打折头
	行刑	上刑罚	瞪眼	弹眼睛
	找事	寻事体	打桩	打桩子
	到点	到辰光	当当	当物事
	洗钱	汰钞票	做客	做人客
	摆阔	摆阔气	存款	存铜钿
主谓式	眼尖	眼睛尖	眼红	眼睛红
	嘴紧	嘴巴紧	嘴刁	嘴巴刁
	性急	性子急		

　　双字词的汉语离合词在上海方言中大多表现为三字词。上海话中离不开普通话的词汇，但由于上海方言中的双字词发育比北京话要晚，汉语离合词中的双字词在上海方言中绝大多数表现为书面语，很难在口语中得到使用。上海方言中的汉语离合词大大少于汉语普通话中的汉语离合词，汉语离合词对应在上海方言中要么多数以三字词的形式表现；要么以两字词的形式出现，但如果在上海方言中以两字词的形式出现，则可分离的性质基本消失；但由于汉语离合词原本口语色彩就比较浓重，所以有很少一部分受到普通话的影响保留了可分离的性质。①我们认为，上海方言中更多地保留了吴方言中的历史旧貌。

2.4.2.1.3 粤语中的离合现象

　　粤语方言发源于北方的中原雅言，于秦汉时期传播到两广（广东、广西）地区，自古以来，两广地区的山水相连，人文相通。直到宋朝，两广地区才被分为广东和广西。粤语是与当地的古越语相融合而产生的一种语言，在广东省、香港、澳门占有主流地位，又称为广东话或者白话。粤语的形成却远远早于宋朝。粤语源于古

① 史有为. 汉语离合词复观——兼议汉语基本词汇单位［J］. 中国语言学（第三辑）,2009（12）.

代汉语,并吸收了部分古越语而成。在语调上依然保留了早期古语的特色,词汇与广州方言靠拢。粤语有一套自己的粤语白话文书写系统,基本按照粤语语法及用语书写。在粤语中,汉语离合词的现象也普遍存在。如:

表 2.12:粤语方言与普通话对照表

	普通话		粤语	
	合并态	离析态	合并态	离析态
睡觉	睡觉	睡午觉	瞓覺	瞓晏覺
	睡觉	睡了一大觉	瞓覺	瞓咗一大覺
洗澡	洗澡	洗个澡	冲凉	冲個凉
	洗澡	洗个舒服澡	冲凉	冲個靓凉
烫发	烫发	烫个发	恤髮	恤個髮
	烫发	烫个好看的头发	恤髮	恤個靓髮
自在	自在	自在	有自唔在	
辛苦	辛苦	辛苦	攞苦嚟辛	
容易	容易	容易	容乜易	
的确	的确	的确	的而且確	
亲戚	亲戚	亲戚	认親认戚	
偶尔	偶尔	偶尔	間唔中	
成日	成日	成日	成鬼日	
早晨	早晨	早晨	晨咁早	
当时	当时	当时	當其時	

我们发现,香港粤语中汉语离合词的用法更普遍,不仅动宾结构的汉语离合词中间能够插入成分,普通话中一般不能插入成分的形容词、副词、名词也都能够插入其他成分。插入其他的成分后,不仅能够表意丰富,而且能够起到强调情感的作用,如"乜、唔、鬼、咁、其"等的插入成分就没有实质性的意义,只起到加强情感的作用,相当于普通话中的"什么"。

2.4.2.2 普通话与古代汉语比较

从先秦到元明时期,汉语单句结构中动词和宾语之后都有一个 X 的位置,用来表示动作行为的结果、状态、处所、对象、用具、方式、时间、数量等,记作 V + O + X。例如:

54. 春风复多情,吹我罗裳开。

    (晋《乐府诗集·清商曲辞一·子夜四时歌七十五首》)

55. <u>动刀甚微</u>,謋然已解,牛不知其死也,如土委地。

    (战国《庄子·养生主》)

56. 樊哙<u>覆其盾于地</u>,加彘肩上,拔剑切而啖之。

    (汉《史记·项羽本纪》)

57. 抑王兴甲兵,危士臣,<u>构怨于诸侯</u>,然后快于心与?

    (战国《孟子·梁惠王上》)

58. 胥臣<u>蒙马以虎皮</u>,先犯陈、蔡。

    (战国《左传·卷五僖公二十八年·城濮之战》)

59. <u>剑斩虞常已</u>,律曰:"汉使张胜谋杀单于近臣,当死,单于募降者赦罪。"

    (汉《汉书·李广苏建传》)

60. 帝曰:"咨!四岳!朕<u>在位七十载</u>,汝能庸命,巽朕位?"

    (战国《尚书·尧典》)

在上古汉语中,X 均置于 V、O 后,V 和 X 代表两个独立的句法单位。V 为中心动词,一般由及物动词充当;O 为中心动词的宾语,一般由名词充当;X 对动作行为进行说明,一般由不及物动词、形容词、副词、介词短语和数量短语充当。

进入中古时期,VOX 结构出现了以下两种变化:

(一)VXO 结构:随着可分离式动补组合中两个动词成分边界的消失,VX 开始出现融合,O 置于 VX 之后。例如:

61. <u>吹开地狱门前土</u>,惹引酆都山下尘。

    (明·冯梦龙《警世通言》第 14 卷)

(二)"V 得 OX"结构:随着动补结构发展的不断成熟,体貌助词系统开始逐渐建立,在动补结构中,出现了可插入表可能的补语标志——结构助词"得"。如:

62. 他学得兴动了,那里<u>闭得口住</u>?

    (清·西周生《醒世姻缘传》第 8 回)

63. 那个丈人家因人客不齐,<u>上得座甚晚</u>。

    (清·西周生《醒世姻缘传》第 29 回)

64. 林巨章道:"朱湘藩既<u>结婚不成</u>,朋友被他发帖请了来。馈赠的礼物又怎生发落呢?"

    (清·不肖生《留东外史续集》第 36 章)

上两例中,可能性补语"得"分别插入动宾结构之间,置于 O 之后的补语对动作行为的结果和程度进行说明,结果补语一般由单音节动词或形容词充当,以单音节动词居多,记作"V+(得)+O+X"。有意思的是,"VO(不)X"为"V(得)OX"结构的否定形式,"不"与"X"均未前移。下一例中,"不+X"置于VO"结婚"之后,对动作行为结果进行否定,表示"结婚"这个结果没有实现。

延续到现代汉语中,以上这两种变化表现为以下形式:

(一)VXO结构与VOX结构并存:

1. VXO结构:X插入VO之间,可分别引入动作行为的处所、指示动作行为进行的时间、对动作行为的结果和达到的状态等进行限定和说明。例如:

65. 多少钱可以<u>落北京户</u>?

66. 小人<u>告了一年的状</u>。

67. <u>挨近年关</u>广州重现"保姆荒"。

68. 一些平时<u>说大话</u>,<u>吹大牛</u>,办起事来推诿扯皮的干部,大大咧咧地享受着日子。

2. VOX结构:由于融合不充分,现代汉语中的两个动词性成分可以同时表现为VXO结构和VOX结构,如上例14中的"挨"和"近"逐渐融合为一体,宾语成分"年关"紧随其后;同时,"挨近"中间允许插入第一个动词的受事宾语或第二个动词的修饰、限定性成分,意义保持不变。例如:

69. 这个车厢的接兵干部和新兵除了<u>挨他近</u>的正用奇怪的眼光盯着他外,其他人要么正看着车窗外的景物,要么正在闲谈。

70. 我坐在沙发上一言不发,他把手搭在我的肩膀上,身体<u>挨得很近</u>。

另外,在书面语或报刊标题中,动宾成分后能够直接连接处所名词和时间名词,省略介词,表现为VOX结构。例如:

71. 美国沃尔玛、法国欧尚、英国百安居三大世界零售业巨头相继<u>落户北京</u>。

72. 这是他的父亲<u>告状十年</u>的心路历程。

(二)"V得XO"结构与"V不XO"结构并存:将"得"与"不"置于结果补语X之前,分别对事件结果的可能性进行肯定和否定。例如:

73. 在工作中要<u>吃得了亏</u>、<u>受得了罪</u>。

74. 在他们眼里,一个女人不能生孩子,就不是女人。我以后见了他们,还<u>抬得起头</u>吗?

75. 要开学了,学校却<u>完不了工</u>。

76. 如今男人<u>结不成婚</u>,都是女权主义者太多的缘故。

语言是一个发展的动态有机系统,从上古汉语到中古汉语,V+O+X结构表现为V+X+O结构,与V+得+O+X、V+O+不+X结构的逐步发展,延续到现代汉语中,分别表现为V+X+O结构与V+O+X结构并存,V+得+X+O和V

+不+X+O 结构并存。这样来看,动补结构从上古以来的发展衍变是否会对现代汉语离合词的产生有影响呢? 在探讨离合词形成的时候,若越能尽可能全面,就越能客观地还原语言的真相。方言作为现代汉语与古代汉语保持联系的介质,承载着不可估量的重要作用。

第三章

离合词的语义分析

离合词的结构是指离合词词内语素与语素的结合,离合词的结构方式是指词内语素与语素的结合方式。我们将从词的结构平面来观察离合词的结构组合。离合词的基本结构有两种:[(a,)v,b]和(a,v),所有离合词的语义结构都基于这两种最基本的结构,即一元结构与二元结构,这两种最简结构复杂化的主要途径是添加降格结构或者是把论元替换为从属结构,将这两种最简结构复杂化的结果就是离合词出现游离态。离合词的结构与语素相联系,由有具体意义的论元与谓词组成。我们将其归纳为谓词在前型离合词与谓词在后型离合词。谓词在前型离合词包括动宾结构离合词和动补结构离合词。谓词在后型离合词主要指主谓结构离合词。谓词主要包括形容词和动词,由于形容词受到动语素的类化,用为动词;谓词后的语素包括名词、动词和形容词,动词和形容词受到名语素的类化,用为名词。由于谓词在前型离合词在离合词中占据着绝对的数量,下文中我们将以谓词在前型离合词作为重点分析对象。

3.1 谓词前置型

离合词的语义结构中存在着简单结构和复杂结构,我们把谓词在前型离合词分为单构式离合词和复构式离合词两类。

3.1.1 单构式离合词

单构式离合词可以按照第一个语义层中谓词和论元的语义属性,将其归纳为不同的语义框架类型。我们将以语义框架类型为纲,逐一分析离合词的语义形式。

3.1.1.1 性状 – 主事

性状 – 主事结构的谓词在前型离合词的公式为(p:a),p 表示 a 所具有的性质或所处的状态,一般由形容词充当,在离合词中活用为动词,表示事物所具有的性质和所处的状态。a 表示事物,这样的词属于"主事 - 性状"语义框架,语素序是 a + p。如:

红脸:脸 - 红

与此同类的离合词还有:多心、寒心、红脸、红眼,等。

3.1.1.2 动作 - 施事

动作 - 施事结构的谓词在前型离合词的公式为(v:a),v 表示 a 自主发出的动作和行为,a 为施事,这种结构的离合词属于"施事 - 动作"语义框架,语素序是 v + a。如:

脱身:身 - 脱

与此同类的离合词还有:闭嘴、翻身、拔腿、忌嘴,等。

3.1.1.3 动作 - 主事

动作 - 主事结构的谓词在前型离合词的公式为(v:A),v 表示 A 所处的动作状态,或是 A 的不自主的动作行为。A 是主事。这种结构的离合词属于"主事 - 动作"语义框架,语素序是 V + a。如:

变质:质 - 变

与此同类的离合词还有:成名、出事、开工、结业、变形,等。

3.1.1.4 动作 - 遭遇

动作 - 遭遇结构的谓词在前型离合词的公式为(v:a'),v 是 a' 遭遇到的不能自控的动作和行为,a' 是遭遇。这种结构的离合词属于"遭遇 - 动作"语义框架,语素序是 v + a'。如:

错位:位 - 错

与此同类的离合词还有:掉价、跌份、脱发、脱钩、脱轨,等。

3.1.1.5 (施事 -)动作 - 受事

(施事 -)动作 - 受事结构的谓词在前型离合词的公式为[(a):v:b],a 是施事(在离合词中不出现),b 是受事,v 是 a 发出的能对 b 施加影响的自主性行为。这种结构的离合词属于"(施事 -)动作 - 受事"语义框架,语素序是 (a +)v + b。如:

断奶:a - 断 - 奶

与此同类的离合词还有:组稿、变心、宰人、松绑,等。这类框架的部分离合词后面容易再带上宾语。

3.1.1.6 (施事 -)动作 - 处所

(施事 -)动作 - 处所结构的谓词在前型离合词的公式为[(a:):v:L],a 是施事(在离合词中不出现),L 是处所,v 是 a 发出的能让 a 到达处所 L 的动作行为。这种结构的离合词属于"(施事 –)动作 – 处所"语义框架,语素序位是(a +)v + L。如:

登陆:a – 登 – 陆

与此同类的离合词还有:下海、上蔟、进站、出境、进京,等。这类框架的离合词后面容易再带上宾语。

3.1.1.7　(施事 –)动作 – 结果

(施事 –)动作 – 结果结构的谓词在前型离合词的公式为[(a:)v:b'],a 是施事(在离合词中不出现),b' 是结果,v 是 a 发出造成结果 b 的动作行为。这种结构的离合词属于"(施事 –)动作 – 结果"语义框架,语素序位是[(a +)v + b']。如:

结婚:a – 结 – 婚

与此同类的离合词还有:绣花、发誓、结婚、发威,等。这类框架的部分离合词后面容易再带上宾语。

3.1.1.8　(主事 –)动作 – 客事

(主事 –)动作 – 客事结构的谓词在前型离合词的公式为[(A:)v:B],A 是主事(在离合词中不出现),B 是客事,v 是 A 非自主的、能对 B 有一定影响的行为。这种结构的离合词属于"(主事 –)动作 – 客事"语义框架,语素序位是[(A +)v + B]。如:爱国:A – 爱 – 国

与此同类的离合词还有:称心、称愿、懂事、吃苦、发痴,等等。

3.1.1.9　(主事 –)动作 – 处所

(主事 –)动作 – 处所结构的谓词在前型离合词的公式为[(A:)v:L],A 是主事(在离合词中不出现),L 是处所,v 是非自主动作谓语动词①。这种结构的离合词属于"(主事 –)动作 – 处所"语义框架,语素序位是[(A +)v + L]。如:

拢岸:A – 拢 – 岸

与此同类的离合词还有:进口、出口、到底、到位,等。这类框架的离合词后面容易再带上宾语。

3.1.1.10　(主事 –)动作 – 结果

(主事 –)动作 – 结果结构的谓词在前型离合词的公式为[(A:)v:b'],A 是主事(在离合词中不出现),b' 是结果,v 是 A 发出的造成 b' 的非自主性动作行为。这种结构的离合词属于"(主事 –)动作 – 结果"语义框架,语素序位是[(A

---

① 非自主谓语动词是指发出动作者不能控制动作的动词。

+)v+b']。如:

化脓:A－化－脓

与此同类的离合词还有:结果、决口、发电、出活儿,等。

3.1.1.11 (遭遇－)动作－对象

(遭遇－)动作－对象结构的谓词在前型离合词的公式为[(a':)v:o],a'是遭遇格(在离合词中不出现),o是对象格,v是含[＋遭受]特征的非自主动作谓语动词。这种结构的离合词属于“(遭遇－)动作－对象”语义框架,语素序位是[(a'＋)v＋o]。如:

负伤:a'－负－伤

与此同类的离合词还有:发烧、费力、操心、伤心,等。这类框架的部分离合词后面也较容易再带上宾语。

3.1.1.12 (遭遇－)动作－处所

(遭遇－)动作－处所结构的谓词在前型离合词的公式为[(a':)v:L],a'是遭遇格(在离合词中不出现),L是处所,v是非自主动作谓语动词。这种结构的离合词属于“(遭遇－)动作－处所”语义框架,语素序位是[(a'＋)v＋L]。如:

落地:a'－落－地

与此同类的离合词还有:落网、落枕、谢顶、晕船、晕车,等。

3.1.1.13 (象事－)关系－喻事

(象事－)关系－喻事结构的谓词在前型离合词的公式为[(a'':)V:r],a''表示象事,r表示喻事,V表示相似关系。这种结构的离合词属于“(象事－)关系－喻事”语义框架,语素序位是[(a''＋)V＋r]。如:

像样:a''－像－样

与此同类的离合词还有:像话。

3.1.2　复构式离合词

谓词在前型复构式离合词指的是从离合词语义结构的第一层起包含从属结构或降格结构,这样的从属结构或降格结构也是事件。下面按照第一个语义层中除事件之外的论元或动词的语义属性来分析复构式离合词,并将它们归纳为一定的语义框架。

3.1.2.1 动作－事件

复构式动作－事件结构的谓词在前型离合词的公式为(v:x),这种结构的离合词所属的语义框架是“事件－动作”。

（一）语素序为（v＋x1），即语素 1 为 v，语素 2 为 x 中的动词 x1。如：

发病：（a:病）:发

与此同类的离合词还有:放学、开学、复学,等。这类框架的部分离合词后面容易再带上宾语。

（二）语素序为 v＋x 序,即语素 1 为 v,语素 2 为 x 的论元。如：

得分：（a:分数）:得到

3.1.2.2（施事－）动作－事件

复构式（施事－）动作－事件结构的谓词在前型离合词的公式为 [（a:）v:x],这种结构的离合词所属的语义框架是"（施事）－动作－事件",语素序为 [（a＋）＋v＋x],其中,x 可以为一元的,也可以为二元的。

（一）当 x 为一元时,语素序为 v＋x1,即语素 1 是施事的动作 v,语素 2 是 x 中的 x1。

（1）x1 可以为性状谓词。如：

减肥：a,减,（x:肥）

与此同类的离合词还有:消肿、较真儿、叫苦、帮忙,等。这类框架的部分离合词后面容易再带上宾语。

（2）x1 可以是动作谓词。如：

订婚：a,订,（x:婚）

与此同类的离合词还有:赔笑、报到、报废、防汛,等。这类框架的部分离合词后面容易再带上宾语。

（3）x 中还嵌套有从属结构 Y 时,语素 2 为 Y1。如：

定居：a,定,[（a:居）,在,地]

与此同类的离合词还有:定都、出差、移位,等。这类结构的离合词的后面很容易带上地点宾语。

（二）当 x 为二元时,语素序有以下两种情况。

（1）v＋x1 即语素 1 是 v,语素 2 是 x 的动词 x1。如：

助战：a,助,（b,战,c）   打劫：a,打,（a,劫,b）

与此同类的离合词还有:催产、布防、改嫁、撤防,等。这类结构的离合词之后很容易接对象宾语。

（2）V＋x 序,即语素 1 是 V,语素 2 是 x 中的论元 x'。如：

陪酒：a,陪伴,（b,饮酒）

与此同类的离合词还有:试水、试镜、逃税、逃课,等。这类框架的部分离合词后面容易再带上宾语,指涉动作事件的时间。

3.1.2.3 （主事－）动作－事件

复构式（主事－）动作－事件结构的谓词在前型离合词的公式为[（A:)v:x]，这种结构的离合词所属的语义框架是"（主事－）动作－事件"，语素序为[（A＋)v＋x]，即语素1是v，语素2是x的动词x1。如：

怀孕:A,怀,(A,孕,b)

与此同类的离合词还有:出嫁、害羞、施诊、耐劳，等。这类框架的部分语离合词后面容易再带上宾语。

3.1.2.4 （遭遇－）动作－事件

复构式（遭遇－）动作－事件结构的谓词在前型离合词的公式为[（a':)v:x]，这种结构的离合词所属的语义框架是"（遭遇－）动作－事件"，即某事物a''遭遇了某事件x，语素序为[（a'）＋v＋x1]，即语素x1是v，语素2是x中的动词x1。如：

吃惊:a,吃,(a:惊)

与此同类的离合词还有:吃亏、得胜、发愁、登记、发疯，等。

3.1.2.5 事件－（关系－）处所

复构式事件－（关系－）处所结构的谓词在前型离合词的公式为[x:(V:)L]，V代表关系，L代表处所，这种结构的离合词所属的语义框架是"事件－（关系－）处所"，语素序有以下两种情况：

（一）x1＋L序 即语素1是x的动词x1，语素2是L。如：

滑冰:(a:滑),在……上,冰

与此同类的离合词还有:滑雪、走台、走水、落网，等。这类框架的部分离合词后面容易再带上宾语。

（二）V＋L序 即语素1是V，语素2是处所L。如：

倒台:x,倒,台

与此同类的离合词还有:进门、倒灶、断垄，等。这类框架的部分离合词后面容易再带上宾语。指涉动作事件的事件。

3.1.2.6 （事件－）动作/关系－时间

复构式（事件－）动作－时间结构的谓词在前型离合词的公式为[（x:)v:t]，v代表非自主谓语动词，t代表时间关系谓词，这种结构的离合词所属的语义框架是"（事件－）动作－时间"，语素序为[（x＋)v＋t]，即语素1是v，语素2是t。如：

入梅:x,入,梅

与此同类的离合词还有:过年、熬夜、到期、到点、改期，等。这类框架的部分离合词后面容易再带上宾语。指涉动作事件的事件。

3.1.2.7 事件－（关系－）工具

复构式事件－（关系－）工具结构的谓词在前型离合词的公式为[x：（V：）t1]，V 代表凭借关系，t1 代表工具格，这种结构的离合词所属的语义框架是"事件－（关系－）工具"，语素序为 x＋（V＋）t1，即语素 1 是 x 中的动词 x1，语素 2 是工具 t1。如：

打针：（a，打，b），凭借，针

与此同类的离合词还有：打枪、冲喜、烤电、吵嘴、插嘴。

若 x 里嵌套从属结构 Y，语素 1 是 Y 中的动词 Y1。这类框架的部分离合词后面容易再带上宾语。如：

翻番：[人，计算，（a：翻）]，用，番

3.1.2.8 事件－（关系－）材料

复构式事件－（关系－）工具结构的谓词在前型离合词的公式为[x：（V：）ml]，V 代表凭借关系，ml 代表材料格，这种结构的离合词所属的语义框架是"（事件－）关系－材料"，语素序为 x＋（V＋）ml，即语素 1 是 x 中动词 x1，语素 2 是材料 ml。如：

焗油：（a：焗，b），用，油

3.1.2.9 事件－（动作－）依据

复构式（事件－）动作－依据结构的谓词在前型离合词的公式为[x：（v：）bs]，v 代表凭借关系，bs 代表依据格，这种结构的离合词所属的语义框架是"事件－（动作－）依据"，语素序有以下两种：

（一）x1＋bs 序　即语素 1 是动词 x1，语素 2 是依照 bs。如：

分类：分'[（a，分'，b），依照，类别]

与此同类的离合词还有：分成、分红、放样，等。

（二）v＋bs 序　即语素 1 是 v，语素 2 是依据 bs。如：

按理：x，按，理

3.1.2.10 事件－（关系－）原因

复构式事件－（关系－）原因结构的谓词在前型离合词的公式为[x：（V：）ro]，v 代表原因关系，ro 代表原因格，这种结构的离合词所属的语义框架是"事件－（关系－）原因"，即事件 x 的发生发展归因于原因 ro，语素序为 x1＋ro，即语素 1 是 x 中的动词 x1，语素 2 是原因 ro。如：

出差：（a：出），因为，差

与此同类的离合词还有：报仇、报德、报恩、报喜、缩水，等。这类框架的离合词后面容易再带上宾语。

3.1.2.11 事件1－关系－事件2

以上我们讨论的离合词中,第一个语义层只含有一个从属结构,即使(a,v,x)或(x,V,b)。下面我们要讨论的离合词中,第一个语义层中含有两个从属结构,即<x,V,y>这样的情况。因此,我们将按关系动词 V 的语义属性来进行分类分析和语义框架归并。

(一)事件1－相似关系－事件2

复构式事件1－(相似关系－)事件2结构的谓词在前型离合词的语义公式为[x:(V:)y],V 表示相似关系,[x:(V:)y]意思是事件 x 与事件 y 之间有相似关系。这种结构的离合词所属的语义框架是"事件1－(相似关系－)事件2",语素序有两种情况:

(1)y1＋x 序,即语素1是 y 的动词 y1,语素2是 x 中的论元 x。如:

砍价:(a,压,价),象,(a,砍,物品)

与此同类的离合词还有:掉价、跌份、丢脸、丢人。

(2)x 中嵌套从属结构或降格结构,语义结构较为复杂,但语素2都是y1。如:

吃货:[(a,买到,货物):用现金),象,(某公司,吃,货)

与此同类的离合词还有:吃醋、吃碰、吹牛、挑刺儿、卖乖,等。

(二)事件1－时间关系－事件2

复构式事件1－(时间关系－)事件2结构的谓词在前型离合词的语义公式为[x:(t:)y],t 代表时间关系,[x:(t:)y]代表事件 x 与事件 y 之间有时间关系。这种结构的离合词所属的语义框架是"事件1－(时间关系－)事件2",语素序有x1＋y 序,即语素1是 x 中的谓词 x1,语素2是 y 中的论元 y。如:

怠工:(a:怠),在……时,(a,做,工)

与此同类的离合词还有:折秤、流产、录音、碰杯,等。

(三)事件1－结果关系－事件2

复构式事件1－(结果关系－)事件2结构的谓词在前型离合词的语义公式为[x:(e:)y],e 代表结果关系,[x:(e:)y]代表事件 x 导致了事件 y 的发生或者发展。这种结构的离合词所属的语义框架是"事件1－(结果关系－)事件2",语素序有以下两种情况:

(1)x1＋y 序,即语素1是 x 中的动词 x1,语素2是 y 中的论元 y。如:

转轨:(a,转,b)致使,(b,入,轨道)

与此同类的离合词还有:列席、列队、转运、转岗、转行,等。这类框架的离合词后面容易再带上宾语。

（2）x1＋y1 序，即语素 1 是 x 中的动词 x1，语素 2 是 y 中的动词 y1。这类动词语素加上形容词语素的离合词一般也都能再带上宾语。

Y1 有动作性的，如：

考取：(a,考,b)，致使，(b:取)

与此同类的离合词还有：合拢、打垮、截断、分开、收回，等。

Y1 也可以是表示性状的。如：

瞄准：(a,瞄,b)，致使，(a:准)

与此同类的离合词还有：抬高、回来、回去，等。

（四）事件 1 - 原因关系 - 事件 2

复构式事件 1 -（原因关系 -）事件 2 结构的谓词在前型离合词的语义公式为[x:(R:)y]，R 代表原因关系，[x:(R:)y]代表事件 y 的发生或者发展归因于 x 的发生或者发展，这种结构的离合词所属的语义框架是"事件 1 -（原因关系 -）事件 2"，语素序为 x1＋y1 序，即语素 1 是 x 中的动词 x1，语素 2 是 y 中动词 y1。如：

养病：(a:养)，因为，(a:病)

与此同类的离合词还有：养老、解禁、送别、解渴，等。这类框架的离合词后面容易再带上宾语。

（五）事件 1 - 方式关系 - 事件 2

复构式事件 1 -（方式关系 -）事件 2 结构的谓词在前型离合词的语义公式为[x:(f:)y]，f 代表范围关系，[x:(f:)y]代表事件 x 在事件 y 的方式下进行，这种结构的离合词所属的语义框架是"事件 1 -（方式关系 -）事件 2"，语素序有以下两种：

（1）x1＋y1 序，即语素 1 是 x 中的动词 x1，语素 2 是 y 中的动词 y1。如：

招降：(a,招,b)，以……方式，(a,招,b)

与此同类的离合词还有：打援、打围、搓澡，等。这类框架的离合词后面容易再带上宾语。

（2）x1＋y 序，即语素 1 是 x1，语素 2 是 y。如：

转磨：(a:转)，以……方式，(a,绕,磨)

类似的还有：追尾、打车、变卦、进香，等。

（六）事件 1 - 目的关系 - 事件 2

复构式事件 1 -（目的关系 -）事件 2 结构的谓词在前型离合词的语义公式为[x:(m:)y]，m 代表目的关系，[x:(m:)y]代表事件 x 的目的是实现 y，这种结构的离合词所属的语义框架是"事件 1 -（目的关系 -）事件 2"，语素序有以下

两种:

(1)x1＋y1 序,语素 1 是 x 中的动词 x1,语素 2 是 y 中的动词 y2。如:讨饭:
(a:讨),

为了,(a:得到饭)

与此同类的离合词还有:加封、催产、辞行,等。这类框架的离合词后面容易
再带上宾语。

(2)x1＋y 序,即语素 1 是 x 的动词 x1,语素 2 是 y 的论元。如:

拜年:(a,拜,b),为了(a,过,年)

与此同类的离合词还有:逃命、讨债、逃税、考研、考博,等。这类框架的离合
词后面容易再带上宾语。

3.1.2.12　动作－施事(事件)

复构式动作－施事(事件)结构的谓词在前型离合词的语义公式为[v(x):
a],v 是自主动作谓词,a 为施事,这种结构的离合词属于"施事(事件)－动作"语
义框架,语素序是 a(x):v,代表具有特征(x)的 a 发出了自主性动作 v。如:

抓瞎:a'(a',像,瞎子):抓

与此同类的离合词还有:抱团儿、完蛋、耍猴儿,等。

3.1.2.13　施事－动作－受事(事件)

复构式施事－动作－受事(事件)结构的谓词在前型离合词的语义公式为[a,
v,b(x)],v 是自主动作谓词,a 是施事,b 是受事,[a,v,b(x)]代表 a 对具某种特
征(x)的 b 施行了某种动作行为 v。这种结构的离合词属于"施事－动作－受事
(事件)"语义框架,语素序有以下几种情况:

(1)当 x1 为一元的性状谓词时,语素序是 v＋x1,即语素 1 是 v,语素 2 是(x)
中的动词 x1。如:

搁浅:a,搁,水(水:浅)

与此同类的离合词还有:掺假、扫黄、丢丑、脱贫,等。

(2)当(x)为二元动作谓词时,语素序有两种情况:

①v＋x1 序,即语素 1 是 v,语素 2 是 x1。如:

接生:a,接,婴儿'(b,生,婴儿')

与此同类的离合词还有:增产、捡漏儿、布防,等。这类框架的离合词后面容
易再带上宾语。

②v＋x 序,即语素 1 是 v,语素 2 是 x 中的论元。如:

卧果儿:a,卧,b'(b',在……中,果儿)

与此同类的离合词还有:扫毒、减仓、减刑、减员、考级,等。这类框架的离合

词后面容易再带上宾语。

3.1.2.14 事件 – 关系 – 时间(事件)

复构式事件 – 关系 – 时间(事件)结构的谓词在前型离合词的语义公式为[x，V,t(x)]，V 代表时间关系谓词，t 代表时间，[x,V,t(x)]代表 x 发生进行于具有某种特征(y)的时间 t。这种结构的离合词属于"事件 – 关系 – 时间(事件)"语义框架。语素序有以下两种：

(一)x1 + y1 序，即语素 1 是 x 中的动词 x1，语素 2 是 y 中的动词 y1。如：

洗三：(a,洗,b)，在,天(天：三)

与此同类的离合词还有:断七、数九、交九,等。

(二)x1 + y 序，即语素 1 为 x1，语素 2 为 y 中的论元。如：

点卯：(人,点,数)，在,时'(时',称作,卯)

与此同类的离合词还有:应卯、打更,等。

3.2　谓词后置型(主谓式)

3.2.1　主事 – 性状

主事 – 性状结构的谓词在后型离合词的公式为(a:p)，a 表示事物，p 表示 a 所具有的性质或所处的状态,这种结构的离合词所属的语义框架是"主事 – 性状",语素序是 a + p，即语素 1 是 a，语素 2 是 p。如：

心寒：心：寒

与此同类的离合词还有:心酸、心虚、心黑、心慌、心宽,等。离合词主谓结构中多为主事 – 性状这一类,共计48 例。

3.2.2　主事 – 动作

主事 – 动作结构的谓词在后型离合词的公式为(a:v)，a 表示主事，v 表示 a 所处的动作状态,或者 a 的不自主的动作行为,这种结构的离合词所属的语义框架是"主事 – 动作",语素序是 a + v，即语素 1 是 a，语素 2 是 v。如：

心跳：心：跳

与此同类的离合词还有:心服、心醉。

3.2.3　遭遇－动作

遭遇－动作结构的谓词在后型离合词的公式为(a':v),a'表示遭遇,v表示a'所遭受的不自主的动作或性状,这种结构的离合词所属的语义框架是"遭遇－动作",语素序是a'+v,即语素1是a',语素2是v。如:

心醉:心:醉

与此同类的离合词还有:眼花。

第四章

离合词的语法分析

4.1 离合词的词类分布

离合词合并态在句子中主要充当动词、形容词、副词,还有兼类词。

4.1.1 动词

在离合词中,充当动词的占绝大多数。如:

1. 周恩来早年立志救国,在中学时期就开始<u>注意</u>军事问题。

2. 我国婚姻法规定,近亲禁止<u>结婚</u>。

3. 应氏杯赛分别在日本东京和中国北京<u>开幕</u>。

4. 有人在林中<u>散步</u>,无意中听到几个强盗在商量怎样分配抢来的布匹。

5.219 医院的政治处主任刘家奎申请<u>复员</u>回乡。

以上例句中的"注意""结婚""开幕""散步""复员"在句中作谓语动词。

4.1.2 形容词

6. 李国强长期研究政治,是香港<u>出名</u>的"时政评论家"。

7. 今天各地已经发生了某些<u>过分</u>的现象,应注意作适当的纠正。

8. 与这些顶尖高手同在 T 台上亮相,那真是一件非常<u>过瘾</u>的事。

9. 那个<u>害羞</u>的脑瘫弟弟,言语不清楚。

10. 麦克斯是作家给予读者的一个令人<u>寒心</u>的角色,也许只是说明犹太村社中教师们行将消失的道德标准而已。

11. 这里可以<u>免费</u>清洗车辆。

以上形容词"出名"、"过分"、"过瘾"、"害羞"、"寒心"和"免费"在句中分别作名词"时政评论家"、"现象"、"事"、"弟弟"、"角色"和动词"清洗"的定语。

4.1.3　副词

12. 视察之余,在烟花三月莺飞草长的大江南北,少不得也<u>趁便</u>徜徉山水之间。

13. 至于苍蝇蚊子,则因人进人出,门开门关,依然可以<u>瞅空儿</u>溜进来。

14. 他特地向中国官员<u>当面</u>表示了对姚明的兴趣。

15. 我们来美国前我父母就已经这样做了,他们并不<u>存心</u>学美国父母,它们本身就是那样的。

以上例句中"趁便""瞅空儿""当面""存心"充当句子的副词,做"徜徉""翻阅""溜""表示""学"的状语。这类词在离合词中数量不多。

4.1.4　兼类词

汉语是缺少发达形态的语言,存在着很多同形异性的现象,也就是一个形式同时具有两个或者两个以上的词性。由于离合词的本质属性为动词,因此兼用为其他词性的时候有可能不是离合词。离合词中有兼属名词和动词的离合词,有兼属形容词和动词的离合词,还有兼属副词和动词的离合词;或者兼属形容词、副词和动词的离合词,兼属形容词、名词和动词的离合词;以及兼属形容词、副词、名词和动词的离合词。

4.1.4.1　兼属名词和动词的离合词

16. 1961 年病重时,立下遗嘱,规定子侄的生活费用每人每月 25 元,如有工资收入要相应扣抵,同时将国内银行<u>存款</u> 300 万元全部献给国家。

17. 我国实行鼓励和保护储蓄的政策,坚持<u>存款</u>自愿、取款自由、存款有息、为储户保密的原则。

18. 我很害怕撞到什么人或是什么东西,因此每秒钟我都在踩<u>刹车</u>,根本不踩油门。

19. 坚持区别对待、有保有压、不搞一刀切,不搞急<u>刹车</u>。

20. 活下来的 50 个<u>移民</u>,在当地印第安人帮助下,学会打猎、捕鱼、种植玉米和荞麦等。

21. 我父母 80 年代初<u>移民</u>美国。

22. 我们在一起讨论着专辑的封套<u>设计</u>,照片、歌曲的排列顺序,憧憬着这张专辑发行后一炮走红的美好前景。

以上例句中,"存款""刹车""移民"既能作名词用,又能作动词用。

4.1.4.2 兼属形容词和动词的离合词

23. 董兆致在身高上比较<u>吃亏</u>,矮了对手将近一头。

24. 胡宗南<u>吃亏</u>后,总结教训,采用"方形战术",以"滚筒"形式前进。

25. 珍珠港事件发生前夕,一个在美国大使馆<u>站岗</u>的士兵,看到有两个人抬了一箱东西埋在大使馆的后院里。

26. 院落四周布满探照灯,美国士兵在望塔上<u>站岗</u>。

27. 有的人戴上了遮阳帽,<u>爱美</u>的女士又穿起了漂亮的裙装。

28. 战士们喊喊喳喳地说,乌鸦是世界上最<u>败兴</u>的东西!

29. 猛地,瓶底儿仿佛听到谁在喊:"又在<u>败兴</u>!"

以上例句中,"吃亏""站岗""败兴"既能用作形容词,又能用作动词。

4.1.4.3 兼属副词和动词的离合词

30. 于是,可以断定,此后陌生人应该可以<u>随心</u>地自由进入这里。

31. 从主题出发,不受比例关系和透视原理的束缚,意到手到,组合<u>随心</u>,体现了民间艺术的特色和规律。

32. 发现华老刚刚签出的一册已具好名的画册,被邻桌人顺手牵羊"不<u>言声</u>地拿走"。

32. 没有一个人<u>言声儿</u>,有的人还故意掉转了头。

33. 几相知呵,又想起,又想起那一年去湘西,<u>趁便</u>访问一位在军垦农场锻炼时结交的朋友。

34. 半路上遇见几个老朋友,正好<u>趁便</u>一起去。

35. 李铁立刻端起机枪向东南角碉堡射击孔射击起来,队员们<u>趁势</u>冲了出去。

36. 虽然似乎懂得,但总觉得站不住,身不由己地蹲了下去,而且终于<u>趁势</u>改为跪下了。

以上例句中,"随心""言声儿""趁便""趁势"既能用作动词,又能用作副词。

4.1.4.4 兼属形容词、副词和动词的离合词

37. 英格兰后卫的转身速度慢就是一个<u>要命</u>的弱点。

38. 就靠亲朋的帮助和自己没日没夜不<u>要命</u>地苦干,6 年时间内在 5 公里长的黄河两岸植了 8 万余株护河森林。

39. 他们最拿手的一条就是:"要钱没有,<u>要命</u>一条。"

40. 一见唐纳那着急的样子,蓝苹心里也很不是滋味。

41. 他十分<u>着急</u>地比画着,意思是他找不到吴碧,要我们帮他找。

42. 这样干了半年,我开始<u>着急</u>。

43. 吴丽是个很<u>争气</u>的孩子,她学习成绩始终在班上名列前茅,连年被学校评

为三好学生。

44. 左云飞从小天资聪颖,相貌俊逸,很得老师宠爱,后来又<u>争气</u>地考上了大学。

45. 我要为中国人<u>争气</u>。

46. 有的遭到挫折后,陷进懊丧、怨恨、消沉、<u>灰心</u>的情绪而不能自拔。

47. 玛莎并没有<u>灰心</u>地冻死在门外,她一边哭着一边走向森林。

48. 但舟山人民不<u>灰心</u>,找更好的办法,再干。

以上例句中"要命""着急""争气""灰心"不仅能用作动词,还能用作形容词和副词。

4.1.4.5 兼属形容词、名词和动词的离合词

49. 老百姓要的是"为官一场,造福一方"的干部,不欢迎只受香火不<u>显灵</u>的"菩萨"。

50. 许多人正是据此才将这场大革命视为魔鬼在世间的<u>显灵</u>。

51. 1940 年前后,河北某地的奶奶庙里,有个白毛女经常"<u>显灵</u>",村里人每逢初一、十五贡献食物给仙姑,否则会大难降临。

52. 由于通胀和"入关"的影响,人民币面临<u>贬值</u>的压力。

53. 从深层上讲,汇率并轨,意味着人民币的<u>贬值</u>。

54. 再加上非洲法郎不断<u>贬值</u>,影响物价上涨,普通百姓的日子越来越艰难。

以上例句中"显灵""贬值"不仅能用作动词,还能用作形容词和名词。

4.1.4.6 兼属形容词、副词、名词和动词的离合词

55. 伊拉克战争后,他碰到了一系列奇怪而<u>倒霉</u>的事情。

56. 不想虎落平阳被狗欺,只好默默忍耐了,但又<u>倒霉</u>地被脸上戳了记号,还千里迢迢地被发配到了这里。

57. 剧院里演着王掌柜的牢骚,秦五爷的失败,常四爷的<u>倒霉</u>,演得自己也犯嘀咕,真是不搭调,自动悄悄收敛了。

58. 严嵩的同党仗着他有后台,到处敲诈勒索,谁敢不顺他心,就该谁<u>倒霉</u>。

59. 离婚过去一直被看作很<u>丢人</u>的事情。

60. 他想象着掉转马头,<u>丢人</u>地回家告诉父母:"我不知道哥哥们出什么事了。"

61. 至于招弟的<u>丢人</u>,只需把喜事办得体面一些,就能遮掩过去。

62. 他一气之下,回到了广河,逢人便说:"文盲莫出门,出门尽<u>丢人</u>。"

63. 摄像头还能够监控司机<u>眨眼</u>的频率,在司机犯困时发出警告。

64. 老沈不动声色,不<u>眨眼</u>地瞄着男青年的行踪。

65. 皮内衬有软骨似的坚韧纤维,在历时也许只有 1/10 秒的<u>眨眼</u>中,眼皮先是闭合,然后缩回,这样便在眼球上抹上一层泪水。

66. 星星<u>眨眼</u>,离雨不远。

以上例句中"倒霉""丢人""眨眼"不仅能用作动词,还能用作形容词、副词和名词。

4.2　离合词的造句功能

离合词是汉语中重要的构成部分,一般能够充当句子的主语、谓语、定语、状语和补语五种句子成分。

4.2.1　充当句子的主语或者主语中心

67. <u>拜年</u>是中国民间的传统习俗。

68. <u>参军</u>,是她儿时的梦想。

69. <u>复婚</u>,也是一种法律行为,是指离婚后的男女双方又自愿恢复夫妻关系。

70. <u>一个月的代课</u>使小陈了解到许多"内部情况"。

71. <u>布什的表态</u>可能会使美国与联合国、欧盟和俄罗斯之间产生裂痕。

72. <u>他的发怒</u>是有充分理由的。

以上的例句中,离合词"拜年""参军""复婚""一个月的代课""布什的表态""他的发怒"在句子中充当主语或者主语中心,有的离合词能够单独充当句子的主语或者主语中心,有些需要借助其他的词语组合成为句子的主语或者主语中心。如"一个月的代课""布什的表态"和"他的发怒"中,"代课""表态""出席""发怒"的前面分别用"一个月""布什""他"作为定语,与"代课""表态""出席""发怒"一起作主语。由于绝大部分离合词都为动宾结构,一般在句子中起到谓语的作用,在作主语的时候受到的限制比较多,就没有作谓语的情况那么普遍。

4.2.2　充当句子的谓语或者谓语中心

73. 他在枳林水库工作期间,来南昌公干,常常<u>饿饭</u>,把抠下来的钱用以买书。

74. 说不定他<u>扯谎</u>,欺骗了我们。

75. 男人<u>干架</u>,女人斗嘴……事无巨细,都得要管。

76. 俗话说:"老将<u>出马</u>,一个顶俩。"

以上的例句中,离合词"饿饭""扯谎""干架""出马"在句子中充当谓语或者谓语中心。由于离合词中的动宾结构占绝大多数,因此,绝大部分的离合词都能充当谓语或者谓语中心语。

4.2.3　充当句子的定语

77. <u>变质</u>的食物不能吃。

78. 这个<u>丢人</u>的记录到了 2002 年世界杯赛时,才差点被中国队打破。

79. 在东京大学,他养成了不吃早饭和<u>熬夜</u>的习惯。

以上的例句中,离合词"变质""丢人""熬夜"在句子中充当定语。有的离合词充当主语的定语,如"变质""丢人""逛街"充当"事物""记录""女人"的定语,有的离合词充当宾语的定语,如"负心""熬夜"充当"人""习惯"的定语。

4.2.4　充当句子的状语

80. 它们熟悉每个人最喜欢的发型,因此去理发的人每次都能<u>称心</u>地离去。

81. 油画的主人公是一名巴黎男孩,左手持烟斗,头戴花冠,<u>出神</u>地仰望着天空,他背后的墙上挂着两束花。

82. 朱镕基曾<u>动情</u>地批复道:农民真苦,农村真穷,农业真危险。

83. 小女儿睁着一双大眼睛,看着穿绿军装的叔叔,在妈妈的提示下,<u>懂事</u>地深深鞠了一躬。

以上的例句中,离合词"称心""出神""动情""懂事"在句子中充当状语,对状语后的谓语动词"离去""迈出""仰望""批复""鞠躬"进行修饰说明。

4.2.5　充当句子的补语

84. 萧何得到韩信逃走的消息,<u>气得跺脚</u>,立即亲自起上快马追赶上去,追了两天,才把韩信找了回来。

85. 我简直不敢相信,耽搁了 55 分钟,我竟然没有急得<u>发疯</u>。

86. 东道主观众今晚兴奋得<u>发狂</u>,希腊选手哈尔基亚在女子 400 米栏决赛中跑出了 52 秒 82 的成绩。

87. 其中的形式单纯和寓意深切看似一对矛盾,但只要修炼<u>到家</u>,我们仍能找到两者完美结合的途径。

88. 当一个人整个反应组织都被揉搓得<u>变形</u>了时,他的行为就是正常状态下人难以理解了。

以上的例句中,"跺脚""发疯""发狂""到家""变形"在句子中充当补语,补充说明"气""急""兴奋""修炼""揉搓"。可以作心理动词或者一般性动词的补语,如"跺脚""发疯""发狂"分别作心理动词"气""急""兴奋"的补语,"到家"和"变形"分别作一般性动词"修炼""揉搓"的补语。

4.3　离合词的组合能力

现代汉语是主要依靠词的顺序和虚词来形成句子成分之间的语法关系,是一种典型的孤立语,语序为 SOV 式。这种特点决定了离合词合并态出现在句子中的语法功能。

4.3.1　能够接受副词的修饰

有些表示动作性的合并态离合词能够接受副词的修饰,在句中作状语。如:

89. 由于禽流感病毒有可能通过候鸟迁徙而蔓延,工作人员<u>非常担心</u>园里的其他珍稀动物也被殃及。

90. "马铃薯有不同的形态,有的在沉思,有的<u>很伤心</u>,有的很痛苦",林学泰总结着自己 25 年从事马铃薯研究的经验。

在合并态离合词之前加上副词修饰的现象,在游离态离合词中是不允许存在的,离析之后的离合词之前不能加上任何程度副词来修饰离合词。只能在离析后的离合词中间插入形容词作定语或者插入程度副词作补语。如:

91'.* 由于禽流感病毒有可能通过候鸟迁徙而蔓延,工作人员<u>非常担了心</u>园里的其他珍稀动物也被殃及。

92'.* "马铃薯有不同的形态,有的在沉思,有的<u>很伤过心</u>,有的很痛苦",林学泰总结着自己 25 年从事马铃薯研究的经验。

93. 由于药物中常配有泻药,他服后腹泻不止,甚至虚脱,家人不知为此<u>担了多少心</u>。

94. 凌云楼事件使许多驻咸阳市大企业<u>伤透了心</u>。

4.3.2　不能带宾语的现象

有些合并态离合词是不能直接带上宾语的,如果需要交代动词行为所涉及的对象时,则一定要用介词引介出来,放于合并态离合词之前。如:

95. 各国足协<u>向</u>非洲足联哭穷,但足联也无可奈何。

96. 根据亲缘关系的远近,他又<u>给</u>动物分类。

97. 1993 年 4 月 8 日,吴荣碧由于<u>和婆婆吵嘴</u>,就给丈夫留下了字条,抱着儿子准备回四川。

能够引出涉及对象的介词主要有:向、给、和、拿、同、就、跟、对、与、让、用,等等。上例中的"向非洲足联哭穷"不能说成"哭穷非洲足联","给动物分类"不能说成"分类动物","和婆婆吵嘴"不能说成"吵嘴婆婆"。例句中介词"向""给""和"引介出的对象均为名词性成分,与介词性成分一起构成一个介宾短语,放于合并态离合词之前。

4.3.3 能够带宾语的现象

有的合并态离合词能够直接带上宾语,宾语一般为动词性语素的对象。带上宾语以后的离合词就再也不能离析了。如:

98. 经陕西省雍城考古队对这些古墓清理发掘,共出土青铜器、陶器等文物40多件。

99. 徐国华一遍遍问自己,尤其担心儿子会走邪路,如果那样,活着就没有什么意思了。

通常,动补类离合词都能直接带上宾语。如:

100. 通过参加各地比赛,既可丰富个人经历、提高见识,也可从中扩大自身的知名度。

101. 女儿瞅见妈妈回来,忙问:"爸爸呢?"

关于合并态离合词带宾语的现象现在越来越多地出现在现代汉语中,也成为对外汉语教学中的一大难点。我们下一章将重点讨论离合词带宾语的现象。

第五章

离合词的合并带宾形态

在现代汉语中,除了少数表示"给予"义、"取得"义、"述说"义和"泼洒"义、"差欠"义、"称叫"义①的动词和兼语结构之外,一般动词是不可以带上两个宾语的。如:

1. 你给他一本书。
2. 你叫他阿姨。

但是,越来越多的离合词之后也能再带上一个宾语。如:

3. 今晚,台风将登陆广州。
4. 据悉,相关部门已做出决定,将在新一届国家队集训名单中除名毛剑卿。
5. 武大"解聘重病教授"事件调查:道德之困　制度之痛
6. 女人,在意男人的身高么?
7. 在起草计划的时候,我新学到三个名词:中国化,中国作风,中国气派。

我们将离合词带宾语结构用 VO1 + O2 表示,动词性语素 V 之后加上单音节语素 O1,本身就是一个自足的整体,O2 的存在违反了传统句法规律;从配价的角度来看,动宾结构离合词的内部已经带有一个宾语,已经存在配价关系了,因此大多数动宾结构离合词为一价动词,不能够再带上宾语。但是由于语言是不断发展变化的,语言内部的结构也在不断地发展和变化。随着语言本身的变化,人们对语言使用效果的追求与外界相关环境的改变,动宾结构带宾语的现象虽然与传统语法规则相背离,出现的频率却越来越高。20 世纪 50 年代,学界曾对离合词能否带上宾语进行过探讨,一致认为离合词是不能带宾语的。可在语言的实际运用过程中,由于动宾结构带上宾语的现象"来势汹汹",VO1 结构的离合词与 O2 构成动宾短语,能将离合词的这一动作的对象、结果、目的、处所、工具等在该短语结构中表达出来,成为一种时尚的表达方式。以下我们将分析合并态离合词带宾语的现象。

---

① 汪国胜. 大冶方言的双宾句[J]. 语言研究,2000(03).

5.1　离合词带宾语的语义关系

5.1.1　O2 是动作行为 VO1 的对象

在 VO1 与 O2 的语义关系之中，O2 作为 VO1 的动作对象被分为关涉对象、给予对象、获取对象和使动对象。

在 VO1 + O2 结构中，O2 处于 VO1 宾语的位置上，它们之间的关系分为以下几种：

5.1.1.1 O2 为 VO1 的关涉对象

即 VO1 具有较强的动作性，当 VO1 作谓语时，这一动作行为既能够指向句子主语，也能指向宾语 O2。如：

8. 大学"反哺"中学　9 高校"结盟"30 所中学

9. 极差地租理论下的"蛋"：磁悬浮拉平沿线房价

10. 大学教授出轨　无奈讲和　　三人签妻妾协议

11. 天津地铁"联网"津城

以上例句中的"结盟 30 所中学""拉平沿线房价""讲和三人""联网津城"中的 O2 分别为"30 所中学""沿线房价""三人""津城"，VO1 这一动作行为不仅指向句子的主语"9 高校""磁悬浮""大学教授""天津地铁"，同时指向 VO1 的宾语部分"30 所中学""沿线房价""三人""津城"。此时，VO1 + VO2 结构可以转换为"与 + O2 + VO1"，即无论是句子的主语，还是 O2，都是 VO1 这一动作行为的参与者。

5.1.1.2 O2 是动作行为 VO1 的给予对象

在此类 VO1 + VO2 结构中，当 VO1 作谓语时，O2 是 VO1 给予的对象。如：

12. 宦官集团便指使张成的弟子上书皇帝，诬告李膺等人笼络太学生，结成朋党，诽谤朝廷，阴谋作乱。

13. 往灾区打电话免费，汇款灾区工行免手续费

14. 住在南边琉璃口的叫南方增长天王，名毗琉璃，身青色，负责传令众生，增长善根。

15. 1995 年出版发行《侵华日军投降内幕》一书，但被告徐正雄剽窃此作品，投稿天津人民出版社，以《落日——侵华日军投降内幕大揭秘》的书名公开出版发行，影响了原告作品的发行，给原告造成了重大损失。

以上例句中的"上书皇帝""汇款灾区""传令众生""投稿天津人民出版社"为 VO1 + O2 结构,可以分别转换为"上书给皇帝""汇款给灾区""传令给众生""投稿给天津人民出版社",O2 是 VO1"上书""汇款""传令""投稿"的给予对象。VO1 + VO2 结构可以转换为"VO1 + 给 + VO2",此时,VO1 这一动作直接指向后面的宾语成分"O2",动作的方向性非常明显。

5.1.1.3 O2 是动作行为 VO1 的获取对象

在此类 VO1 + VO2 结构中,当 VO1 作谓语时,O2 是 VO1 获取的对象。如:

16. 为了<u>讨好河流神</u>,使之不再逞凶,古人就举行隆重的祭祀。

17. 80 后城市生活成本:<u>取样无女友无聚会单身男</u>

18. HELLO WORLD 用世界的方式<u>问好世界</u>

19. 中国港澳台代表队升旗 香港队<u>取经台北队</u>夺牌

以上例句中的"讨好河流神""取样无女友无聚会单身男""问好世界""取经台北队"为 VO1 + O2 结构,可以分别转换为"讨河流神的好""取无女友无聚会单身男的样""问世界的好""取台北队的经"。此时,O1 经过插入添加成分,VO1 + VO2 结构可以转换为"V + O2 + 的 + O1"的扩展形式,V 一般具有"获取"之意,O2 是 VO1"上书""汇款""传令""投稿"获取的对象。

5.1.1.4 O2 是动作行为 VO1 的使动对象

在此类 VO1 + VO2 结构中,当 VO1 作谓语时,O2 是 VO1 的使动对象。如:

20. "保温"爱情要遵循三个法则

21. 内衣戏四女身材火拼 邓丽欣<u>保密三围数字</u>

22. 冬天气温变化大 要注意<u>保暖身体三个部位</u>

以上例句中的"'保温'爱情""保密三围数字""保暖身体三个部位"为 VO1 + O2 结构,可以分别转换为"使爱情'保温'""使三围数字保密""使身体三个部位保暖"。此时,VO1 + VO2 结构可以转换为"使 + O2 + VO1",VO1 一般具有"使动"之意。

5.1.2 O2 是动作行为 VO1 的发出者

在 VO1 + VO2 结构中,当 VO1 作谓语的时候,O2 是 VO1 动作的发出者。如:

23. 沈阳广播电视大学残疾人教育学院<u>毕业 77 名学生</u>,无一人掉队。

24. 秦墓<u>出土骨头汤</u> 他们为何能保存 2400 年

25. 飞机上共有 155 名乘客和 11 名机组人员,确定死亡人数为 122 人,<u>失踪 6 人</u>,幸存者 38 人。

26. 我们在<u>出台条例</u>、规定的同时,是否还应对司机们进行起码的职业道德教育?

以上例句中的 VO1 + VO2 结构"毕业 77 名学生""出土骨头汤""失踪 6 人""出台条例、规定"可以分别转换为"77 名学生毕业""骨头汤出土""6 人失踪""条例、规定出台"。此时,O2 是动作行为 O1 的直接发出者,VO1 在一般情况下是以不及物动词的形式存在的。

5.1.3　O2 是动作行为 VO1 的接受者

在 VO1 + VO2 结构中,当 VO1 作谓语的时候,O2 是 VO1 动作的接受者。如:

27. 据悉,相关部门已做出决定,将在新一届国家队集训名单中<u>除名毛剑卿</u>。

28. 中国<u>曝光首批存在低俗内容网站</u>

29. 网上药店波澜再起　健客网<u>洗牌市场</u>

以上例句中的 VO1 + VO2 结构"除名毛剑卿""曝光首批存在低俗内容网站""洗牌市场",可以分别转换为"毛剑卿被除名""首批存在低俗内容网站被曝光""市场被洗牌"。此时,O2 是动作行为 O1 的被动承受者。

5.1.4　O2 是动作行为 VO1 的目标

在 VO1 + VO2 结构中,当 VO1 作谓语的时候,O2 是 VO1 动作的目标。如:

30. 武大"<u>解聘重病教授</u>"事件调查:道德之困　制度之痛

31. 王光亚出任国务院港澳办主任　<u>卸任外交部副部长</u>

32. 小学生<u>监考干警</u>　无奈还是高招

以上例句中的 VO1 + VO2 结构"解聘重病教授""卸任外交部副部长""监考干警"中,O2"重病教授""外交部副部长""干警"为 VO1 这一动作行为所指的目标,此时,O2 是动作行为 VO1 的目标。

5.1.5　O2 是动作行为 VO1 的目的

在 VO1 + VO2 结构中,当 VO1 作谓语的时候,O2 是 VO1 动作的目的。如:

33. 普朗克进入科学殿堂以后,无论遇到什么困难,都不能动摇他<u>献身科学</u>的决心。

34. 谨以此伤感音乐,献给<u>效劳英格兰国家队</u>十年的——贝克汉姆!

35. 彭如石大型长卷画展<u>献宝北京奥运</u>冲击吉尼斯

以上例句中的 VO1 + VO2 结构"献身科学""效劳英格兰国家队""献宝北京奥运"可以转变为"为科学献身""为英格兰国家队效劳""为北京奥运献宝",此时,VO1 + O2 结构可以转变为"为 + O2 + VO1"。结构中的 O2 一般指向 VO1 这一动作行为的发出者,如 O2 的"身"是"普朗克"之"身"、O2 的"劳"是"贝克汉姆"之"劳"、O2 的"宝"是"彭如石"之"宝"。这里,O2 是动作行为 VO1 的目的。

O2 是 VO1 的目标与 O2 是 VO1 的目的的区别在于:前者是具体目标,O1 直接指向 O2,如:聘重病教授、任外交部副部长、考干警、聘村"两委",O1 一般为动词性语素;后者是具体的事业或集体名词,VO1 整体指向 O2,因此该形式可以直接转变为"为 + O2 + VO1"。

5.1.6　O2 是动作行为 VO1 的原因

在 VO1 + VO2 结构中,当 VO1 作谓语的时候,O2 是 VO1 动作的原因。如:

36. 的哥丧命 60 元车费

37.《龙凤店》香港宣传　任贤齐为徐熙媛"操心"婚事

38. 女人,在意男人的身高么?

39. 后者更倾向于把中年的问题看作危机,它们担心自己的健康,因为退休而感到沮丧和失望,并处于压抑和绝望的边缘。

以上例句中的 VO1 + VO2 结构"丧命 60 元车费""'操心'婚事""在意男人的身高""担心自己的健康"可以转变为"因为 60 元车费丧命""因为婚事'操心'""因为男人的身高在意""因为自己的健康担心",此时,VO1 + O2 结构可以转变为"因为 + O2 + VO1"。因为 O2 的存在才有 VO1 的发生,在事件顺序上为 O2 在前,VO1 在后。

5.1.7　O2 是动作行为 VO1 的结果

在 VO1 + VO2 结构中,当 VO1 作谓语的时候,O2 是 VO1 动作的结果。如:

40. 在起草计划的时候,我新学到三个名词:中国化,中国作风,中国气派。

41. 著名钢琴演奏家郎朗受聘中国"国宝之音使者"

42. 轮胎行业从"计划"改行"市场"后,原来排不到前面的河南轮胎厂近几年一跃而起,名列全国首位。

以上例句中 VO1 + VO2 的结构为"起草计划""受聘中国'国宝之音使者'""改行市场",此时,"计划""中国'国宝之音使者'""市场"是"起草""受聘""改行"产生的结果,O1 语义指向 O2。

5.1.8　O2 是动作行为 VO1 发生所触及的范围

在 VO1 + VO2 结构中,当 VO1 作谓语的时候,O2 是 VO1 动作发生所触及的范围。如:

43. 以后即在耶鲁大学考尔斯经济学研究所和经济学系<u>晋职正教授</u>,那是人称诺贝尔桂冠学者摇篮的地方。

44. 剩下的 16 支球队进入第二阶段,每组前 4 名<u>入围"超级小联赛"</u>,通过主客场循环赛角逐联赛冠军。

45. AC 米兰队在意大利杯四分之一决赛中淘汰了罗马队,<u>晋级半决赛</u>。

46. 日本三菱落户青口的方式是直接<u>入股东南汽车</u>。

以上例句中 VO1 + VO2 的结构为"晋职正教授""入围小联赛""晋级半决赛""入股东南汽车",它们可以分别转变为"晋职到正教授""入围到小联赛""晋级到半决赛""入股到东南汽车","正教授""小联赛""半决赛""东南汽车"是动作行为 VO1 发生后多达到的范围。此时,VO1 + O2 结构可以变换为"VO1 + 到 VO2",O2 一般表示范围级别的抽象名词,具体表示某个行业、级别或者某件事情。

5.1.9 O2 是动作行为 VO1 的处所

在 VO1 + VO2 结构中,当 VO1 作谓语的时候,O2 是 VO1 动作的处所。罗昕如(1998)①甚至认为:"部分动宾式结构带宾语出现频率高,广为流传,已基本为人们接受,其中动宾式动词带处所宾语尤其容易成立。"如:

47. 这项协定还将允许北约部队<u>过境俄罗斯</u>,前往第三国参加双方的联合行动。

48. 不是很多人都喜欢耗时且颠簸的海上旅行的,不难想象,那时<u>出差温州</u>并不很有吸引力。

49. 前一年,美国沃尔玛、法国欧尚、英国百安居三大世界零售业巨头相继<u>落户北京</u>。

50. 谢忠生出生于上海,上世纪 80 年代毕业于上海同济大学路桥系,后<u>留学美国</u>,获麻省理工学院土木工程学硕士,1990 年获麻省理工学院经济学博士。

以上例句中 VO1 + VO2 的结构为"过境俄罗斯""出差温州""落户北京""留学美国",其中的"俄罗斯""温州""北京""美国"都是动作行为 VO1 发生的处所,可以分别被转变为"在 + O2 + VO1""VO1 + 于 + O2"或"VO1 + 到 VO2",如"在俄罗斯过境""出差到温州""落户于北京""留学到美国",O2 一般为表示地点的处所名词。

---

① 罗昕如."动宾式动词 + 宾语"规律探究[J].语文建设,1998(5).

5.1.10　O2 是动作行为 VO1 的时间

在 VO1 与 O2 的语义关系之中,O2 作为动作行为 VO1 的时间被分为时段和时长。如:

5.1.10.1 O2 是动作行为 VO1 的时段

在 VO1 + VO2 结构中,当 VO1 作谓语的时候,O2 是 VO1 动作的时段。如:

51. 加强维稳打击犯罪 <u>“保驾”春节和两会</u>

52. <u>露面三季度</u>、热战四季度、元旦过后大甩卖

53. 神迹内侧一触即发 <u>订婚圣诞节</u>

以上例句中 VO1 + VO2 的结构为“‘保驾’春节和两会”“露面三季度”“订婚圣诞节”“春节和两会(期间)”“三季度”“圣诞节”、是动作行为 VO1“保驾”“露面”“订婚”发生的时间。此时,VO1 + O2 结构可以变换为“在 + O2 + VO1”。

5.1.10.2 O2 是动作行为 VO1 的时长

在 VO1 + VO2 结构中,当 VO1 作谓语的时候,O2 是 VO1 动作的时长。如:

54. 上海城市预选赛<u>开锣三日</u>　中原李浩铭 7085 分暂居榜首

55. <u>养老 20 年要花掉 117 万</u>　月收入 5 千如何积攒

56. 大学生<u>毕业 1 年</u>天天在家玩电脑游戏。

57. 谢某某,男,25 岁。<u>结婚 1 年有余</u>,妻尚未怀孕。

以上例句中 VO1 + VO2 的结构为“开锣三日”“养老 20 年”“毕业 1 年”“结婚 1 年有余”,“三日”“20 年”“1 年”“1 年有余”是动作行为 VO1“开锣”“养老”“毕业”“结婚”一事发生时间的长度。此时,VO1 + O2 结构可以变换为“VO1 为/是 VO2”。

离合词后带上时间宾语和处所宾语是比较常见的现象。现在越来越多的离合词之后均能带上时间宾语和处所宾语,以至于有的学者将时间宾语和处所宾语不纳入宾语的范畴。我们认为离合词后能够带上时间宾语和处所宾语是其词化程度的体现。

5.2　离合词带宾语的成因

由于在语义、句法和语用上,离合词都具备了带上宾语的特质,这种结构在人们的日常生活中出现的频率越来越高。

5.2.1 语义方面

由于汉语没有复杂的格、位、态的变化,词语的结合不受形式上的约束,仅依靠语言单位之间意义的关联。在语义方面,离合词后面带上宾语生成可供理解并产生语法关系的词组或者句子。① 比如,如果 VN 中的 V 具有[+ 位移]义,O 表示[+ 源点或者终点]的名词,一般动宾结构能够带宾语。因为带有[+ 位移]义的动词都存在从源点到终点的运动轨迹,要求在表达中显示源点或者终点,否则在句法上不合格或者在语义上不自足。如:

58. 美国<u>出兵</u>伊拉克。

59. <u>移民</u>加拿大。

"伊拉克"和"加拿大"分别表示"出兵"和"移民"的行动终点,语义搭配很自然。以下我们将从语义方面仔细分析离合词带宾语的动因。

5.2.1.1 词化

语义结合的紧密程度越高,词化的程度就越高。语义结合的紧密程度是词化程度的一个表现。董秀芳将离合词之后能否带上宾语当作离合词词化程度高低的一个指标。② 离合词中有些词化的程度很高,A 与 B 之间结构紧密结合在一起,语素意义融合在一起,B 的语素意义甚至已经虚化。如:

60. <u>转手</u>火车票被拘 5 天获赔 5 百

61. 你可曾<u>留意</u>父母的白发?

62. 重庆有望在今年一季度<u>出台</u>文件开征高档商品房产税。

以上例句中的离合词如果不带上宾语,在语义和结构上都显得不够完整,带上宾语之后表意更加缜密,结构更加完整。能带宾语的动宾式离合词的整体词义基本上看不出语素义连加的痕迹,内部结构紧密,词化程度相对高,是两个自由语素意义的融合,如:

撒手人间	(撒手:离开)
在意这件事	(放在心上)
留心对手	(注意)
留意他的健康	(注意、小心)

由于动宾结构的词化程度高,几乎接近于一个动词,所以在使用的时候,人们往往忽略动宾结构内部的宾语,其后再加上一个宾语。有些离合词因为在结构上

---

① 刘玉杰,动宾式动词与所带宾语之间的语义关系[J],汉语学习,1993(1).

② 董秀芳. 词汇化:汉语双音词的衍生和发展[M]. 成都:四川民族出版社,2002.

有较为疏松的特点,因而很难再加宾语。不能带宾语的离合词的整体词义有较为明显的语素义连加的痕迹,如:

失意(不如意)

散心(使心情舒畅)

留影(照相以留纪念)

见面(与……相见)

以上不能带宾语的离合词更趋近于短语,离合词内部的宾语有着较强的独立性,人们在使用这个结构的时候无法忽略掉这个宾语的存在,因此,动宾结构之后就难以再多带上一个宾语。它们内部结构一般相对松散,语义结合紧密程度不高。

5.2.1.2 喻化

离合词中有些词化程度不高的,也有带上宾语的现象。如:

63. 主流楼盘掌门人把脉长沙楼市(《三湘都市报》2005 年 7 月 28 日)比喻对某事物进行调查研究,并做出分析判断。

64. 今晚台风奖登陆广州(《扬子晚报》2005 年 8 月 13 日)

65. 篮协携手盈方　打造全新联赛(《篮球报》2005 年 5 月 19 日)比喻共同做某事。

66. 斯威夫特登陆休斯敦(《体坛周报》2005 年 8 月 5 日)比喻商品打入某市场。

还有出口、出席等词也都能够带上宾语,我们认为这是词义比喻化的结果,它们使用了比喻的用法。但是《现代汉语词典》中,"把脉"和"登陆"都没有出现比喻义项,这也更加说明社会的发展促使更多的人从理论上和实践上认可这类句式。

5.2.1.3 类化

在语法的发展过程中,出于整齐划一的需要,经常出现类化的现象。就动宾式动词带宾语而言,一般是某类动宾动词有一个带宾语,由于其特殊的语用功能,其他的也竞相模仿,形成一种结构槽。如:

67. 中国的北洋军阀政府也以战胜国的身份,派代表出席"巴黎和会"。

68. 贝克汉姆可能缺席周末联赛。

69. 世贸组织观察员可以列席世贸组织的会议,但不能参与谈判进程。

我们发现,后一个语素相同的离合词被类化带上宾语的现象比较常见。与此类似的类化现象还有"拨款""贷款""汇款""存款""罚款""捐款""赔款""募款",受到类化因素的影响,"款"后均能带上数量词短语,用来作宾语,说明"款"的数量。还有以下离合词,如:

命名神六　取名七剑　署名王林　题名候选人　扬名海外

捐款 1 万　罚款 5000 元　存款 2 万　赔款 2000 元

投资 1 万　注资 2000 万　合资 100 万

保温食物　保值商品　保鲜情感

注意他　留意他　中意他

5.2.2　语法方面

离合词中并非词化、喻化和类化的程度很高就能带上宾语,这些离合词后能否带上宾语取决于它们词化、喻化和类化后的及物性程度强不强,强才可以带上宾语。同样,离合词本身配价的因素也是一个重要因素。

5.2.2.1　合并态离合词的及物性

除了语义结合的紧密程度之外,离合词及物性的强弱也是其后能否带上宾语的一个重要的因素。"结婚""打架"的词化程度很高但及物性不强,因此其后不能带上宾语,但是"逼婚"却可以,"征婚"是一个词化程度高且及物性强的离合词。如:

70. 帅哥征婚美女。

及物性①是指施事通过行为对受事的影响。一般用[NP1 - VTRUNS - NP2]来表示,NP1 一般作主语,为施事,通过某种行为对 NP2 进行影响,使 NP2 的位置或者状态发生变化。Taylor② 曾经对及物性特征进行过总结与解释:

(1)及物句描写的事件有且只有两个参与者,并且在句式中分别是主语和宾语。

(2)两个参与者是高度个性化的,即它们是离散的、具体的实体,相互区别。

(3)主语 NP1 的所指(即施事发起的整个事件),是事件的全部责任者;另外,主语 NP1 还是句子的话题,是句子的表述对象。

(4)由于意识是人所具有的特征,NP1 有意识有意愿地实施某种行为,控制某次事件,因此,具有行为能力的人应该是典型的 NP1,即施事。

(5)通常情况下,典型受事不是生命的实体。因为,NP1 的行为导致受事NP2,即 NP2 的所指发生变化,而这种变化也正是 NP1 所要达到的目的。这种变

---

① Rice. Sally. 1987. *Towards a Transitive Prototype*: *Evidence from Some Atypical English Passives*. BLS.

② Taylor,John R. 1995. *Linguistic categorization*: *Prototypes in Linguistic theory*. Oxford: Clarendon Press.

化是施事所要达到的目的。

（6）动作事件发生后，NP2 的状态发生了变化，一般状态下，NP2 所经历的变化能够感受到或者观察到。

（7）事件是瞬时的，尽管事件在时间上可以延续，但在事件的内部结构中，起始与结束之间的状态不是表述的核心。

（8）NP1 对 NP2 的行为通常是直接接触，对 NP2 的影响会显现出来。

（9）事件具有因果关系，NP1 的行为导致 NP2 的状态发生变化。

（10）NP1 和 NP2 不仅是两个不同的实体，而且通常处于对立的关系之中。

（11）句式中所表述的事件必须是真实、非想象、非假设或与事实相反的。

（12）NP1 的行为对 NP2 整体造成影响，使其全部发生变化。

如果一个动作行为，具有以上所有的及物性特征，那么它的及物性就最强，称为"原型及物特征"，但是及物性是一个从及物到不及物的连续统，如果动词体现的及物性特征越多，就越靠近及物性的一端；动词体现的及物性特征越少，就越接近不及物性的一端。

在语言的演变过程中，离合词语义结合的紧密程度，词化的程度，凝固后及物性的强弱就会影响离合词是否能够带上宾语。如果及物性特征强，就自然能够带宾语，如果及物性特征弱，后面就不能带上宾语。如：

71. 他<u>担心群众</u>。

72. 我想王治郅可能过于<u>在意媒体宣传和报纸报道</u>。

例句中的"征婚""担心""在意"均具有以上 11 条及物性特征，因此虽然在"征婚"、"担心"和"在意"的内部已经出现了一个内宾语，但是之后还能再带上一个宾语。见下表：

表 5.1：内宾语之后接宾语

	1	2	3	4	5	6	7	8	9	10	11	12
征婚	+	+	+	+	+	+	+	+	+	+	+	+
担心	+	+	+	+	+	+	+	+	+	+	+	+
在意	+	+	+	+	+	+	+	+	+	+	+	+
征过婚	-	-	+	+	-	-	+ / -	-	-	-	+ / -	-
关了心	-	-	+	+	-	-	+ / -	-	-	-	+ / -	-
在了意	-	-	+	+	-	-	+ / -	-	-	-	+ / -	-
结婚	-	-	+	+	-	-	+ / -	-	-	-	+ / -	-
吃醋	-	-	+	+	-	-	+ / -	-	-	-	+ / -	-

从上表的分析中,我们发现,离合词带上宾语之后就不可以插入任何成分。也就是说,离合词中间插入了成分,之后也就不允许再带宾语了。这种现象与句法规则中要求动词之后所带的补足成分不能超过两个也有关系,如果在一个表层结构中,谓语动词带了两个补足成分,这个表层结构就是不完善的。高更生认为(1998)认为不能扩展的动宾式动词都能够带上宾语,无限扩展的动宾式动词一般不带宾语。下文中以扩展形式出现的"征婚""担心""在意"之后就都不能带上宾语了。如:

73. 他想再征一次婚。

74. 很久以来,老人确实为他的产业担过心,经历了多少不眠的夜晚,痛苦地矛盾地纠缠。

75. 黄家父女十分艰难的生活情境,让在十堰市捡破烂的一个中年妇女在了意。

76' * 他想再征一次婚她。

77' * 他担过心群众。

78' * 中年妇女在了意黄家父女。

及物性弱的离合词一般不能带宾语。如:

79. 一个氏族的一群兄弟"出嫁"到另一个氏族中去,与一群姐妹结婚,死后再运回原氏族安葬。

80. 在中国方面把重点放在与美国的谈判时,欧盟甚至不免"吃醋"。

81' * 一个氏族的一群兄弟结婚一群姐妹。

82' * 欧盟甚至不免"吃醋"美国。

认知语言学还认为,一个结构的语义特征肯定和句法体现是一致的。① Rice(1987)对及物性与被动句之间的关联进行了深入的研究。他认为,被动化与原型及物特征有关,即被动句均能转换为原型及物句。但是以上例句中离合词扩展后的用法和及物性不高的离合词均不能转换为被动句。如:

83. 群众被他担心。

84. 媒体宣传和报纸报道被王治郅过于在意。

85' * 群众被他担过心。

86' * 黄家父女被中年妇女在了意。

---

① Langacker, Ronald. *Foundations of congnitive Grammar* (Vol. 1): *Theoretica Prerequistes* [M]. Stanford University Press, 1987.

以上分析足以说明了"担心"和"在意"的高及物性致使其后能够跟上宾语，以及离合词扩展形式和不能带宾语的离合词的低及物性导致了其后不能跟上宾语。

5.2.2.2 动词的配价因素

如果某个离合词本身就是一个三价动词，即使其词化程度不高，且无比喻义，一般仍能构成动宾结构加宾语句式。因为离合词从理论上讲还是二价的，而主语和宾语又处在指派论元的最佳位置，带上宾语是很自然的。例如：

87. 中国体育总局<u>致函</u>国际奥委会

88. 胡主席<u>授衔上将</u>

"致"和"授"在语义上都需要联系施事、受事和与事三种论元的，当它们降级为动语素与同样由名词降级的名语素结合成动词后，整体上就失去了受事这一价，剩下两价，所以可以甚至必须带上宾语。但是传统的汉语语法认为，及物性的动词成分后加上宾语就成为一个自足的结构，动宾结构离合词的内部就已经存在了一个宾语，配价关系已经存在，所以一般情况后面是不可以带上宾语的，可是在语言的实际使用过程中，除了上述离合词本身就是一个三价动词之外，总会有动作的指向、结果、对象或者处所等语义内涵蕴含其中，因此在语义上一般都是多价的，但是在状语位置上借助介词引入必定会增加语言的负担，这样，主语位置和宾语位置就成为离合词配价的优选位置。罗昕如（1998）①甚至认为："部分动宾式结构带宾语出现频率高，广为流传，已基本为人们接受，其中动宾式动词带处所宾语尤其容易成立。"这种句式多数可以在处所宾语之前加上宾语"到"或者"于"，相当于省略了介词。当离合词词化为一个二价动词进入句法的时候，语义上有联系两个成分的需要时，离合词就有了带上宾语的内在语义基础。

一个可以带多种论元角色的动词语素在结构和语义都能兼容的前提下，后面同时可以带两种语义角色的论元，这是离合词存在的结构基础。"对象论元"和"受事论元"共同处于一个"二价"动词语素之后可以看作离合词带宾语的几种兼容模式，如：

动作＋受事＋对象　　如：拨款灾区

动作＋受事＋处所　　如：搬兵中南海

动作＋受事＋结果　　如：起草计划

动作＋结果＋对象　　如：成交生意

动作＋对象＋方式　　如：罚款30块钱

① 罗昕如."动宾式动词＋宾语"规律探究[J].语文建设,1998(5).

动作 + 对象 + 处所　如:过境俄罗斯

动作 + 施事 + 处所　如:留神窗外

动作 + 方式 + 对象　如:问好世界

5.2.3　语用方面

离合词带宾语结构体现了语法和语义表达上的巨大包容性,能产生鲜明、独特的表达效果,具有特殊的语用价值。VO1 + O2 结构主要出现于各大报纸的新闻标题中,成了一种专业语体。

5.2.3.1　表达方式多元化

人们在使用语言的过程中,除了需要遵循语言的编码规则,同时还希望能够创新,以期取得更好的表达效果。动宾结构的离合词属于不及物动词,正常情况下这种结构是不能带宾语的,一旦带上了宾语,就超越了常规,打破了人们的思维定式,让读者或听众感到新奇,从而激发兴趣,这种表达形式一度成为报刊用语,使得表达方式能够多元化,达到创新的目的,产生了多元化的表达效果。如:

89. 欧洲 2 月宣布,计划在 2030 年至 2035 年实现登陆火星。

90. 奔赴美布里斯顿大学任教后,在 1937 年即大战前夜入籍美国。

91. 中国体育健儿潜心备战　锻炼队伍全力以赴争光奥运

一个句子中,如果已经存在一个状语成分,动宾结构的动词后面就更容易带上一个宾语。

以上表达方式还能采用"在火星登陆""入籍到美国""为奥运争光"的表达,但由于在句子中已经存在一个状语成分,使用离合词后加上宾语,介词自然脱落的表达方式,表达新颖简洁,充满时代感。如:

92. 美国向伊拉克出兵

93. 美国出兵伊拉克

前式变为后式之时,介词"向"自然脱落,不仅比前式精炼,而且显得干脆利落。

5.2.3.2 音节对称齐整化

动宾结构离合词经常出现在新闻报刊的标题、警语、口号和广告语中间,除了这些语体的语言要求追求标新立异之外,还有动宾结构离合词带上宾语——2 + 2 的音步,符合汉语韵律的要求,看起来整齐对称,读起来朗朗上口。如:

94. 他从这些忧国忧民献身祖国、献身事业、献身科学的老前辈身上学到了怎样做人、怎样工作、怎样生活。

95. 搞一个"伍纯道纪念馆"或"基金后"什么的,这样可以扬名百世,千古传颂,那才值得。

96. 以"相约北京,<u>扬帆青岛</u>"为主题,青岛将突出海洋特色,发挥传统旅游产品和资源优势。

在离合词后带宾语的结构中,离合词是双音节的动宾式离合词,后面跟的宾语也必须为双音节名词的成分,而不能是单音节的。这样就使得句子的音节排列整齐匀称,节奏感强,节奏明快,悦耳顺口。

5.2.3.3　信息容量扩大化

由于动宾离合词带宾语结构中有一个全句的宾语和一个动宾结构的词内宾语,这样就比一个光杆动词作谓语中心语的句式在结构上更加复杂,在反映概念的外延方面更加宽广,信息容量更加丰富。动宾离合词带宾语的结构能够将句子里原本处于次要地位的句法成分进行调整,将只能处于次要位置但承载重要信息的部分置于句子的主干之上,能够容纳更多的信息。从语义分析来看,O2 所处的宾语位置能够容纳多种语义格,将原本处于状语位置的内容转移到宾语的位置。O2 能够给出相关新闻事件发生的时间、地点、范围、行为受事及针对事件等,能够将更多的信息置于该结构中。如:

97. 争取 2010 年发射月球探测器<u>登陆月球</u>,2020 年实现月面巡视勘察与取样返回。

98. 赞助商<u>发难媒体</u>:中国男足不是法治社会的落水狗。

99. <u>话别亲人</u>赴军营

100. 内德维德第三次<u>加冕捷克足球先生</u>

以上例句中的离合词带上宾语结构为"登陆月球""发难媒体""话别亲人""加冕捷克足球先生",这种结构使原本处于状语位置的成分转移到宾语位置,如"在月球登陆"转移为"登陆月球","向媒体发难"转移为"发难媒体"、"话别亲人"转移为"与亲人话别","加冕捷克足球先生"转移为"被加冕为捷克足球先生",置于该结构中更多的信息容量。这种结构不仅形式简洁凝练,又以新颖的语言形式加大了事件的信息容度。

5.2.3.4　信息重点加强化

根据人们的认知心理,在组织信息时往往按照从已知信息到未知信息的原则来安排,动宾结构加宾语是通过提升状语的语法地位和压缩句型的方式,使主语和宾语位于动宾的两侧,体现了以动词为核心的特点。从信息表达的角度来分析,语言是人类用来交际的工具,是人类一种重要的信息传输行为。从信息内容的构成来分析,一个语言片段在特定的语境中所承载的信息并不是均衡地处在同等重要的地位上,它们有主次之分,同时伴随着线性组合中配载的多余信息。人们往往在交际过程中提取交际的主要信息,把它们放在突出的位置上,尽量形成简洁明了的表达形式,达到言简意赅的表达目的。从句子成分的角度来分析,在涉及所描述事件的各要素时,句子中的主语、谓语和宾语是线性结构中的主要信息,一般处于句子的重要位置,定语、状语和补语是线性结构中的次要信息,一般处于句子的次要位置,虚词之类就属于次要信息中的次要词语了。动宾离合词带宾语的结构一方面将分布于次要信息中的定语、状语和补语转换为主要信息的宾语,另一方面又省略掉次要信息中的次要词语,顺应了突出主要信息、语言简洁经济的表达要求,使得表达更加突出、意义更加鲜明、语言更加简练。因此这种结构不仅使得该结构能够容纳更多的信息,而且将相对重要的因素得到了强化,使修饰限制成分的地位得到提升,置于动宾结构之后的宾语位置,使其更为醒目。如:

101. 安徽跨入"高铁"时代　东向发展全面<u>接轨长三角</u>

102. 易建联<u>触电银幕</u>广受好评　自荐演《阿凡达》续集

103. 新华社:俄罗斯总统普京 10 日<u>致函美国总统布什</u>,强调两国在打击恐怖主义活动方面应进一步加强合作。

以上例句中,"接轨长三角""触电银幕""致函美国总统布什"中,原本处于句子次要位置的状语成分得到提升,置于句子的主要位置——宾语位置。"与长三角接轨"中的状语成分"与长三角"提升为"接轨"的宾语、"在银幕上触电"中的状语"在荧幕上"提升为"触电"的宾语、"向美国总统布什致电"中的状语"向美国总统布什"提升为"致电"的宾语。

第六章

离合词的游离扩展形态

离合词是汉语里非常特殊的一类词：它的能动性极强，可以根据个人表达的需要，调控离合词的离与合。它既涉及词法，又涉及句法；既可以合并为词，又可以离析为短语；既涉及词汇化、去词汇化，又涉及语法化。本章重点探讨现代汉语的游离形式及离析度问题。

6.1　游离态中可插入成分的类型

离合词以动宾结构为主体，99%都是由一个动语素加上其他类语素（如名语素、形语素、动语素）构成。我们具体分析离合词的游离态中，可插入的几种类型。

6.1.1　体类型

动作的发生是与时间紧密相关的。王力(1943)认为："大多数民族具有对时间的表现。在汉语里，人们对于事情和时间的关系，表现为事情的开始，事情的继续，事情的正在进行，事情的完成等。它们是表示事情的状态的，可以被称为'情貌'，简称为'貌'。"即我们常说的"体"，表现事件内在的时间结构。

吕叔湘在《汉语八百词》里认为，现代汉语中存在某些半独立的词（即虚词），在语法上附着在实词之上，用来表示体意义，这是现代汉语里表示体的主要语法手段。体标记从广义上看是动词补语的一种，指向动作、行为。狭义的体标记指示动作、行为进行的状态或阶段。体标记是口语中常用的表示事件内在时间结构的手段，离合词的游离态是以口语为基础的，体标记插入离合词中是离合词游离态中出现频率最高的一类。据统计，在离合词中，除了51例主谓结构的离合词在游离时不可插入体标记外，其余离合词的任何结构都能以不同形式插入体标记，有体标记的游离态离合词出现的频率也最高。

我们将游离态离合词的体标记区分为已然体标记和未然体标记两大类。已然类体标记是指用某些表示体意义的虚词标示已经发生或存在过的动作。未然类体标记是指用某些表示体意义的虚词标示尚未发生的动作。

6.1.1.1 已然类体标记

已然类体标记包括两大类：时态助词和趋向助词。这类体标记都表示动作或事件已经发生或者存在的已然。

6.1.1.1.1 时态助词

离合词的游离形式中，最常见的时态助词体标记为：了①、着、过、的。下面我们将逐一分析。

（1）A 了 B：表示动作或事件已经实现或者终结。如：

1. 那年 9 月 30 日是骆大昭的死期，这一天她替丈夫<u>报了仇</u>，<u>雪了恨</u>。

2. 予同说，"我们得让子女在大学<u>毕了业</u>，才算尽了责任。"

3. 由此夫人就<u>多了心</u>，怨我将此女视作外人，漠不关心。

例 1 中，体助词"了"插入"报仇、雪恨"中，表示"报仇"和"雪恨"的实现；体助词"了"插入其间的同时，将"报仇雪恨"这一成语临时分离成两个表示完成体的并列的成分，深入刻画了"她"替丈夫报仇雪恨这一事件完结后的大快人心。（"雪恨"一词本非离合词，在这里临时类化为离合词用。）例 2 中，体助词"了"插入离合词"毕业"中，表示"毕业"这一事件已经实现。虽然在此例小句中，"毕了业"是一个假设实现的事件，但"了"的插入，确定的是在某一时刻生成后的某种结果，是绝对的实现。例 3 中，"了"插入形容词语素类化为动词语素的"多"和名词语素"心"之间，表示该动作的实现。

值得注意的是，口语中，只有"A 了 B"构式前面还经常加上准形态词"一"②，构成"一 A 了 B"构式，强调 AB 事件的发生时间极其短暂，后续事件的发生顺理成章。试比较：

A. 我们一结了婚，就搬家去深圳了。

B. 我们结了婚，就搬家去深圳了。

A 例中的体助词"了"表示事件的实现，准形态词"一"表瞬时，它们共现时，强调"结婚"这一事件与后续事件"搬家"发生的时间距离非常接近，紧邻发生，瞬时意味在程度上的差异是非常明显的。B 例中的前一事件"结婚"和后一事件"搬家"之间就没有 A 例中的瞬时意味那么显著了。

（2）A 着 B：表示动作或事件从过去到现在持续存在。如：

---

① 我们这里只讨论动词后的"了"。

② 陈光. 准形态词"一"和现代汉语瞬时体[J]. 语言教学与研究,2003(5).

4. 凯旋的耶弗他回到了自己的家,不料,他女儿<u>打着鼓唱着歌跳着舞</u>出来迎接他。

5. 我们一边晒着太阳,一边<u>聊着天</u>。

6. 秀子<u>傻着眼</u>注视星梅一刹,顿时羞得满脸通红。

例4中,体助词"着"同时插入"打鼓、唱歌、跳舞"中,这三组动作并列存在,表示这三组动作从过去到"耶弗他"回家时都伴随着持续地存在。例5中,离合词的游离态"聊着天"表示的是"聊天"这件事情是伴随着晒太阳而持续存在的。例6中的体助词"着"插入形容词语素类化为动词语素的"傻"和名词语素"眼"中,表示"傻眼"这一动作从过去到"注视星梅"的那一刹都持续存在。

(3)A过B:表示动作或事件曾经发生或者存在,现在已经结束。如:

7. 开矿之初,我曾<u>发过誓</u>:如果这次金矿再失败,就从这山头上跳下去。

8. 他唱单弦<u>着过迷</u>,画内画<u>着过迷</u>,如今跟聂小轩学外画又<u>着了迷</u>。

9. 在张宝忠的记忆中,这家人从未因为什么事情<u>红过脸</u>。

例7中,体助词"过"插入离合词"发誓"中,表示"发誓"这一动作事件曾经发生,但是现在已经结束。这一小句中,还用到了词汇标记"曾",与体助词"了"协同表示"发誓"这一动作只表示过去的已然,现在已经结束。例8中,通过"着过迷"与"着了迷"对举,表示"唱单弦""画内画"都是曾经着迷、现在已经不着迷的已然事件,现在"着迷"的事件是"学外画"。例9中,体助词"着"插入形容词语素类化为动词语素的"红"和名词语素"脸"中,表示"红脸"这一动作事件曾经发生,现在已经结束。该小句用为否定形式,表示"红脸"这一事件从未发生过,从未存在过。

(4)A的B:表示事件已经实现或存在,"强调已发生的动作的主语,宾语,时间,地点,方式等"。[①] 如:

10. 我们是一个小时以前才<u>见</u>的<u>面</u>。

11. 你们在哪<u>结</u>的<u>婚</u>?

12. a 会上谁<u>讲</u>的<u>话</u>?
   b 老张<u>讲</u>的<u>话</u>。

在"A的B"构式中,"的"这个表示已然的语法标记,一般与表示时间的词汇标记共同出现,协同表示事件已经存在或者实现。如例10中,离合词"见面"中插入助词"的",表示"见面"这一事件已经发生或实现,强调已经发生的事件是"一个小时以前"发生的,词汇标记"一个小时以前"与语法标记"的"协同表示"见面"

① 吕叔湘.现代汉语八百词[M].北京:商务印书馆,1999.

这一事件已经发生。在现在的口语表述中，"A 的 B"构式已经越来越多完全自足地表达已然事件。例 11 中，离合词"结婚"中插入"的"，前后未有任何词汇性标记，完全自足地表示"结婚"这一事件已经实现或发生过，是已经实现的情况。例 12 中，离合词"讲话"中插入"的"，表示事件已经实现或存在，小句中没有出现任何其他词汇性标记协助"讲话"表示事件已然。这种缺失词汇性标记的"A 的 B"构式一般只出现在方言或者口语中。

在"A 的 B"构式中，需要与之区别的是"是……A 的 B"结构中"的"的区别。试比较：

  a. 这些<u>是</u>你要<u>操</u>的<u>心</u>。（√）

  b. 他们<u>是</u>在北京<u>见</u>的<u>面</u>。（√）

  a'. 这些你要操的心。（ * ）

  b'. 他们在北京见的面。（√）

上例中 ab 例分别成立，所用的结构是"是……A 的 B"，a 表示的是未然事件，b 表示的是已然事件。a' 省略了"是"后，句子就不成立了，b' 省略了"是"后，依旧成立，表示事件的已然。因此，我们认为，表示已然的时态助词"的"与"是"是不发生关系的，它不附着于"是"，经常出现于"A 的 B"构式中，与"了、过"一样，表示事件的发生和完成，同时还有特定的附加意义。如：

  a". 他们在北京见面。

  b". 他们在北京见的面。

  c". 他们在北京见了面。

  d". 他们在北京见过面。

上例均成立。但是 a" 中"A 的 B"中"的"的缺省，不表事件的已然。b"、c" 和 d" 都表示事件的发生与完成，但是"A 的 B"构式除了强调事件的地点"在北京"之外，还有其特定的附加意义——兼表肯定和确定的语气，有本来确实如此的意思。

除了在口语中，"A 的 B"构式之前少有状语的限制之外，在复句中，也可以没有状语的限制。如：

  a. 有人<u>挨</u>的<u>批</u>，有人<u>挨</u>的<u>整</u>，反正都没好日子过。（并列复句）

  b. 你就是<u>吃</u>的<u>衙门饭</u>，我也不嫁。（假设复句）

由于复句本身表达比较复杂的内容和关系，复句内部的几个分句之间能够自成一统，构成一定的上下文环境，这种环境使它们可以不用非加上一个状语来限定，主要强调动作的发出者以及对象、工具。

同时，"A 的 B"构式中还能插入补语和定语。如：

13. 支部还是在北京抽的一次签。

14. 他们还是在半年前开的讨论会。

6.1.1.1.2 趋向助词

离合词的游离形式中,最常见的趋向体助词为:上(来)、下(来/去)、起来。下面我们将逐一分析。

(1)A 上 B(来):表示事件的实现或动作状态的开始并持续。如:

15. 陈逢春的病终于治愈了,并且两次<u>怀上孕</u>。

16. 孔太平非要等舅舅骂完了再走,舅舅没办法,只好<u>闭上嘴</u>。

17. 他 30 岁出头就和沙漠<u>较上劲</u>,开始种树,一种就是近 50 年,至今仍未放下手中那把铁锹。

18. 他知道,照厂里现在这个样子,他们若真是<u>较上劲来</u>找茬儿,不出一个月便也得关门放长假。

例 15 中,表趋向的体助词“上”插入离合词“怀孕”中,表示“怀孕”这一事件的实现。例 16 中,“闭上嘴”表示“闭嘴”这一事件的实现。例 17 中的“较劲”中插入趋向体助词“上”,表示“与沙漠较上劲”这一事件的实现,除此之外,“较劲”这一动作状态从“30 岁出头”开始到“至今”依然在“较劲”,持续了“近 50 年”,“还未放下手中那把铁锹”。例 17、18 中的游离态“较上劲来”与“较上劲”的意思一样,在假设句中表示“较劲”的开始并持续这种状态。

“A 上 B”构式既能表示事件的结果,又能表示动作的持续状态;“A 上 B 来”构式虚化程度高,侧重表示动作的开始并持续下去的状态。所有的“A 上 B 来”构式都能被替换为“A 上 B”构式,但并不是所有的“A 上 B”构式都能被替换为“A 上 B 来”构式。“A 上 B”的否定式为“A 不上 B”,与“不能/没能 A 上 B”是有区别的。如:

19. 可这回是网易生一个人过沟坎儿,我们<u>帮不上忙</u>。

19'. 当然,沿线做了查找,警察也参与了此事,但是<u>没能帮上忙</u>。

20. 高文娟从来不干扰张国政训练,两人有时半个月也<u>碰不上面</u>。

20'. 吉拿说:“谢谢你! 若不能在香港<u>碰上面</u>,我代父亲致意,将来在加拿大总会见面!”

例 19 中,“帮不上忙”侧重强调完全没有机会帮忙,主观上也不强求去帮忙。例 19'中,“帮上忙”的否定式“没能帮上忙”是指曾经帮过(主观上以为能够帮上忙)——“沿线做了查找”“警察也参与了此事”,但是现实是没能帮上这个忙,强调以为有机会和能力帮,但是没能帮上。例 20 中的“碰不上面”侧重强调没有机会和可能碰面,主观上不强求“碰面”。例 20'中的“若不能在香港碰上面”的意思是有可能碰上面,主观上认为碰不碰得上面还不确定,既可能碰上,也可能碰不上,但总归还是有机会碰上面的,"碰不上面"只是其中的一个假设。

(2)A 下 B(来/去):表示事件的实现或保持动作的静止状态。如:

21. 上次夸<u>下嘴</u>,要给葛大叔做老辛的土豆丝,这回到家了,得兑现了。

22. 不法开发商设<u>下局</u>,百姓就像借钱参赌。(来源:新华每日电讯,2006 年 12 月)

23. 后来她了解我后才安<u>下心</u>,我是典型的语言上的巨人,行动上的矮子。

24. 我曾有一点害怕,但后来被划成"右派"的人越来越多,我也就安<u>下心来</u>了。

25. 大半天,她不知怎样才好,一直到曲时人醒过来,要水喝,她才安<u>下心去</u>。

例 21 中,表趋向的体助词"下"插入离合词"夸嘴"中,表示"夸嘴"这一事件已成事实。例 22 中,"设下局"表示"设局"这一事件的实现,是一种已然状态。例 23 中的"安心"中插入表趋向的体助词"下",表示"安心"这一事件的实现,动作状态由动态转变为静态且一直保持。例 23 和 24 中的"安下心来"与"安下心"意思一样,但侧重强调"安心"成为一种已然的事件后,保持着实现的动作状态,这种动作状态是从动态转变为静态,这种静态有一个预设的时间参照点,能够预见时间的终点。例 25 中,"安下心去"也表示"安心"的已然状态,"安下心去"强调动作保持下去,静止的时间不可预见;例 24 中的"安下心来"强调动作保持下去,静止的时间是可预见终点的。

"A 下 B"构式既能表示事件的实现,又能表示事件实现后,动作保持的静止状态,但侧重于表示事件的实现;"A 下 B 来/去"构式的虚化程度高,侧重表示的是事件实现后,动作保持实现的静止状态。"A 下 B 来"反映的已然事件的时间是可以预见终点的,"A 下 B 去"反映的已然事件的时间是不能预见终点的。"A 下 B 来/去"构式能被替换为"A 下 B"构式,但并不是所有的"A 下 B"构式都能被替换为"A 下 B 来/去"构式。"A 下 B"的否定形式为"A 不下 B","A 下 B 来/去"的否定形式为"A 不下 B 来/去"。如:

26. 弟弟听了哥哥恩义深重的忠告良言,也知道别无他法,痛苦起来,实在狠<u>不下心</u>。

27. 几次想和他分手,可一见他的面,善良的我却狠<u>不下心来</u>。

28. 当眼前的他显得这么软弱、寂寞之时,我竟然狠<u>不下心去</u>拒绝……

(来源:http://vip. book. sina. com. cn)

29. 高复为何降<u>不下温</u>的背后。 (来源:《湖州日报》,2009 年 8 月 26 日)

30. 中国的股市,连续加息再加印花税都降<u>不下温来</u>。

31. 大家好像又回到了童年一样,觉得好高兴好开心,在楼下边玩边笑,闹个不停,累了,决定回宿舍休息,结果还是<u>降不下温去</u>,又在宿舍狂吼老歌,笑得鼻涕眼泪全都流出来了。

(来源:http://jyyai. blog. sohu. com/21539347. html)

"A下B来"的虚化程度高,有些离合词中插入"下来"后固化惯用语,使用频率极高,如"败下阵来"就是其中一例。

(3)A起B(来):表示事物随着动作行为或性质状态而出现,或者动作状态由静态转变为动态后,动作状态持续进行,性状继续加深。如:

32. 可见,让金水河<u>跳起舞</u>、<u>唱起歌</u>,是高新技术直观而又诱人的展示。

33. 驼队中的一位老者,领着小孙子<u>唱起歌来</u>。

34. 别人以为我这是出自对落实政策的感激,才拼命干活;其实不然,<u>干起活</u>才能不想事呀。

35. 翌日,她丈夫找到工地上,一眼望去,工地上的人全是一副泥人模样,心里懊悔不及,悄悄挨到妻子身边,和她一起<u>干起活来</u>。

36. 在赛场边的戴韫看上去颇为快乐,和昔日队友<u>聊起天来</u>,笑声不断。

37. 眼看从家里带来的钱一天天变少,我开始<u>着起急来</u>,想来想去只有找个工作先干着再说。

例32中,趋向性体助词插入离合词"跳舞""唱歌"中,形成一组并列形式,表示"唱歌"和"跳舞"随着"唱"与"跳"这两个动作的开始而出现。例33中的"唱起歌来"强调"唱歌"这一事件随着动作出现后持续进行。例34中,离合词"干活"中插入"起",强调"干活"这一事件的开始出现。例35中,"干起活来"表示"干活"这一事件随着动作开始后持续进行。例36中的"聊起天来"表示"聊天"这一事件随着动作的开始后一直持续进行。例37中,趋向性体助词"起来"插入形容词性的离合词"着急"中,表示随着"着急"的开始出现,程度继续加深。"A起B"构式侧重表示结果,强调事件随着动作的开始而实现。"A起B来"构式的虚化程度高,侧重表示状态,强调动作状态由静态转变为动态后,动作状态的持续进行,或者事物性状的程度加深。

"A起B来"构式的接受度与使用频率远远大于"A起B"构式,这可能也与"A起B来"构式的语法化程度高有很大关系。在否定形式中,"A不起B来"的形式几乎覆盖了"A不起B"的形式,"A不起B"的形式出现得很少。如:

38. 从此方知,朋友与运动不能并存,同事与朋友也不能等同一气,没有米煮不成饭,没有朋友也<u>聊不起天</u>了。

39. 如果换了别人,你做出这事,早就把你处死了,只是我却始终<u>狠不起心来</u>。

40. 吵不起架 扯不起筋 付不起账 *弓不起腰

99

吵不起架来　　　＊付不起账来　弓不起腰来

"A 起 B(来)"与"A 不起 B(来)"不存在一一对应的关系。大多数"A 起 B(来)"没有否定形式。

6.1.1.2 未然类体标记

未然体主要指可能体。可能体标记标示动作或事件由于主客观条件的许可,还未发生或实现。

在离合词的动结式和动趋式中,经常插入"得"或者"不"来表示事件还未发生,表达说话者对于"事件成真的可能性"的主观判断。我们用"A 得 C"和"A 不 C"来分别加以表示。离合词的动宾式中,经常插入"得了"或者"不了"来表示事件还未发生,表示说话者对于"事件成真的可能性"的主观判断。我们用"A 得了 B"和"A 不了 B"来分别加以表示。

(1)A 得 C:表示对具有实现某种结果或趋向的可能性的一种主观判断,即"悬想之可能"。① 如:

41. 如果吉美<u>提得高</u>,他也就能<u>提得高</u>。

42. 欧洲人都心知肚明:伏思达<u>得到</u>法、德支持的重要原因是他去年和法、德领导人一道反对伊战。

(2)A 不 C:表示对不具有实现某种结果或趋向的可能性的一种主观判断,即"愿而不能"。② 如:

43. 这个规格政府虽说要同业讨论,但是大道理谁也<u>推不翻</u>,实际上裁并改合的方案等于已经能够拟定了。

44. 何川说,如果<u>收不回</u>投资,往下的软件开发将难以为继。

"A 得/不 C"构式一般出现在离合词的动结式和动趋式中,补语"C"通常是"A"的结果或趋向,由形容词、动词(包括趋向动词和一般动词)充当。可能补语主要是"C"的焦点化,从语义平面看,"A"一般是"C"的原因或方式,"C"通常是"A"的结果或趋向,述语和补语之间表现为一种因果关系。

在离合词中,述补式结构共计 120 例,其中动结式 91 例,动趋式 29 例。在离合词"A 得/不 C"构式中,中心谓语 A 一般为自主性动词语素③;补语 C 一般为形容词语素、动词语素(包括趋向动词和一般动词),多是积极类语义词、中性类语义

---

① 吴福祥. 能性述补结构琐议[J]. 语言教学与研究,2002(5).

② 刘月华. 可能补语用法的研究[J]. 中国语文,1980(4).

③ 根据马庆株(2004)的分析,自主动词从语义上说是指能够主观决定、自由支配动作行为的动作发出者表示的有意识的或有心的动作行为,如:看、打、说、吃、找等等。

词。补语 C 中的趋向类动词一般为 7 大类:开、来、去、过、下、上、回。C 中的结果
类动词中出现频率较高的是:见、倒、动、准、透、到、断、清、平、近、高、中、破几类。
离合词中的这类结构是一类相对封闭又组合性极强的类。正式收归于离合词中
的述补结构,只占述补结构中的一小部分。而未被纳入离合词中的述补结构,可
能补语插入的"A 得/不 C"构式要么已经虚化为一种惯用语或者固定用语,如对
不起、说不定、来得及、来不及等等,要么还只是停留于一种临时的用法,极短地出
现于个别体的口头语言中,未形成普遍势态。收入离合词中的述补结构(下文简
称 AC)不同于一般的述补类结构,是一类经过词汇化过程的、使用频率较高的动
结式和动趋式的词,插入可能补语后,处于虚化的惯用语与临时结构之间。

　　在动趋式结构的离合词中,我们把趋向补语的意义分为两类:一类是趋向意
义,一类是结果意义。趋向意义是趋向动词本身所表示的方向意义,如:上去、下
来。结果意义是表示动作有结果或达到了目的,如:想开、看上。

　　众多学者通过对"A 得 C"和"A 不 C"的数据统计,"A 不 C"的出现频率远远
大于"A 得 C","A 得 C"结构在陈述句中出现占大多数。表达功能上看,疑问句
中肯定式的使用频率反而高于否定式。尤其,肯定式在疑问句中主要表示反问的
语气,这表明可能补语的肯定式具有独特的语用功能。

　　以上我们提到的可能补语"A 得 C"与"A 不 C"涉及的是一种可能义,表示的
结果义和趋向义是处于"未实现"状态的,对某一个事件来说,还只是一种"未然"
的未完结状态。在本质上,可能补语与"未然"事件是相联系的。但是,需要注意
的一点是,"A 不 C"不仅涉及"未然"的"可能义",而且涉及"已然"的完结状态,
表示一种结果义,暗含行为主体至少试过一次这种动作,但其动作或结果没有实
现。如:

　　45. 别人想不出的智谋,他能想得出,别人<u>看不透</u>的迷雾,他能看得透。

　　46. 演艺圈是个最容易惹出事非的地方,稍不留神,你就可能被卷入一股<u>看不
见</u>的漩涡之中。

　　上例中,"A 不 C"可以在"已然"语境中表示"不能够实现某种结果"。

　　(3)A 得了 B:表示对具有实现某种结果的可能性的一种主观判断,即"悬想
之可能"。

　　如:

　　47. 你的数学和统计学这么差,读会计专业<u>毕得了业</u>吗?

　　48. 如果不靠父母,你<u>结得了婚</u>吗?

　　(4)A 不了 B:表示对不具有实现某种结果的可能性的一种主观判断,即"愿
而不能"。

如:

49. 你不把预算的费用划给我,我<u>出不了差</u>。

50. 不好意思,现在过了补票时间,<u>补不了票</u>。

"A 得了/不了 B"构式一般出现在离合词的动宾式中,补语"C"通常是"A"的结果或趋向,由形容词、动词(包括趋向动词和一般动词)充当。"毕得了业""结得了婚"表示对具有实现"毕业""结婚"这一动作行为的可能性做出的一种主观判断。"出不了差""补不了票"表示对不具有实现"出差""补票"这一动作行为的可能性做出的一种主观判断。在离合词中,"A 得了 B"与"A 不了 B"这类套合构式中的宾语一般由名词、动词充当,所涉及的事件处于"未实现"状态,这种格式主要用于口语中,表示说话者对于动作行为实现的可能性的主观判断。"A 得/不了 B"的语义焦点在于"V"的实现与否,因此,能进入"V 得/不了"结构的动词比"V 得/不 C"结构的动词要多。

6.1.1.3 或然体(未然体/已然体)

在离合词的游离态中,经常使用的一类体标记我们不得不提:短时体标记。短时体标记是一类是用来标示短时量或小动量意义的体标记。如果语言使用者认为某个事件占据的是一个较短的时间或将要占据一个较短的时间,就将选择短时体表达其意义。动词重叠是这种短时性的显性语法标记。动词重叠一般用于口语及文艺语体,所表现的多是自然、轻松、和缓、委婉的风格,可以使其话语或文笔显得生动、形象、含蓄。由于离合词的游离态口语性强,随意性强,因此会经常出现用动词重叠的方式来表达说话人不同的交际意图。

这种短时体既可以表示动作或者事件尚未存在或尚未发生的短时事件,也可以表示动作或事件已经存在或已经发生的短时事件。在离合词的游离态中,短时体包括 AAB 构式、A 一 AB 构式、A 了 AB 构式。

6.1.1.3.1 AAB 构式

(1)用于未然事件中

AAB 构式经常在表示未来事件的句子里使用,常常用于要求听话人做某事的祈使句式中和表达说话人意愿、态度的句式中。有人也把这种用在未然事件中的动词重叠式称为"尝试体",因为它表达的时间很短,加上用在未然事件里,还使用于祈使句式中,其尝试意味是非常浓的。如:

51. 老孙哪,你一会儿<u>表表态</u>吧。

52. 她恨透了满喜,可是在眼前看来还只能依靠这位自己觉得不太可靠的人<u>帮帮忙</u>。

第 51 例中,"表表态"用于表达说话人要求听话人做"表态"的祈使句式中,能够使说话人的语气变得温和委婉,使听话者感觉不那么生硬。第52例中,表达说话人的意愿,动词重叠表示动量小,它在主观上减小了动词的量,从而给句子带来委婉的语气,使人觉得依靠"满喜""帮忙"这件事情听起来不会那么重大、正式、有希望,因为不知道最终能否帮得上忙,是无可奈何之下的最后的举措,哪怕这个人"不太可靠",希望渺茫。

在实际语言中,它还是比较多地出现在表达未然事件的句子里,其完整性依然保持。AAB构式本身是一个自足的结构,在一般情况下,AAB构式之后是不能带表已然状态的时态助词"过""着""了"。如:

＊洗洗澡过

＊洗洗澡着

＊洗洗澡了

以上重叠式均不成立。只有"AAB了"构式前如果加上能愿动词是能够说的,但是表示的仍然是事件未发生的状态,如:该洗洗澡了! 我们认为AAB构式在本质上排斥与已然事件的结合。

(2)用于已然事件中

AAB构式用于已然事件中,表达的都是经常性、习惯性的动作和事件,动作和事件不止一次地发生,表示动作反复体与惯常性的行为;或者叙述已然事件中,当动词重叠式用于表示连续动作中的前一个动作时,用AAB式,强调动作的时量短和一种非持续性意义。如:

53. 老头子退居二线了,聊聊天,生活倒也自在。

54. 石色冲经理点点头,又看看我,微笑起来。(王朔《浮出海面》)

第53例中,由于动词重叠使用,起到减小动量的作用,给人一种轻松、闲适的感觉。第54例是,"点头"是位于"看我"之前的动作,强调动作的时量短,特意突出"点头"是一种非持续的短时量动作,"在分量上表示动作的轻化"①。

6.1.1.3.2 A — AB构式

(1)用于未然事件中

"AAB"构式与"A — AB"构式的意思和用法非常接近,二者基本上可以互换,一般用于祈使句中。只是A — AB构式比AAB构式在语气更加舒缓,用法比AAB构式正式,表达未然动作的倾向更强。如:

55. 能不能给我匀一个人来帮一帮忙?

56. 能不能给我匀一个人来帮帮忙?

---

① 邢福义. 说V — V[J]. 中国语文,2000(5).

第 55 例中"帮一帮忙"比"帮帮忙"表示的动作短暂、轻微,给人一种语气上比较舒缓的感觉,询问意味更浓。"A 一 AB"构式一般用于未然事件中。

（2）表小量构式的异同

在这里需要提到的是"A 一下/下 B"构式,"A 一下 B"与"A 一 AB"、"AAB"的意思与用法非常接近,都用来表示减小动量,用来缓和语气,一定的语境下可兼表尝试义、轻微义和惯常义,大多用在表示未然的语境中。但是,"A 一下/下 B"与"AAB"口语性强,"A 一 AB"构式更正式一些。一般认为,"A 一下/下 B"多用来表示的动作行为不能反复出现,而"AAB"与"A 一 AB"表示的动作行为可以反复出现。但是值得注意的是,在一些方言口语中,"A 一下/下 B"构式也能表示动作行为反复出现,只是动量更小,时量更短。如：

57. 你等会儿洗<u>一下/下</u>澡。

58. 你等会儿洗<u>一洗</u>澡。

59. 你等会儿<u>洗洗</u>澡。

上例中的三种用法均成立,所表示的均为动作行为的反复出现。只是"洗一下澡"比"洗一洗澡"和"洗洗澡"的动量更小,适量更短,语气更缓和。我们可以将这三种短时体依次排列为：A 一下下/B 构式 < A 一 AB 构式 < AAB 构式。

与"AAB"构式比较起来,由于"A 一 AB"构式说起来比较拗口,在口语中不大用,所以"A 一 AB"构式的使用频率大大低于"AAB"构式。"A 一下/下 B"构式受语义制约,不能表示动作行为反复出现的意思,所以其使用频率又低于"A 一 AB"。使用频率则可以依次排列 AAB 构式 > A 一 AB 构式 > A 一下/下 B 构式。

6.1.1.3.3 "A 了 AB"构式

"A 了 AB"构式表示的是已经发生或完成的动作行为,表示的已然动作本身时间短、次数少或动作轻松,让人有一种不紧不慢的感觉。如：

60. 他找了几个棉纺界的朋友聊了聊天,心中早就有数。

61. 回机关的路上,两人绕道温水泉洗了洗澡,到家后一休息都睡着了。

"A 了 AB"构式主要用于表示连续动作中的最后一个动作,叙述过去发生的事件或动作行为时。带有一种轻松的心情,或表示一种尝试。

由于离合词是一个词类进程连续统,它既能作为一个词又能作为一个词组进入短时体格式：当连续统中的离合词更趋向于词组时,则容易进入"AAB""A 一 AB""A 一下 B""A 了 AB"这种短时体格式、如帮忙、吵嘴、结婚、洗澡等；而连续统中的离合词趋向于复合词的时候,则比较倾向于选择"ABAB"这种短时体格式,如,提醒、提高、关心、贴近等。因此,我们认为在这一点上,短时体格式能够帮助区别一部分广义离合词和狭义离合词,如,能进入"AAB""A 一 AB""A 一下 B"

"A了AB"这种短时体格式的离合词一般都是从词组圈体进入离合词圈体部分的离合词,能进入"ABAB"这种短时体格式的离合词一般是从离合词圈体开始进入词圈体部分的离合词。当然,这种短时体格式只能够帮助区别一部分离合词的归属,并不能作为区别其归属分水岭。

6.1.2　非体类型

在离合词中,除了插入体类型使之有界化可以成句之外,还可以插入一些非体类型使之有界化完句,如:数量词、时间词、代词、名词等。由于这些非体类型是一些开放的类,进入离合词的数量也是一个极开放的量。说话人可以依据需要选择不同的词表达不同的意思。我们归纳出以下了四种构式:

6.1.2.1　涉及格的构式

涉及事件格的构式包括两大类:所有格宾语构式、属格施事构式和与格构式。这些格的构式成分都由人称代词或者名词充当。

6.1.2.1.1　所有格宾语构式

所有格宾语构式是指插入离合词中的成分为离合词的受事宾语。这些插入成分后的游离态一般充当句子的谓语、主语。如:

62. 他们帮了①我的忙。

63. 绑总理的票能落到什么好处?

以上的两例均为离合词中插入所有格宾语后所呈现的表层结构。在62例的离合词中插入人称代词"我",限定"帮忙"的对象是"我",不难看出,深层结构中的"我"其实是"帮忙"的宾语——帮忙我。在63例的"拆台"中插入专有名词"总理",限定"绑票"的对象是"总理",稍稍分析,在深层结构中充当"绑票"的宾语其实是"总理"——绑票总理。

6.1.2.1.2　属格施事构式

属格施事构式是指插入离合词中的成分为离合词的"施事主语"的成分。这种插入成分后的游离态一般充当句子的谓语。如:

64. 你唱你的歌,他跳他的舞。

65. 张大姐改张大姐的嫁,不与你们想干。

以上例句均为属格施事构式插入离合词后呈现的表层结构。乍一看,这种构式的插入成分与所有格宾语的插入成分相似,插入成分均由人称代词和与人称有关的专有名词充当。其实不然,仔细分析句法成分,就可看出插入的成分可以作

---

① 在这一部分非体类型的例句中不涉及讨论体类型。

动作事件的施事主语,并与离合词动词语素前面的主语同现——你唱歌、他跳舞、张大姐改嫁。第64例中,离合词"唱歌"与"跳舞"中分别插入动作施事的主语"你"和"他",形成一个并列句式,暗含一种不要在意别人的动作行为的语义。第65例中,"改嫁"中插入施事主语"张大姐",也暗含不让别人插手的语义。随着这种构式的频繁使用,现在它已经渐渐成为一个固定构式:"×A×的B",暗含专心于自己的动作行为之中,旁人不用插手之义。

6.1.2.1.3 与格构式

与格构式是指插入离合词中的成分在深层句法中是作状语的介宾结构,状语成分中的介词脱落后,宾语插入离合词中,引进句子的对象、工具、方式等,这种构式就叫作离合词与格构式。一般由人称代词、名词等充当。如:

66. 见了他的面,你就把这封信给他。

67. 坚持洗冷水澡对身体是有好处的。

68. 跳领舞的人是王丽。

以上例句属于与格构式插入离合词后的句子。在句法的深层结构中,插入离合词中的与格应作句子的状语,出现在离合词之前,引进句子的对象、方式等等。如第66例中的"见了他的面"在深层结构中应该是"与他见面",由于离合词在一般情况下,是不能直接带宾语,引进事件的对象。因此,除了用介宾结构的状语,引进了事件的对象之外,还能在离合词中插入"见面"的对象"他"。第67例中,"洗冷水澡"在深层结构中应该是"用冷水洗澡",引进事件的工具。第68例中,"跳领舞"在深层结构中应该是"以领舞的方式跳舞",引进事件的方式。

6.1.2.2 涉及事件量化的构式

涉及事件量化的构式包括四大类:数量短语量化构式、数词量化构式、量词量化构式以及非数量化构式。分为涉及事件量化的完整式和涉及事件的省略式,数量短语量化构式和非数量量构式为涉及事件量化构式的完整式,数词量化构式和量词量化构式是涉及事件量化构式的省略式。在前三类构式中一般由数量短语、数词及量词充当插入成分,表示限定成分的定指,非数量化构式一般由形容词和形容词词组充当,表示限定成分的不定指。

6.1.2.2.1 数量短语量化构式

数量短语量化构式是指由数量短语插入离合词中"限定动作事件的量"。这些构式一般充当句子的谓语、定语、主语。如:

69. 你能吹一天牛?

70. 吵了一辈子架的夫妻多了。

71. 混一口饭,不容易。

以上例句中均为涉及事件量化的数量短语量化构式,数量短语插入离合词中用来限定动作事件的量。69 例中离合词"吹牛"间插入数量短语"一天",用来限定"吹牛"的量,"吹一天牛"充当句子谓语。70 例中的离合词"吵架"间插入数量短语"一辈子",用来限定"吵架"的量,"吵了一辈子架"用来充当"夫妻"的定语。71 例中的离合词"混饭"中插入数量短语"一口",用来限定"混饭"的量,充当句子的主语。

6.1.2.2.2 数词量化构式

数词量化构式是指由数词插入离合词中"限定动作事件的量"。这些插入成分后的游离态一般充当句子的谓语和主语。如:

72. 好不容易来一次,还是见一面吧。

73. 卜几卦还不容易?

以上例句均为涉及事件量化的数词量化构式,数词成分插入离合词中用来限定事件的量。第 72 例中,离合词"见面"间插入数词"一",用来限定"见面"的量。第 73 例中,离合词"卜卦"间插入数词"几",用来限定"卜卦"的量。

6.1.2.2.3 量词量化构式

量词量化构式是量词插入离合词中"限定动作事件的量"。这些插入成分后的游离态一般充当句子的谓语和主语。如:

74. 睡个觉真舒服!

75. 你还表个态吧。

以上例句均为涉及事件量化的量词量化构式,量词成分插入离合词中用来限定事件的量。第 74 例中,离合词"睡觉"中插入量词"个",用来限定"睡觉"的量。第 75 例中,离合词"表态"中插入量词"个"来限定事件的量。

值得注意的是,单单只在离合词中插入数词或者量词,多出现于口语现象中,由于简省原则,在"一 + 量词"中,"一"只表示"数"的时候,"一"或者"量词"能够自由脱落,并不影响表意效果。如:

76. 好不容易来一次,还是见一面吧。

77. 好不容易来一次,还是见个面吧。

78. 睡个觉真舒服!

79. 睡一觉真舒服!

以上例句均为涉及事件量化的省略式,在离合词中分别插入"数词"与"量词"以及能够与其配对的"量词"和"数词","数词"和"量词"能够互换,互换后的意义保持一致。这种涉及事件量化的省略式的表达方式一般出现在口语中,随意性强,简洁直接。而涉及事件量化的完整式就显得正式,语气舒缓。

如果"一"表示"整个,所有,全部"意思的时候,是不能够任意省略数词或者量词的,必须插入涉及事件量化的完整态,才能表达其意。如:

80. 他跟我搭了<u>一路</u>茬儿,没头没脑,叫人没法回答。

81 * 他跟我搭了<u>一</u>茬儿,没头没脑,叫人没法回答。

82 * 他跟我搭了<u>路</u>茬儿,没头没脑,叫人没法回答。

以上例句中插入离合词"搭茬儿"里的"数量短语"为数词"一"与名词作量词的"路",由于"一"作"全部,整个"解,所以后两例句中插入涉及时间量化的省略式是不成立的。

6.1.2.2.4 非数量化构式

非数量化构式是指由非数量短语插入离合词中"限定动作事件的量"。这种构式一般充当句子的谓语、主语。如:

83. 在外面,他<u>惹了不少</u>事。

84. 当时,<u>凑了很多的</u>钱都救不了他。

以上例句均为涉及事件量化的非数量化构式,非数量词或者短语插入离合词中用来限定动作事件的量。第83例中离合词"惹事"中插入词组"不少",用来限定"惹事"的量,充当句子的谓语。第84例中的离合词"凑钱"中插入形容词"很多",用来限定"凑钱"的量,充当句子的主语。

6.1.2.3 涉及事件状态的构式

涉及事件状态的构式包括三大类:涉及事件性质状态的构式、涉及事件结果状态的构式、涉及不明状态的构式。它们分别由形容词、副词、疑问代词充当。

6.1.2.3.1 涉及事件性质状态的构式

涉及事件性质状态的构式是指插入离合词中的成分为"限定事件状态的性质"的成分,这种插入成分一般由名词、形容词、形容词词组以及表示比较的短语充当,该构式一般能作谓语、定语、主语。如:

85. 他们厉害呀,你别<u>吃眼前</u>亏呀,我的乖乖!

86. <u>倒大霉</u>的事情谁拿去跟父母说?

87. <u>赶早集</u>不怕天黑。

88. 大夫<u>费那么大的</u>劲才把你救活,你可要好好活啊!

89. 他已经<u>退了</u>热。

以上例句均在离合词中插入了限定涉及事件性质状态的形容词或形容词词组,这些形容词或形容词词组的语义指向名词语素,相当于定语,说明事件的性质状态,是一类相对开放的词。第85例中,在"吃亏"中插入名词"眼前",用来限定事件的性质状态。第86例中个,在"倒霉"中插入形容词"大",用来修饰"倒霉"

的,充当句子的定语。第 87 例中,在"赶集"中插入形容词"早",用来修饰"赶集"的性质,充当句子的主语。第 88 例中,在"费劲"中插入形容词词组"那么大",用来修饰"费劲"的性质,充当句子的谓语。第 89 例中"退热"这个动结式离合词短语中插入"了",限定事件结果的状态。

6.1.2.3.2 涉及事件结果状态的构式

涉及事件结果状态的构式是指插入离合词中的成分为"限定事件状态的结果"的成分,这种插入成分一般由形容词、副词充当,该构式一般能作谓语、定语、主语、独立成分。如:

90. 等餐厅<u>上满人儿</u>了,厨房又忙不过来了。

91. <u>挨完宰</u>的我,又开始挨整了。

92. <u>伤透了心</u>就开始心灰意冷了。

93. 她受不了夏顺开眼中的那份真诚,<u>嘴还硬</u>:"怎么惨了?我觉得我过得挺好。"

王朔《刘慧芳》

以上例句中的离合词中插入了涉及事件状态的结果的成分,这类成分一般语义指向动词语素,相当于补语,说明事件的结果状态,是一组相对封闭的词,最常见的有"完""好""透""满""掉"等。第 90 例中,离合词"上人儿"中插入形容词"满"用来限定事件的结果。第 91 例中,离合词"挨宰"间插入副词"完"用来限定事件的结果。第 92 例中,离合词"伤心"中插入副词"透"来限定事件的结果。第 93 例中,主谓式离合词"嘴硬"中插入副词"还",在句子中可以独立成句,限定事件的结果。

6.1.2.3.3 涉及事件不明状态的构式

涉及事件不明状态的构式是指插入离合词中的成分为"询问或者质疑事件状态"的成分,这种插入成分一般由疑问代词充当,也是一类封闭的类,该构式一般作谓语。如:

94. 你到底<u>借了多少债</u>?

95. <u>废什么话</u>!带走!

以上例句中,插入离合词的成分均为询问事件状态的词,这些限定词的词义指向名词语素,相当于定语,询问或者质疑事件的状态。第 94 例中,离合词"借债"中插入疑问代词"多少",语义指向"债",用来询问"债"的数量,此为实问,目的是需要听话人回答"借债"的数量的;第 95 例中,离合词"费话"中插入疑问代词"什么",语义指向"话",用来质疑事件的状态,此为虚问,目的不需要听话人回答"费话"的状态,而是用来质疑事件发生的状态,表达说话人强烈的不满和否定,本义为"不要费话"。

6.1.2.4 涉及事件使受的构式

涉及事件使受的构式包括两大类:涉及事件使役的构式和涉及事件蒙受的构式。这两类构式的成分都是隐性的,在表层句法中是不出现的,但能够从深层句法中分析得出,在语义中得到表现。① 一般由人称代词或者与人称相关的专有名词充当。

6.1.2.4.1 涉及事件役使的构式

涉及事件役使的构式是指插入离合词中的成分为"致使谁 AB"。一般充当句子的谓语、主语。如:

96. 我**伤**了她的**心**。

97. **下**教练的**课**就能提高运动员们的成绩吗?

以上例句均为涉及事件役使构式的句子,役使能够在深层句法中补充出来。第 96 例中"伤了她的心"在深层结构中表现出来的意思是"使她伤了心"。第 97 例中"下教练的课"在深层结构中表现出来的意思是"使教练下课"。

6.1.2.4.2 涉及事件蒙受的构式

涉及事件蒙受的构式是指插入离合词中的成分为"谁被 AB"。一般充当句子的主语。如:

98. **揭**他的**短**对你有什么好处?

99. **带**王主任的**班**是班长安排的。

以上均为离合词中插入涉及事件蒙受构式的句子,句中蒙受义能够在深层句法中补充出来。第 98 例"揭他的短"在深层结构中表现出来的意思是"他的短被揭"。第 99 例中"带王主任的班"在深层结构中表现出来的意思是"王主任的班被带"。

涉及事件蒙受的构式与所有格宾语构式表面看起来很相近,它们都在离合词中间插入了人称代词与与人称相关的专有名词。其区别在于能进入所有格宾语构式里的离合词的名词语素的语义几乎虚化进动词语素,和动词语素结合紧密,几乎融为一体。如在表达"帮忙"的时候,"忙"就是一个粘着语素,"绑票"的"票"也是一个粘着语素,均不能自由表达"帮忙"和"绑票"之义。而能进入涉及事件蒙受的构式中离合词的名词语素,在语义上具有独立性,语义还未与动词语素融为一体。因而,在所有格宾语格式中,插入的成分能够直接转换为宾语,涉及事件

---

① 离合词中游离态的这种现象的存在与现代汉语句法中轻动词的存在有着密切关联,在此不赘述。

蒙受的构式则不能。

6.1.2.4.3 涉及事件使受的构式

涉及事件使受的构式是指插入离合词中的成分为"使……的 B 被 A"。一般充当句子的谓语、主语。如：

100. 他们警告他,假若他不肯合作,他们会马上<u>抄他的家</u>。

101. 他老是<u>挑父母的刺儿</u>,太不应该了。

102. <u>拆厂子的台</u>光为自个儿,你这么做太过分了!

以上例句均为离合词中插入涉及事件使受构式的句子,句子的使受已能够在深层句法中补充出来。第 100 例中"抄他的家"在深层句法中的意思为使他的家被抄。第 101 例中"挑父母的刺儿"在深层句法中的意思为使父母的刺儿被挑。第 102 例中的"拆厂子的台"在深层句法中的意思是使厂子的台被拆。

6.1.3 套合类型

在现代汉语的实际运用过程中,离合词的游离态中插入的成分一般是套合类型,即体类型与体类型套合、体类型与非体类型套合、非体类型与非体类型套合。

6.1.3.1 体类型与体类型套合

体类型与体类型套合构式是指在离合词中插入的成分为体类型和体类型的套合的构式。如可能体与时态助词套合、时态助词与时态助词套合、趋向助词与时态助词套合等等。如：

103. 县烟草局局长能<u>帮得了忙</u>?

104. 既然<u>发过了誓</u>,就再相信你一回。

105. 太原的歌舞厅、电影院也暗暗<u>较上了劲</u>。

106. 这个措施让人<u>安下了心</u>。

107. 济南人和苏北人竟然<u>斗起了嘴</u>。

上例中均为体类型与体类型套合后插入离合词中的构式。

6.1.3.2 体类型与非体类型套合

体类型与非体类型套合构式是指在离合词中插入的成分为体类型与非体类型套合的构式。如时态助词与所有格宾语构式套合、时态助词与涉及事件量化构式套合、时态助词与涉及事件状态构式套合、时态助词与涉及事件使受构式套合、可能体与涉及事件状态构式等等。如：

108. 到现在,他都还<u>担着子女的心</u>。

109. 我跟他总共只<u>见了一次面</u>。

110. 他在外边<u>欠了别人很多的债</u>,所以不敢回家。

111. 他这回,可真是<u>伤透了心</u>。

112. 你还不知道呢,这次没考好,完全是早恋<u>分了他的心</u>。

113. 私企工会"<u>说得上话</u>也说得下话"

114. 服务电话让人<u>说不上话</u>

6.1.3.3 非体类型与非体类型套合

非体类型与非体类型套合的构式是指在离合词中插入的成分为非体类型与非体类型套合的构式。如所有格宾语构式与涉及事件状态构式套合、属格施事与涉及事件量化构式套合、涉及时间量化构式与涉及时间状态构式套合等等。如:

115. <u>劳您大驾</u>去看看我家小四儿吧。

116. <u>费她多少的神</u>才让这铁树开了花。

117. <u>照个靓照</u>,不好不要钱!

6.1.3.4 多层构式套合

多层构式套合是指在离合词中插入的成分为体类型与非体类型多层套合的构式。如涉及事件状态构式、时态助词与涉及事件使受构式的多层套合,时态助词、所有格宾语构式与涉及事件量化构式的多层套合,时态助词、涉及事件状态构式与涉及事件量化构式的多层套合。如:

118. 真是感激你王叔叔,都是他<u>还清了我的债</u>。

119. 这次,你可真<u>将了他一军</u>。

120. 昨天,他<u>挨了狠狠的一顿批</u>。

6.1.4 逆置类型

前一语素和后一语素分别离散化,又将名词提前,主要是意在构成强调句式,强调语义重心——谓语动词(参看方梅1995,沈家煊2000),这也是事件化的一种方式。

121. 罗刚:"这次<u>忙我没帮成</u>,就算我对你姐姐的一点点敬意!"

122. 刘母:"喔,现在过够有儿有女的瘾啦,<u>连门全不许登啦</u>? 惯的他!"

离合词中的插入成分可以从时间、性质、状态或者数量方面对离合词"有界化",为其语义的发展设立一个边界,使句子听起来完整、全面。插入成分主要有体标记、结果补语、数量词、时间词、形容词等。通过一定的语法手段使动语素或者名语素"有界化",是现代汉语对句法结构的语法要求。王海峰先生从信息编码的角度,即从语用的层面分析了离合词游离态的原因:句子是表达事件的,而报道事件的编码最重要的是动词和名词。动宾结构里包含动词性语素和名词性语素,这类结构具有表达事件的"潜在资质"。但是"在言谈交际中,动宾复合词所包括的动名两个语素,在空间和时间量上都是零赋值,信息度极低,不能表达一个事件"。① 动宾离合词离析出来,在动词后插入表示事件动作、时间的体标记,在名词前插入表示事件性质、状态的数量词、名词、代词、形容词等修饰语,增加事件的有界性、典型性,提高信息度,从而凸现事件的完整性。数量特征、属有性和前加形容词是汉语名词的典型特征。这种有界化的量性成分能够让句子表述完整、生动且合乎语法要求。

6.2　离合词的离析度分析

我们研究语料的结果证明,一般在实际运用过程中,绝大多数离合词插入的成分以 1－2 个成分占绝大多数,如分别插入"体标记""数词成分""量词成分""数量短语""动后补充成分""名前修饰成分"等。如:

123. 我叫它们累得<u>罢了</u>官,<u>下了</u>台,你问问它们知道不知道?

124. 他<u>咬着</u>牙极力忍着,每天依旧出现在训练场。

125. 化不幸经历为经验教训、为精神财富,<u>受过</u>伤的人,才懂得怎样保护自己。

126. 后来,蜷缩在墙角的垫子上<u>打起</u>盹。

127. 在赛场边的戴韫看去颇为快乐,和昔日队友<u>聊起天来</u>,笑声不断。

128. 他知道老婆的脾气,<u>赌上气</u>九牛拉不回来。

129. 他知道,照厂里现在这个样子,它们若真是<u>较上劲来</u>一弄,不出一个月便也得关门放长假。

130. 老太婆战战兢兢地说:"你可不要伤害人,再<u>犯下</u>罪,更洗不清了!"

131. 后来人们发现这些飞行物并无敌意,这才<u>放下心来</u>,当时人们把这些不明飞行物叫作"胡来飞机"。

132. 他简直气疯了:"真见鬼。你们怎么想出这个饭店。应该说它们在车站<u>见的面</u>。车站是拆不掉的!"

133. "好吧,我<u>破一例</u>,在女方不在场的情况下把手续办了,你做父亲的替女儿盖个章或<u>签个字</u>。"

134. 当时饭也不想吃,只有一个念头,赶快<u>洗一个澡</u>,好好睡一觉。

135. 三毛结婚,突然电报通知,收到时她已经<u>结完婚</u>了。

---

① 王海峰. 离合词离析动因刍议[J]. 语文研究,2002(2).

136. "孩子,别比人家,咱们穷啊! 好孩子,听妈的话,<u>念好书要紧</u>!"

137. 沈界佑倒是一想就明白了这老鬼的顾忌,也就好言<u>安他的心</u>。

138. "你一个<u>受了伤</u>的人,之间还要有人照应,去了又能<u>帮什么忙</u>? 越帮越忙,反而是累赘。"

离合词中也有插入多个复合成分的,但是这多个复合成分的插入主要是用于对名语素的修饰,有的是名词并列作定语,有的是形容词并列作定语,有的是名词、形容词、数量短语、动宾短语、定心短语等杂合在一起作定语的。如:

139. "如果你是我亲戚,请不要<u>挨我祁阳教育工程的边</u>。"

140. 劳累一天的都市人,每个人回到家都想<u>洗个舒舒服服的热水澡</u>。

141. 说真的,老二只<u>吃了肤浅,无聊,与俗气的亏</u>,而并非是什么罪大恶极的人。

142. 本来想周末去郊外休闲一下,谁知道<u>挨了全家一大通莫名其妙的批斗</u>。

143. "这感觉不错,到时候让肖科平穿条长裙,<u>行一个欧洲宫廷的拽着裙边的屈膝礼</u>,上来先来这一下!"

除此之外,插入离合词中的复杂成分类型还有动宾结构,甚至能够插入小句成分,如:

144. 一屋不扫碍<u>扫天下什么事</u>?

145. 他<u>挨了专修楼房漏水的安徽人的宰</u>。

146. <u>按他说这件事的理来看</u>,我们的确有些过分。

147. "瞧不起我? 还记着我<u>踩塌您家房的仇</u>呢?"

以下我们将具体从三个方面来对离合词游离态进行分析,主要包括离合词离析的可推导性和不可推导性;离合词离析的有限性;离合词离析有限性的原因。

6.2.1 离合词离析的可推导性与不可推导性

6.2.1.1 离合词离析的可推导性

离析形式离合词有的形式丰富,有的形式单一。离合词分为谓词在前型离合词和谓词在后型离合词,谓词在前型离合词又分为动宾结构离合词和动补结构离合词,谓词在后型离合词主要是指主谓结构离合词。总体来说动宾结构的离合词中能够插入体助词和数量短语,一般能够倒置使用;动补结构的离合词一般中间能够插入"得"和"不",或者"得"与"不"后再加上一个程度副词,以及插入名词性成分和一个程度副词;主谓结构的离合词中间一般能够插入程度副词。我们具体以动词语素"到"后面加上其他语素为例,观察能插入其中的"了""过""着"的例句,从中分析和寻找不同的离合词扩展的规律性。

（一）到 + 了 + n

148. 他只是请吃饭时到了场。

149. 跟死亡就差一步路，我叫它"活着死"，到了底儿了，有嘛放不开？

150. 到了点，临窗下望，一辆蓝色汽车就停在那里了，分秒不差。

151. 至此，认识才算到了顶。

152. 韩国政府本以为自己的"贡献"已做到了家。

153. 谁知大理石销不出去，三拖两拖，贷款却到了期。

154. 到了任想法子先挪一笔款子还掉，随后慢慢儿弥补。

155. 幸运之神又向她招手，世界冠军奖杯竟相对很轻松地到了手。

156. 马克思主义发展到了毛泽东思想就到了头了，不再发展了。

157. 正式协议签订不到一个月，一笔笔美金、港币到了位。

158. 八大军区司令调动时，十天都到了职。

（二）到 + 过 + n

159. 油表从来没有到过顶。

160. 晁大舍道："如今钱老先生到过任不曾？"

（三）到 + 着 + n（无）

以上分析表明，离合词"到 + n"中间能够插入体助词"了"，少数情况下能够插入"过"，基本不能插入"着"。我们认为，这与离合词中的前面动词语素"到"的意义有着直接的关系。虽然离合词在意义上具有整体性和凝固性，但是当体助词插入其间的时候，体助词是直接用来补充说明前面的动词语素的。"到"属于非延续性动词，它所表示的动作一经发生立即完结，不再延续。一般不能与"着"共现，因此"到 + 了 + n"表示过去发生的事情比较常见。"到 + 过 + n"整体表示曾经的意思，但一般不多用。而"到 + 着 + n"则属于非法表达。与此相似的还有"到 + n""换 + n""绝 + n""越 + n"等表示非延续性的动词。而离合词中表示延续性的动词则相反。以"迎 + n"为例：

（一）迎 + 着 + n

161. 我迎着风，定格了一张青春飞扬的相片，我和索莲托在风中融为一体。

162. 有一个使女迎着面来，他被巫鬼所附，用法术，叫他主人得大财利。

163. 他估计这桥头镇上敌伪军快要来到，就急忙迎着头跑去。

（二）迎 + 过 + n

164. 她在这里淋过雨，迎过风，有一年下大雪，半个车轮都陷在雪地里。

（三）迎 + 了 + n

165. 我没料到，过去我们两个见面时说长道短，挺热的，此后反而淡了，迎了面也只做个程序性对答。

"迎"属于延续性动词,它所表示的动作可以延续。一般能与"着"共现,因此"迎 + 着 + n"表示动作的延续性。"迎 + 过 + n"表示曾经的意思,但有些表达也受限,一般不多用。"迎 + 了 + n"也不常见。与此相似的还有"值 + n""站 + n""养 + n""谈 + n"等表示延续性的动词。

6.2.1.2 离合词离析的不可推导性

虽然不能说离合词完全无规律可循,但是由于离合词的形成条件不同,同时受到词汇化程度及其客观条件的制约,不同离合词的扩展度都有其各自独有的特性,离合词的这种独特性致其离析度又是不具有推导性的。以下我们随便挑选几个游离态的离合词进行分析。

表 6 - 2:游离态离合词随机分析

	了	过	着	起/来	数量短语	时间词	形容词	动词	领属词	逆置
理发	+	+	+	+	+	+	+	−	+	+
伤心	+	+	+	+	+	+	−	−	+	+
分手	+	+	+	−	+	+	−	−	+	−
道歉	+	+	+	−	+	+	−	−	−	+
随意	−	−	−	−	−	−	−	−	−	−

因此,我们认为要精细掌握离合词的离析形式时,还是需要逐一习得的。

6.2.2 插入成分的受限性

离合词长短不一均能扩展,但扩展形式不同,而且不同的离合词的扩展长度也不尽相同。有些离合词中间只能插入体助词"着""了""过",甚至插入"着""了""过"的成分也不一而同;有些离合词中间只能插入定语、补语之类的成分,在成分类型和长短等等方面都受到限制。以下我们具体分析离合词在哪些方面会受到限制。

6.2.2.1 语序排列时的受限

有些离合词的扩展相对比较自由,可以在离合词中间同时插入不同的成分,但总体来说离合词中间不可能无限制地插入其他成分,其扩展度还是会受到限制,只能按照几种有限的方式和语序进行扩展。以下我们考察"结婚"一词的扩展情况。

166. 他像军人服从命令那样,听从了父亲的命令,与父亲战友的女儿结了婚。

167. 李云鹤没有说是俞珊的弟媳,她不想让人知道她结过婚。

168. 也许贾金斯从未结成婚倒是件好事,因为贾金斯的情况每况愈下,越来越穷。

169. "离婚?他俩压根儿就结不了婚。"

170. "你不会孤独的,也许能碰上一个年轻的女人,再结一次婚,不也是天伦之乐吗?"

171. "我结了两次婚,可以说有那么一点经验。"

172. "人生,结一次有想象力的婚足矣。"

173. 他结了一次轰轰烈烈的婚。

以离合词"结婚"为例,中间可以插入体助词"了、过",还可以插入表示结果补语的"成""不了",以及动量补语"一次",还能插入复合体的成分,如"时体 + 数量短语""数量短语 + 定语""时体 + 数量短语 + 定语"等等。但是,直接插入定语成分则是不允许的,其插入语序是受到限制的,一般是"补语之前成分"先于"定语之后成分",排列顺序为"时体 > 数量词 > 动词 > 形容词 > 名词"。

6.2.2.2 发生转义后的受限

大多数离合词同时具有本义和转义。发生转义的离合词离析度则受到更多的限制。如"缠手"是一个典型性离合词,它既有本义,也有转义。发生转义的表示"脱不开手"的扩展形式就非常有限,表示本来的字面义的"缠绕住了手"的意义的时候,扩展度就相对自由了。如:

174. 他被琐事缠住了手。

175 * 他被琐事缠住了左手。

176 * 他被琐事缠住了右手。

177 * 他被琐事缠住了小手。

178 * 他被琐事缠住了他的手。

179. 他被绳子缠住了手。

180. 他被绳子缠住了左手。

181. 他被绳子缠住了右手。

182. 他被绳子缠住了小手。

183. 他被绳子缠住了他的手。

我们发现在离析的时候,词组"缠手"的确是比发生转义的"缠手"的自由度要高。但这种自由也是一种相对的自由,受到句子语流长度的影响和客观记忆容量的限制,这种自由也不是无所限制的。

6.2.2.3 不自由语素的受限

离合词中绝大多数的语素都是自由语素,粘着语素不多,这种自由语素的可替换性,决定了它们的离析现象与短语的离析现象相似。一般来说,不论是名词性成分还是动词性成分,与之能够搭配替换的越多,离析起来就相对越自由。以下我们将"洗澡"与"温居"做一个比较:

洗:洗澡　洗车　洗牌　洗盘　洗三　洗钱　洗手

澡:洗澡　擦澡　冲澡　搓澡　抹澡　泡澡

温:温居

居:温居

"霸蛮"是前往亲友新居贺喜的意思。"温居"均为粘着语素,在离合词词表中未发现被其他语素替换的现象。跟"温居"相比,我们发现"洗澡"的可替换性比较高:"洗"后除了能接"澡"之外,还能接"车""牌""盘""三""钱""手";"澡"前除了能接"洗"之外,还能接"擦""冲""搓""抹""泡"。"洗澡"中间能够插入以下成分,如:

184. 老太太干干净净地洗了澡,儿子媳妇临睡前还是照例机械地过来问候。

185. 一位50多岁的妇女说,她自地震发生以来一直没有洗过澡,也没有换过衣服。

186. 女足疗师洗着澡被电死　澳柯玛热水器被疑漏电

187. 我的小狗昨天下午洗的澡,今天就弄得全身脏兮兮了。

188. 战士们都跳下水去,洗起澡来。

189. 对于煤矿来说,矿工上井后洗个澡是大事。

190. IC卡既是更衣柜的"钥匙",又是计算用水量的控制器,洗完澡后客人要凭它来结账。

191. 趁搓澡偷浴柜钥匙　她洗一年澡洗回来30多万

192. 就是冬季,每星期也要给父亲洗上一两次澡。

193. 然而保卫处老师却难于下手破案,因为这位女生为了把自己洗"干净",短短二天居然洗了十二次澡,那天的裙子也被烧了。

194. 地震支援的军人们从12号就没有洗过一个澡。

195. 你一边洗着冷水澡,还一边说不冷?

196. 沙头角中队与附近一些工厂共用一处水,由于水量小,工人们下工晚得往往洗不上澡。

197. 女性在经期千万洗不得冷水澡。

198. 如果长跑后出了汗,不要贪图一时凉快去<u>洗冷水澡</u>,以免引起伤风感冒。

199. 由此可见,人在疲劳后<u>洗个温水澡</u>,不但洗掉了身上污垢,减轻了肌体负担,而且驱散了劳累带来的种种不适,使紧张的肌体得到了松弛,人的身体当然感到轻松了。

200. 然后抓起木水瓢咕咚咕咚地猛喝一通,又稀里哗啦地<u>洗个痛快澡</u>,接着就关起房门死睡,那次还足足睡了一天一夜!

201. 王眉把我领到招待所,给我吃给我喝,还<u>洗了个舒畅的热水澡</u>。

202. <u>这个澡,洗得真舒服</u>!

203. <u>冷水澡,洗多了不好</u>。

以上的 20 个例句均为插入"洗澡"中的 20 种成分类型。与之相比,"温居"中插入的成分则十分有限。如:

204. 我们已经去给她<u>温了居</u>。

205. 一起去他家<u>温个居</u>。

我们认为不自由语素组合在一起的离合词,离析形式不多,离析受限的情况也不多。

6.2.3　离析度受限的原因

离合词是一个极其复杂且庞大的集合体,由于每个离合词的来源不一,离合词形成的早晚也不同,因此离合词的离合度也不尽相同。

6.2.3.1　人脑短时记忆容量的限制

动词性成分一般能够支配"施事、受事、工具、来源处所、目标处所"五个配项,五个配项之间没有排斥,在理论上也是可以共现的。但是,当这五个配项同时出现在一个句子中的时候,句子就会显得不够自然和笨拙。如:

206. 我从学校回家用毛巾<u>洗澡</u>。

207. 他从老家到城里用双手<u>做工</u>。

句子显得不够自然和笨拙的原因是由于人脑的短时记忆容量对于处理语句信息有着密切的关系。人们在理解语句的过程中会极大依赖短时记忆,如,听话者在一个句子未结束之前会尽量暂时记住前面所接收到的语词,但如果听话者只记住前面所说过的语词,则要记住的词很快就会超过人脑短时记忆能力的限度——7 个左右。为了减少记忆上的负担,听话者要一面接受语词一面及时处理,这种处理的方式便是认知心理学上的"组块"。对于已经听到的词块,能够组合成大词块的就尽量组合起来,这样就能减少需要记住的词块数,而暂时无法组合或者没有把握组合的项目就只好分别作为零散词块记忆,直到听到整句,听话者将前面所有的词块组合成一个最大的词块——句子。

　　Miller(1956)认为,人在加工语言信息的时候所必需的短时记忆在广度上是具有一定限度的,一般只有 7 + / - 2 个模块。对于句子而言,动词是句法和语义的核心,我们可以将动词作为参照基准来确定特定的句子中间包含的语块信息数。动词与前后修饰成分构成一个语块,动词的各个从属成分分别构成不同的语块。按这种计算方式,一个动词与四个配项共现就将达到短时记忆常数的下限——5 个语块,若再加上时间、处所、原因等外部格,加上语调等超音段成分或者语气词,还有"据说、总而言之"等一类话语连接成分或者其他的插入成分,那么,一个句子中的语言信息块就会突破记忆常数的上限——9 个语块。因此,只有将配项的同现数量予以控制,才能有效控制一个句子中语块的数量。

　　短时记忆中的客观记忆容量对动词扩展起到了限制作用,对于名词的扩展则也有限制。如:

吹大牛
　　　1

挨老婆呲
　　　　2

做回自己的主
　　　1　　2

挨我祁阳教育工程的边
　　1　2　　2　2

吃了肤浅,无聊,与俗气的亏
　　　　2　2　　　　2

洗个舒舒服服的热水澡
　　1　4　　　2

挨了全家一大通莫名其妙的批斗
　　1　2　　3　　4　　　1

行一个欧洲宫廷的拽着裙边的屈膝礼
　　2　2　2　　　2　2　2

　　从以上分析可以看出,名词向前扩展的语块信息最简单的结构难度是 1 个字的,最复杂的结构难度是 4 个字的,一般都是 2 个字的,3 个字的比较少。由于受到客观的短时记忆容量的限制,尽管在理论上离合词的扩展度能够比较自由,但是实际上还是会受到约束,不是无所限制的。短语的扩展亦为如此,绝不是没有限制的。

6.2.3.2 离散频度

在实际语料中使用的离散频度也决定了离合词的扩展度。如果扩展形式的使用频度不高,绝大多数离合词的使用形式是合在一起作为一个词来使用,这样离析的扩展形式就不多。而正由于离合词的扩展形式越有限,因此离合词在实际语料中的离散频度也就越低。任海波、王刚(2005)在大规模语料库的基础上对离合词的使用情况进行了初步的定量分型,423 个常用离合词中,只有 25 个离合词的离散频度在 50% 以上,其比例不到 6%;43 个离合词的离散频度在 30% – 50%之间,占总数的 10% 左右;68 个离合词的离散频度在 30% 以上,比例为 16%,248个离合词的离散频度在 30% 以下。该研究表明离合词中高离散频度所占的比例很小。

6.2.3.3 意义上的凝固性

离合词一般在本义之外还会有引申意义,由于引申意义是在本义的基础之上进一步抽象的结果,凝固程度高,因此在拆开使用的时候,受到语素意义整体性和凝固性的约束性,在离析度上会受到很大的限制。越是词汇化程度高的离合词,离析度越是受限;越是词汇化程度低的离合词,离析度越是自由。如表本义的"睡觉"离析受限较少:

208. 肖飞本来已经睡了觉,好像还没有醒盹儿,两只大眼还打不开闪儿,不住地用手背搓揉。

209. 几年来,他几乎没在夜里 12 点以前睡过觉。

210. 我呢,稳稳地睡着觉,看武侠小说,从来没有像现在遮掩轻松过。

211. 昨天,我是九点睡的觉。

212. 你睡你的觉,我洗我的澡。

213. 这段时间,他老睡不着觉。

214. 他竟然把我的妻子当作了你,和她睡起觉来。

215. 就算发点小脾气,睡一觉就好了。

216. "回家洗个澡,睡个觉就好了。"

217. "我睡一个觉可以么? 我这个要求过高么?"

218. 我想躺下来睡一大觉,哪怕我睡醒来,敌人把一百倍的兵力加在我身上都行。

219. 对勘探队员来说,这会儿最浪漫的是睡个好觉。

220. 做一天家务,睡一个懒觉,第二天还可接着休息,这是以前不敢奢望的。

221. 美丽帮帮忙,如何睡好美容觉?

222. 这天他对症下药,坚信晚上能睡了一个安稳觉。

发生转义后的"睡觉"指发生男女关系,离析的形式不自由,受限较多。

223. 她和领导睡了觉,就能混个乘务长了?

224. 如果仅仅是和贪官睡过觉,那只是不检点的生活作风问题。

225. 陈光明提前退休是因为和刚被判了死刑的重庆贪官文强有染,当过他的情妇睡过他的觉。

第七章

离合词几种构式的情况考察

所谓"离合词",是以双音节语素构成、以动宾结构为主体、可离可合而意义基本相同、口语方言色彩浓厚的具有句法属性的词的单位。离合词的合并状态表现为词;离合词的离析状态表现为词组。我们将具体考察离合词在合并状态与离析状态下的几类典型性构式。合并状态下的离合构式有:"AAB"构式、"ABN"构式;离析状态下的离合构式有:"A 了 B 了"构式、"A 什么 B"构式、"A 了个 B"构式、"你 A 你的 B,我 C 我的 D"构式;合并状态与离析状态均存在的构式有:"跟/和/给 + sb. + A……B/AB"构式、"去/在 + Place/Time + A……B/AB"构式。这些构式均属于可填充式构式。

7.1 离合词合并态构式的考察

7.1.1 A + A + B 构式

AAB 构式是一种不完全重叠的离合词重叠类型,是短时性的显性语法标记。

7.1.1.1 A + A + B 构式的结构特征

7.1.1.1.1 A + A + B 构式中离合词 AB 的特征

"AAB"构式在口语和会话中运用广泛,但并不是所有的离合词均能进入该构式。经考察,能进入"AAB"构式的离合词主要为以下几种:

(一)具有持续性动作行为的离合词可以进入该构式,如"聊聊天、见见面、唱唱歌"等,具有瞬时性动词行为的离合词一般不适合进入"AAB"构式,如" *瞎瞎眼、 *咽咽气、 *完完蛋"等。

(二)非心理活动或者情感情绪的离合词可以进入该构式,如"发发呆、敬敬礼、积积德"等,表示心理活动的离合词不适合进入"AAB"构式,如" *害害怕、 *吃吃惊、 *绝绝望"等。

（三）非正式、具有随意性的口语色彩的离合词可以进入该构式，如"散散步、讲讲话、吹吹牛"等，较为正式且具有庄重色彩的离合词不适合进入"AAB"构式，如"＊劳劳驾、＊登登陆、＊践践约"等。

（四）动作性强而描写性弱的离合词可以进入该构式，如"亲亲嘴、点点头、叫叫好"等，动作性弱而描写性强的离合词不适合进入"AAB"构式，如"＊随随便、＊当当面、＊没没辙"等。

（五）一般动宾式离合词语可以进入该构式，如"拜拜年、理理发、加加油"等，动补式离合词语不适合进入"AAB"构式，如"＊达达到、＊过过去、＊看看见"等。

7.1.1.1.2　A＋A＋B构式的时态特征

AAB构式所表达的时间是一个完整的短时动态时间，特别强调事件的时量因素，这种短时体可以出现在表示未然事件的句子里，也可以出现在表示已然事件的句子里。

（一）用于未然事件中

AAB构式经常在表示未来事件的句子里使用，常常用于要求听话人做某事的祈使句式中和表达说话人意愿、态度的句式中。有人也把这种用在未然事件中的动词重叠式称为"尝试体"，因为它表达的时间很短，加上用在未然事件里，还使用于祈使句式中，其尝试意味是非常浓的。如：

1. 老孙哪，你一会儿<u>表表态</u>吧。

2. 她恨透了满喜，可是在眼前看来还只能依靠这位自己觉得不太可靠的人<u>帮帮忙</u>。

例1中，"表表态"用于表达说话人要求听话人做"表态"的祈使句式中，能够使说话人的语气变得温和委婉，使听话者感觉不那么生硬。例2中，表达说话人的意愿，动词重叠表示动量小，它在主观上减小了动词的量，从而给句子带来委婉的语气，使人觉得依靠满喜"帮忙"这件事情听起来不会那么重大、正式、有希望，因为不知道最终能否帮得上忙，是无可奈何之下的最后的举措，哪怕这个人"不太可靠"，希望渺茫。

在实际语言中，它还是比较多地出现在表达未然事件的句子里，其完整性依然保持。AAB构式本身是一个自足的结构，"AAB了"构式前如果加上能愿动词是能够说的，但是表示的仍然是事件未发生的状态，如：该洗洗澡了！我们认为AAB构式在本质上排斥与已然事件的结合。

（二）用于已然事件中

AAB构式用于已然事件中，表达的都是经常性、习惯性的动作和事件，动作和事件不止一次地发生，表示动作反复体与惯常性的行为；或者叙述已然事件中，当

动词重叠式用于表示连续动作中的前一个动作时,用 AAB 式,强调动作的时量短和一种非持续性意义。如:

3. 老头子退居二线了,聊聊天,生活倒也自在。

4. 石色冲经理点点头,又看看我,微笑起来。

例 3 中的"聊聊天"表达的是老头子退休以后,经常会发生的习惯性行为,该动作不止一次地发生,该构式的使用,起到减小动量的作用,给人一种轻松、闲适的感觉。例 4 中的"点头"是位于"看我"之前的动作,强调动作的时量短,特意突出"点头"是一种非持续的短时量动作,"在分量上表示动作的轻化"。

7.1.1.1.3 A + A + B 构式的功能

离合词 AB 通过重叠动词语素后,形成常用构式"AAB",从而进入句法层面。Firth(1957)认为,考察语言结构的功能时,最好的办法是"观其友",即看跟这个语词或结构共现的成分是什么。由此,我们对"AAB"出发的伴随成分分别进行考察。

(一)可以与体助词"了"共现,如:"理了理发、散了散步、聊了聊天"等可以成立;不能与"着""过"共现,如"＊理着理发、＊散着散步、＊聊着聊天"、"＊理过理发、＊散过散步、＊聊过聊天"与"＊理理发着、＊散散步着、＊聊聊天着"、"＊理理发过、＊散散步过、＊聊聊天过"等均不能成立。

(二)可以与表示"即刻"意义的时间副词共现,如:"马上帮帮忙、立刻开开会"等可以成立;不能与"正在、即将、已经"等时间副词共现,如"＊正在帮帮忙、＊正在开开会"、"即将帮帮忙、即将开开会"与"＊已经帮帮忙、已经开开会"等均不能成立。

(三)可以与能愿动词共现,如:"可以跑跑步、想要唱唱歌、准备理理发"等可以成立;不可与数量词语共现,如:"＊十公里跑跑步、＊十首唱唱歌、＊一个理理发"等均不能成立,"AAB"构式与数量词都是表量的手段,同类符号共现"相克"。

(四)可以与祈使语气词"吧"共现,如:"洗洗澡吧、干干活吧、发发言吧"等可以成立;不可与否定词"不""没有"共现,如:"＊不洗洗澡、＊不干干活、＊不发发言"与"＊没有洗洗澡、＊没有干干活、＊没有发发言"等均不能成立,但是该现象可以出现在条件、疑问等虚拟句中,表示某种行为应该发生却没有发生。如:

5. 你不洗洗澡就睡觉吗?

6. 今天的大会,你没有发发言吗?

7.1.1.2 A + A + B 构式的构式义特征

重叠动语素后的离合词,产生了新的结构意义。该构式既能客观表现动作事件的持续和小量,又能体现说话人的主观心理状态。

7.1.1.2.1 表客观事件的状态

(一)表动作的持续

AAB 构式表示动作反复进行或者持续。如:

7. 每天下午四点,可以到夜总会<u>游游泳</u>,<u>跳跳舞</u>。

8. 查杀病毒通常需要很长时间,用户通常希望利用这个时间<u>上上网</u>。

(二)表时短量小

AAB 构式是一类用来标示短时或小量意义的体标记,表示动作进行的时间短,次数少。如:

9. 与他见面,同平素一样,先礼节性地<u>握握手</u>。

10. 宋庆龄<u>点点头</u>,望着他等待下文。

7.1.1.2.2 表主观心理的状态

(一)表时量长短

AAB 构式总体表达的是时短量少,但在实际话语中,语言使用者认为该事件占据的时间长短取决于发话人主观心理想表达的量。在相对较短的时间里,有些事件语用使用者认为时间已经足够长,有些事件语言使用者认为很短。这里的"短时"是一个抽象观念,与物理时间观念无关,与心理时间观念有关,反映了语言使用者的主观心理状态。如:

11. 早上起来我会运动半小时,打打太极拳,<u>跑跑步</u>。

12. 他听说中国朋友来了,总要挤出时间<u>见见面</u>。

由于该构式所表达的量具有一定的模糊性,不是客观物理观念上可用数量词语标示的量,长量短取决于主观心理。例 11 中"跑跑步"虽然只有"半个小时",但发话人在主观心理上认为持续的时间不短,作为"晨运"已经足够,表示一种习惯性的动作行为;在例 12 中,与中国朋友"见见面"也许不止半个小时,但发话人在主观心理上认为持续的时间不长,见面时间仓促。

(二)表悠闲轻松

AAB 构式主观可以表示一种悠闲舒适、非常轻松的主观状态。如:

13. 老人下午会跟家人<u>打打牌</u>,偶尔还出去<u>逛逛街</u>,还一直坚持每天睡一个小时的午觉。

14. 癌症病人每个礼拜七八个人来一下,座谈,大家一起<u>聊聊天</u>、<u>说说话</u>,心里什么难受,尽管说出来,互相介绍,鼓励鼓励。

15. "我这次是负责后勤工作的,也就是<u>开开车</u>,买买菜。"

16. 我希望这几个小故事,能在您繁忙之余,供您片刻的消遣,让您<u>养养心</u>、<u>歇歇手</u>,再抖擞精神投入工作。

AAB 构式有时会成对出现,如上例中的"打打牌"与"逛逛街"、"聊聊天"与"说说话"、"开开车"与"买买菜"、"养养心"与"歇歇手",该构式能产生一种节奏轻快、随意悠闲的放松感,在具体的语境中会产生独特的语用价值,一般会在习惯性或悠闲性的行为事件中出现,语义变轻,语气变缓。该构式不适合庄重、正式的场合。

(三)表尝试

AAB 构式可以含有一种表示尝试的意味,一般用于未然事件中,表祈使。如:

17. "今夜是我和刘黑七约定的相会之日,茂才兄就别睡了,跟我再下下棋,一起等候刘黑七如何?"

18. "你不想跳跳舞吗?"

19. 我们劝道:"总理,叫朱师傅来给你理理发吧?"

20. "爸爸,散散步吧!"李讷亲昵地说。

由于该构式表示的构式义所占用的时间不会太久,加之用在未然事件中表祈使,均有尝试意味。

7.1.1.3 A+A+B 构式的语用特征

7.1.1.3.1 礼貌原则与 AAB 构式

英国语言学家利奇(Geoffrey Leech)提出了礼貌原则。礼貌原则是在交际过程中,交际的一方最大限度地让别人少吃亏,多收益;少贬低别人,多赞誉别人,从而最大限度地减少双方的反感,增大双方的满意度。由于 AAB 构式表示时短量小的意思,说话人使用该构式表达自己的意图,大大削减了有损他人的观点,降低了对他人面子的威胁程度,从而避免了双方因为言语冲突而造成的尴尬,给对方以适当的礼遇,维护双方的面子。如:

21. 这件情况你应该先请请假再说。

22. 你洗洗澡再去上学吧!

例 21 中,说话人为了最大限度地保全听话者的面子,使言语交际双方在理解交际意图的基础上,使话语更加易于接受,使用间接含蓄地表达自己的真实意图,说话人认为"请假"原本是一件较为容易简意的程序,但听话人没有"请假"就旷班,说话人使用了 AAB 构式后,带有一种随意轻松的意味,从而大大削弱了批评的感觉。例 22 句中 AAB 构式的使用,使使用话语带有祈使意味,从而更加礼貌,保证了言语交际顺利地进行。

7.1.1.3.2 语体选择与 AAB 构式

该构式多运用于口语语体,这是外部因素与内部因素共同作用的结果。外部因素即交际环境,即 AAB 构式出现的语境中,交际对象之间的关系一般熟悉而亲密,交际目的直接而随意。内部因素是该构式的构式义特征,即既能表示客观事件动作时量短小的持续状态,又能表达说话人主观心理的悠闲轻松等状态。该构式具有口语环境使用的特点,因此,我们看到大量的 AAB 构式用语口语语体。

7.1.2　A+B+N 构式

在现代汉语中,除了少数表示"给予"义、"取得"义、"述说"义和"泼洒"义、"差欠"义、"称叫"义的动词和兼语结构之外,一般动词是不可以带上两个宾语的。如:

23. 你给他一本书。

24. 你叫他阿姨。

但是,越来越多的离合词之后还能再带上一个宾语。如:

25. 据悉,相关部门已做出决定,将在新一届国家队集训名单中除名毛剑卿。

26. 武大"解聘重病教授"事件调查:道德之困　制度之痛

27. 女人,在意男人的身高么?

28. 在起草计划的时候,我新学到三个名词:中国化,中国作风,中国气派。

事实上,动宾结构带宾语的现象始于《史记》,后来历朝均沿袭该用法。如:

29. 将军李沮、李息及校尉豆如意、中郎将绾,皆有功,赐爵关内侯,食邑各三百户。(《史记·荆燕世家》)

30. 封典客揭为阳信侯,赐金千斤。(《史记·文帝纪》)

7.1.2.1 A+B+N 构式的语义关系

A+B+N 构式古已有之,但不能带宾语是离合词的基本句式。20 世纪 50 年代,学界曾对离合词能否带上宾语进行过探讨,学界甚至认为离合词是不能带宾语的。虽然在现代汉语中,已经有越来越多的离合词能够进入该构式,可进入 A+B+N 构式也不是毫无限制的。

7.1.2.1.1 A+B+N 处所

在 A+B+N 结构中,当 B 作谓语的时候,N 作 AB 的处所。邢公畹认为"处所词很容易成为这种句式的宾语","处所宾语的使用频率最高","数量最多"。如:

31. 这项协定还将允许北约部队过境俄罗斯,前往第三国参加双方的联合行动。

32. 不是很多人都喜欢耗时且颠簸的海上旅行的,不难想象,那时出差温州并不很有吸引力。

33. 前一年,美国沃尔玛、法国欧尚、英国百安居三大世界零售业巨头相继落户北京。

34. 谢忠生出生于上海,上世纪 80 年代毕业于上海同济大学路桥系,后<u>留学美国</u>,获麻省理工学院土木工程学硕士,1990 年获麻省理工学院经济学博士。

7.1.2.1.2 A + B + N 对象

在离合词 AB 与 N 对象的语义关系之中,N 对象作为 AB 的动作对象被分为发出者、接受者、使动对象和关涉对象。在该构式中,N 对象处于 AB 宾语的位置上,它们之间的关系分为以下几种:

(一)N 对象是 AB 的发出对象

在 A + B + N 对象构式中,当 AB 作谓语的时候,N 对象是 AB 动作的发出者。如:

35. 沈阳广播电视大学残疾人教育学院<u>毕业 77 名学生</u>,无一人掉队。

36. 王光亚出任国务院港澳办主任 <u>卸任外交部副部长</u>

以上例句中的"毕业 77 名学生""卸任外交部副部长"可以分别转换为"77 名学生毕业""外交部副部长卸任"。此时,N 对象是动作行为 AB 的直接发出者,AB 在一般情况下是不可以带宾语的。

(二)N 对象是 AB 的接受对象

在 A + B + N 对象构式中,当离合词 AB 作谓语的时候,N 对象是 AB 动作的接受者。如:

37. 据悉,相关部门已做出决定,将在新一届国家队集训名单中<u>除名毛剑卿</u>。

38. 中国<u>曝光首批存在低俗内容网站</u>

39. 网上药店波澜再起　健客网<u>洗牌市场</u>

40. 双总监"<u>分权</u>"斯柯达的中国博弈

以上例句中"除名毛剑卿""曝光首批存在低俗内容网站""洗牌市场""'分权'斯柯达"可以分别转换为"毛剑卿被除名""首批存在低俗内容网站被曝光""市场被洗牌""斯柯达被'分权'"。此时,N 对象是动作行为 AB 的被动承受者。

(三)N 对象是 AB 的使动对象

在此类 A + B + N 对象构式中,当 AB 作谓语时,N 对象是 AB 的使动对象。如:

41. 能量升级　灵芝给力<u>保鲜肌肤</u>

42. "<u>保温</u>"爱情要遵循三个法则

43. 内衣戏四女身材火拼　邓丽欣<u>保密三围数字</u>

44. 冬天气温变化大　要注意<u>保暖身体三个部位</u>

以上例句中的"保鲜肌肤""'保温'爱情""保密三围数字""保暖身体三个部位"可以分别转换为"使肌肤保鲜""使爱情'保温'""使三围数字保密""使身体

三个部位保暖"。此时,A + B + N 对象构式可转换为"使 + N 对象 + AB",离合词 AB 一般具有"使动"之意。

7.1.2.1.3 A + B + N 目的

在 A + B + N 目的构式中,当 AB 作谓语的时候,N 目的 AB 动作的目的。如:

45. 乐清鼓励大学生到农村工作　大学生<u>就聘村"两委"</u>

46. 彭如石大型长卷画展<u>献宝北京奥运</u>冲击吉尼斯

47. 普朗克进入科学殿堂以后,无论遇到什么困难,都不能动摇他<u>献身科学</u>的决心。

以上例句中"村'两委'""献宝北京奥运""献身科学"可以转变为"为科学献身""村'两委'就聘""为北京奥运献宝",此时,A + B + N 目的构式可以转变为"为 + N 目的 + AB"。结构中的 N 目的一般指向 AB 这一动作行为的发出者,如 N 目的的"聘"是"农村""聘"、N 目的的"宝"是"彭如石"之"宝"、N 目的的"身"是"普朗克"之"身"。这里,N 目的是离合词动作行为的目的。

我们又可以将该构式具体区分为具体目标和直接目的,其区别在于:前者是具体目标,B 直接指向 N 目的,如:聘村"两委",B 一般为动词性语素;后者是具体的事业或集体名词,AB 整体指向 N 目的,因此该形式可以直接转变为"为 + N 目的 + AB"。

7.1.2.1.4 A + B + N 原因

在 A + B + N 原因构式中,当离合词 AB 作谓语的时候,N 原因是离合词 AB 动作的原因。如:

48. 的哥<u>丧命 60 元车费</u>

49.《龙凤店》香港宣传　任贤齐为徐熙媛<u>"操心"婚事</u>

50. 女人,<u>在意男人的身高</u>么?

51. 后者更倾向于把中年的问题看作危机,它们<u>担心自己的健康</u>,因为退休而感到沮丧和失望,并处于压抑和绝望的边缘。

以上例句中"丧命 60 元车费""'操心'婚事""在意男人的身高""担心自己的健康"可以转变为"因为 60 元车费丧命""因为婚事'操心'""因为男人的身高在意""因为自己的健康担心",此时,A + B + N 原因构式可以转变为"因为 + N 原因 + AB"。因为 N 原因的存在才有 AB 的发生,在事件顺序上为 N 原因在前,AB 在后。

7.1.2.1.5 A + B + N 结果

在 A + B + N 结果构式中,当离合词 AB 作谓语的时候,N 结果是离合词 AB 动作的结果。如:

52. 长白山天池的水面高达海拔 2200 米,因此得名"天池"。

53. 在起草计划的时候,我新学到三个名词:中国化,中国作风,中国气派。

54. 著名钢琴演奏家郎朗受聘中国"国宝之音使者"

55. 轮胎行业从"计划"改行"市场"后,原来排不到前面的河南轮胎厂近几年一跃而起,名列全国首位。

以上例句中"天池""计划""中国'国宝之音使者'""市场"分别为"得名""起草""受聘""改行"产生的结果。

7.1.2.1.6 A + B + N 数量短语

(一)N 数量短语是 AB 的时间

在离合词 AB 与 N 数量短语的语义关系之中,N 数量短语作为动作行为 AB 的时间,被分为时段和时长。如:

56.《神迹》内侧一触即发订婚圣诞节

57. 73 岁陈阿姨定情 8 月 8

58. 养老 20 年要花掉 117 万　月收入 5 千如何积攒

59. 大学生毕业 1 年天天在家玩电脑游戏。

以上例句中"圣诞节"和"8 月 8"是离合词 AB"订婚"和"定情"发生的时间。此时,A + B + N 数量短语构式可以变换为"在 + N 数量短语 + AB"。例句"养老 20 年"和"毕业 1 年"是离合词 AB"养老"和"毕业"发生时间的长度。此时,A + B + N 数量短语构式可以变换为"AB 为/是 N 数量短语"。

(二)N 数量短语是 AB 的数量

在 A + B + N 数量短语构式中,当离合词 AB 作谓语的时候,N 结果为离合词 AB 的数量。如:

60. 飞机上共有 155 名乘客和 11 名机组人员,确定死亡人数为 122 人,失踪 6 人,幸存者 38 人。

61. 大学教授出轨　无奈讲和　三人签妻妾协议

以上例句中"6 人"和"三人"是离合词 AB"失踪"和"讲和"的数量。此时,A + B + N 数量短语构式可以变换为"AB 的数量是 N 数量短语"。

7.1.2.2 A + B + N 构式的句法特征

由于语法化的作用,将动作事件与其他事件整合,形成 A + B + N 构式。

7.1.2.2.1 语法化

由不可带宾语的离合词 AB 转变为一个能带宾语的 A + B + N 构式,实际上就是一个语法化的过程。离合词 AB 在使用过程中,其内部的名语素 B 的语义逐渐受到磨损而导致语义淡化,因此影响了离合词 AB 的句法功能。由于离合词是词和短语之间的一种过渡状态,其词义的凝固程度不是整齐划一的,因此,在 AB 内部,语义淡化呈现出不均衡发展的现象。

(一)B 语义淡化明显

在 A + B + N 构式中,有些离合词的宾语淡化明显,AB 可以直接认定为词,如"登陆""出口""出席"等。

62. 欧洲 2 月宣布,计划在 2030 年至 2035 年实现登陆火星。

63. 欧盟将直接"出口"美国。

64. 他将出席这次会议。

(二)B 语义淡化轻柔

在 A + B + N 构式中,有些离合词的宾语淡化轻柔,AB 具有词汇化倾向,如"结盟""献计"。

65. 结盟搜狐,兼并一拍,淘宝网加快了市场扩张与资源整合的脚步。

66. 专家海口论道献计海南会展

(三)B 语义淡化不明显

在 A + B + N 构式中,有些离合词的宾语淡化不明显,由于受结构类推作用所致带上宾语,如"养老""订婚"。

67.《神迹》内侧一触即发订婚圣诞节

68. 养老 20 年要花掉 117 万 月收入 5 千如何积攒

语法化一般发生在使用频率高、重复率高的离合词中,反复使用,长期使用而固定下来成为一种语法构式,在人们心目中的认可度很高。

7. 1. 2. 2. 2 概念整合

A + B + N 构式的整体构式义不是离合词 AB 与 N 的简单加合而来,不能由各构件义组合直接推导而来。该构式是由动作事件与其他相关事件,通过概念截搭整合在一起而形成的。

"概念整合"是人类把来自不同空间的输入信息有选择地提取其部分意义整合起来而成为一个新概念的一系列认知活动。两个概念只要能够组合在一起,就必然会产生概念意义的整合,只是整合的程度不同而已。"A + B + N"是概念意义进一步整合后的句法形式。沈家煊认为,糅合整合与截搭整合是概念整合中最为常见的两种主要形式。A + B + N 构式的形成属于截搭性整合,是由动作事件与其他事件,如处所事件、对象事件、目的事件、原因事件、结果事件、数量事件整合而成。该构式框架可以同时激活动作事件和其他相关性事件,并更加凸显其他相关性事件,体现这一构式的新创意义,丰富了语境信息和新的事件意义。如:

69. 1994 年王杰听从医生建议,移民加拿大进行疗养。

70.《龙凤店》香港宣传　任贤齐为徐熙媛"操心"婚事

71. 普朗克进入科学殿堂以后,无论遇到什么困难,都不能动摇他献身科学的决心。

72. 一位机关干部原来靠微薄的薪水过日子,结婚十年还未买上电视机。

在例69中,离合词"移民"代表的是一个动作事件,是一个概念空间,N代表的是一个处所事件,是另一个概念空间,两者因为相关性整合截搭在一起,同时激活动作事件和处所事件,使处所得以凸显;在例70中,"'操心'婚事"是将离合词"操心"与名词"婚事"整合,同时激活动作事件和原因事件,使动作事件的原因得以凸显;在例71中,"献身科学"是将离合词"献身"与名词"科学"整合,同时激活动作事件和目的事件,使动作事件的目的得以凸显;在例72中,"结婚十年"是将离合词"结婚"与数量词"十年"整合,同时激活动作事件和量化事件,使动作事件的数量得以凸显。

7.1.2.3 A+B+N构式的语用特征

7.1.2.3.1 经济原则与ABN构式

由于语言信息交流中的"经济原则"起作用,说话人总想在取得精确传递信息的效益时尽量减少自己说话的付出。A+B+N构式以最经济的形式传达信息,在信息量没有耗损的前提下,形式简洁且意义凸显。这种整合截搭不仅实现了语义融合,而且使相关性事件得以凸显,在整合的同时产生了新的信息量。如:

73. 美国出兵伊拉克

74. 的哥丧命60元车费

75. 加强维稳　打击犯罪　"保驾"春节和两会

在例73"出兵伊拉克"中,将动作事件与处所事件整合截搭,在总信息量"出兵去伊拉克"未耗损的前提下,还会凸显丰富处所事件的语境信息。由于组合形态较为简洁,自然会被说话人优先采用。在例74"丧命60元车费"中,在总信息量"因为60元车费丧命"未耗损的前提下,还会凸显丰富原因事件的语境信息;在例75"'保驾'春节和两会"中,在总信息量"在春节和两会期间'保驾'"未耗损的前提下,还凸显、丰富了时间事件的语境信息。

7.1.2.3.2 语体选择与ABN构式

交际功能决定选择话语形式。特定的交际功能要求在特定的场景中倾向于用特定的话语形式表达,为了追求语义的准确简练,在新闻标题或者广告语等语体中,A+B+N构式结构简洁紧凑,短小新颖,往往能够在瞬间吸引眼球,符合新闻标题和广告语体的特点。试比较:

76. a. 大学"反哺"中学　9高校"结盟"30所中学

a'. 大学"反哺"中学　9 高校跟 30 所中学"结盟"

77. b. 73 岁陈阿姨定情 8 月 8

　　b'. 73 岁陈阿姨在 8 月 8 定情

以上例句中,我们通常会选择 a 和 b 出现在标题上,而 a' 和 b' 更适合出现在正文中。这种特殊语序是在特定语境中进行信息结构调整的结果。说话人有意将相关事件移在句法位置中提升到显要性等级,成为事件的直接参与者。由于 AB 与 N 的整合度高,因此整个结构的语气增强,凸显了事件性。如例 76 中,"'结盟' 30 所中学"与"跟 30 所中学'结盟'"相比,不仅凸显了 N 对象"30 所中学"的重要性,增强了"结盟"承载的信息度,而且在语气上强化了"结盟 30 所中学"的事件性,而"跟 30 所中学'结盟'"仅仅只是客观叙述,语气平淡。又如例 77"定情 8 月 8"与"在 8 月 8 定情"相比,前者不仅凸显了"8 月 8"的重要性,而且强化了"定情 8 月 8"这一事件的事件性。两种不同的结构,在语用上反映了说话人在特定话语环境中不同的视角,产生了不同的语用效果。

7.2　离合词离析态构式的考察

7.2.1　A 了 B 了构式

离合词中能够进入"A 了 B 了"构式的数量呈递增趋势。《现代汉语词典》第 7 版中一些以复合词形式出现的词,都有被去词汇化为"A 了 B 了"构式的情况。

7.2.1.1"A 了 B 了"的结构特征

7.2.1.1.1"A 了个 B"构式中离合词 AB 的性质

"A 了 B 了"构式在口语和会话中运用逐渐增多,但也不是所有的离合词均能进入该构式。经考察,能进入"A 了 B 了"构式的离合词主要是为以下几种:

第一类是表示心理状态的离合词,表示某个心理活动带来的某种状态。如,纳闷儿、着急等。如:

78. 我就纳了闷儿了,一转眼工夫就没了。

79. 这回袭人是真着了急了。

第二类是强持续性离合词,表示动作行为实现后一直持续带来的某个状态。如:毕业、结婚等。

80. "你如今医科毕了业了,为什么不开业行医呢?"

81. 他们结了婚了。

以上例句中的离合词进入"A 了 B 了"构式之后,侧重强调的是某个动作结束之后状态在持续。如"毕了业了"指现在仍然一直持续处于"毕业"状态。"结了婚了"表示"他们""结婚"状态一直持续。

第三类是弱持续性动词,这类离合词没有时界或量界的依托,终结点不明确。如:

82. "这点鲁迅先生就指出来了,你已经<u>出了家了</u>,怎么还忽然跑到河边,去跟自己的父亲贾政,本来是他最不喜欢的一个人,父子之间发生了激烈的冲突,大家记得吧!"

83. 东汉王朝的黑暗和腐败可算<u>到了家了</u>。

进入"A 了 B 了"构式后,取消了"出家了"和"到家了"的多义性,说明"出家"与"到家"这个结果的影响持续到现在。

第四类是非持续性动词,这类离合词一般为瞬时动作,表示的时体意义是动作的结束。

84. 爸爸赶回来,奶奶已经<u>咽了气了</u>。

85. 汪先生走进舱里来说,他已经跟他的送行者<u>告了别了</u>。

这类构式在时体上与"A 了 B"和"AB 了"没有本质区别,都表示动作的结束,区别主要表现在主管情感的强调上。

7.2.1.1.2 "A 了 B 了"构式中"了1 + 了2"的性质

"A 了 B 了"构式被概括为:A + 了1 + B + 了2。

(一)表时

①表已然

"A 了 B 了"构式表示动作行为已经发生。如:

86. 话说舅太太与珍姑娘到了邓家庄,褚大娘子、姨奶奶都接了出去,<u>见了面了</u>,一同拉手进内。

87. "我们一些地方大家<u>发了家了</u>,有了钱了,那种审美意识很差。"

以上例句中"见了面了""发了家了"表示的动作行为已经发生,陈述一种已然状态。

②表未然

"A 了 B 了"构式还可表示还未发生的动作行为,一般出现在表假设的句子中。如:

88. "如果我要的光是个青春貌美的女孩,我早<u>结了婚了</u>,还到香港来挑呢!"

89. 要是我<u>退了休了</u>,我就去周游全世界。

以上例句中"结了婚了"与"退了休了"均出现在没有实现的假设句中,与"如果""要是"等表示假设的词语共现。

（二）表复合体

"了1"表示动作状态的实现或持续。"了2"位于构式末尾，有"事态出现变化"和"新情况的出现"的意思。"了1与了2"共现，表示复合体貌。如：

90. 这件衣服已经打了折了。

91. 这下我总算放了心了。

92. "成了家了，恭喜恭喜，我来迟了。"

例90中，"打了折了"表示动作行为的实现；例91中，"放了心了"表示动作行为实现以后的持续状态；例92中，"成了家了"表示新境况的出现并持续。

7.2.1.1.3 "A 了 B 了"构式的功能

Firth（1957）认为，考察语言结构的功能时，最好的办法是"观其友"，即看跟这个语词或结构共现的成分是什么。由此，我们从"A 了1B 了2"出发，对"了1"和"了2"的伴随成分分别进行考察。

（一）与时间名词组合

①与表示现在时的时间名词的组合情况

93. "你如今医科毕了业了，为什么不开业行医呢？"

94. 这下，李国良可倒了霉了。

②与表示过去的时间名词的组合情况。

95. 就在那天晚上，我还发了誓了。

96. "当年你们在这儿吃了苦了，真对不起！"

"A 了 B 了"构式可以与表示现在时和过去时的时间名词组合，表示已然状态，不与表示将来的时间词共现。

（二）与时间副词组合

97. 爸爸赶回来，奶奶已经咽了气了。

98. 我出差一年，她就结了婚了。

"A 了 B 了"构式可以与"已经""就"等时间副词组合。房玉清先生曾经在《实用汉语语法》中提出："已经"表示动作或变化在最近的过去实现和完成，"就"与"A 了 B 了"构式同现表示动作已经发生，强调动作发生的时间早。

（三）与其他副词组合

99. 看来，陈祖芬是真动了心了。

100. 曹操这个人是夹不住的，他一得意他就忘形，果然吃了亏了。

101. 这下子可报了仇了，强龙不斗地头蛇。

"A 了 B 了"构式还可以与其他副词共现，表达一种主观情绪的意味，如"真"

"果然""可"等。

7.2.1.2 "A 了 B 了"的构式义特征

(一)表动作状态的完结、延续或新境况的出现

"A 了 B 了"构式用来强调整个动作行为过程的实现,即说明某种动作行为过程已经完成。如:

102. 爸爸赶回来,奶奶已经<u>咽了气了</u>。

103. 他<u>理了发了</u>。

另外,动作行为过程或性状从无到有的实现或阶段性实现,即说明动作行为过程或性状已经处于某种动作行为过程或性状中,因此,谓词 AB 为[＋持续性]动词。如:

104. 她<u>怀了孕了</u>。

105. "我想看看你们对他究竟好不好,要是对他好就彻底<u>放了心了</u>。"

"A 了 B 了"构式还可以用来强调表新境况的出现,不是动作行为的持续,而是一种过程的转换,凸显新境况的动态效果。

(二)表肯定强调

"A 了 B 了"构式只能用在肯定的句子中,否定句中不可用。它对动作事件具有表示肯定强调的意味,能起到强调动作状态或事件状态的作用。

106. 我祖父那一辈就在北京<u>落了户了</u>。

107. 王振的权力可算<u>顶了天了</u>。

该构式表肯定强调的附加意义可以通过与"A 了 B"与"AB 了"进行比较:

108. "嘿,李寻欢今日捍着它们三位,真是<u>倒了霉了</u>。"

109. "嘿,李寻欢今日捍着它们三位,真是<u>倒了霉</u>。"

110. "嘿,李寻欢今日捍着它们三位,真是<u>倒霉了</u>。"

例 108 句中"倒了霉了"的强调意味显而易见,整体上还有一种夸张的意味,对"倒霉"这种状态的强调。

(三)表主观评价

在"A 了 B 了"构式中,说话人在对动作或事件状态做出客观描述的同时,会很自然地对完成或实现后的变化或新状态加上自己的主观认识和态度,感情意义明显。如:

111. 干姨儿还是不错的,给<u>帮了忙了</u>。

112. 我们果然<u>中了计了</u>。

以上例句中,虽然都有表示肯定强调的意味,但是感情意义十分明显,对高兴心情的表达和受到欺骗的无可奈何,这些感情的表现与句子的内容息息相关。

7.2.1.3.1 "A 了 B 了"构式

"合作原则"是由美国著名语言哲学家格莱斯于 1967 年在哈佛大学的演讲中提出的。格莱斯认为,在人们交际过程中,对话双方似乎在有意无意地遵循着某一原则,以求有效地配合,从而完成交际任务。

根据合作原则中量的准则,交谈者所说的话应该包含交谈目的所需要的信息,不应该超出需要的信息。在"A 了 B 了"构式中,"了 1 与了 2"共现虽然表面看起来似乎为冗余信息,违背了合作原则,实际上却有言外之意。如:

113. 这姑娘早就许了亲了。

114. 你已经结了婚了。

例 113 句中,一个小伙子询问旁人某姑娘的婚姻状况,旁人本回答"这姑娘早就许了亲"便已足够,但若旁人回答"这姑娘早就许了亲了",表面上看多余,违背了合作原则信息适量准则,但表达了言外之意,强调小伙子不能再有什么别的想法了。例 114 句中,一个男子喜欢一位姑娘,旁人回答"你已经结婚了",表达无任何问题,但用"你已经结了婚了"回答,多了一个"了",似乎是多了个暗示:你有家庭了,不应该再对其他姑娘有想法才是。

7.2.1.3.2 双焦点与"A 了 B 了"构式

焦点是指在某个背景中被凸显的东西。"了"是焦点的标志。在"A 了 B 了"构式中,"了 1 与了 2"共现凸显了两个信息焦点,表明该构式想表达的核心不止一个。如:

115. 这个公司交了税了。

116. 那时候他已经起了床了。

因为词尾"了 1"的存在是显而易见的焦点,同时因为"了 2"的存在,该构式得以凸显,强调动作完结作为新情况出现。以"交了税了"为例,我们尝试再现该认知过程:当我们听到"这个公司交了"时,首先是"了 1"凸显,在脑海中留下深刻印象;然后"了 1"退回到背景位置,"交"作为前景出现。当我们再听到句子结束时,"了 2"先占据我们的认知,然后迅速闪回背景位置,而"这个公司交税"慢慢放大凸显,该过程是一个注意力的变化过程。

7.2.1.3.3 现场性与"A 了 B 了"构式

在"A 了 B 了"构式中,"了 1 与了 2"的共现将时态意义与参照时间相关联,因此该构式绝大多数的使用具有现场性。如:

117. 天很冷,地上了冻了。

118. 老王的模范事迹上了报了。

该构式的现场性强。例 117 句中,孙子不愿意穿厚棉袄,奶奶在现场以言指事,劝告孙子穿多点。在例 118 句中,我们可以想象得出办公室里的同事高兴地一边站起来,一边挥舞报纸喊出这句话。

随着"A 了 B 了"构式在口语中的使用频率的不断增高,一些复合词也能进入该构式。如:

119. "这次真是奇了怪了,我来了雅典之后睡得特别好,从来都没有睡得这么好过!"

120. 小吕这可高了兴了,十分得意地说:"做啥像啥,卖啥吆喝啥!"

7.2.2 A 什么 B 构式

"A 什么 B"构式是经常出现在口语或会话中的一种构式,使用频率高,用法也较为复杂。该构式有其自身独立于组成成分的整体意义,这个整体意义无法完全从组成成分推导出来。我们将对该构式的结构特征、构式义特征和语用特征分别进行分析。

7.2.2.1 A 什么 B 构式的结构特征

7.2.2.1.1 "A 什么 B"构式中离合词 AB 的性质

"A 什么 B"构式的使用呈现越来越自由的趋势,但并不是所有的离合词都能够进入该构式的。

(一)动宾结构离合词均可以进入该构式,但由于该构式容易引起歧义,需要依赖语境存在。如:

121. 这儿是医院,你吸什么烟?

122. 你不去好好看书,唱什么歌呀!

主谓结构离合词和动补结构离合词均无法进入该构式。如:"＊心什么虚"、"＊脸什么红"、"＊手什么巧"和"＊看什么见"、"＊完什么成"、"＊提什么高"。

(二)表心理活动或者情感情绪的离合词可以进入该构式,此类离合词可以不依赖语境单独存在。如:急什么眼、着什么急、生什么气,伤什么心等等。

123. 你急什么眼呀?

124. 你着什么急?

以上例句中,不依赖语境可以单独存在,并不会产生歧义。如"急什么眼"在方言中指发脾气的意思。"着什么急"指不要着急。

7.2.2.1.2 "A 什么 B"构式中"什么"的性质

吕叔湘在《现代汉语八百词》里分析"什么"在动词或者形容词后出现表示的是否定和不满的意思。"A 什么 B"构式的基本语义特征表示否定,这一语义特征应该是由"什么"来实现的。根据姜炜、石毓智(2008)对"什么"否定功用的考察,

"什么"的否定用法来自于询问目的的"做什么"。到了清代,形式逐渐固定为"什么",而且位置开始变得灵活,能够出现在了动宾结构之间。如:

125. 他说有呢就有,没有就没有,<u>起什么誓</u>呢?

126. 平儿慌了,说道:"水月庵都不过是女沙弥女道士的事,奶奶<u>着什么急</u>。"

127. 连秦钟的头也打破了,还在这里<u>念什么书</u>!

128. 贵武忙搭言道:"你跟她<u>撒什么气</u>?"

"什么"从表义实在到表义虚化,在"A 什么 B"构式中经历了一个语义内涵语法化的疑问用法到非疑问用法的过程。

(一)语义内涵表实

初始阶段的"A 什么 B"构式中,"什么"为疑问代词,表义指实,属于特指疑问代词,"什么"表示对事情的某一部分有疑问,在问句中用疑问代词将不知道的部分指代出来,要求对方就疑问代词划定的范围做出解答。"什么"既能指代未知的信息,又能负载疑问的信息。如:

129. 你喜欢<u>读什么书</u>?

130. 那一天师生说闲话,先生顺便地问道:"小铃儿你父亲<u>得什么病</u>死的?"

131. 但具体应该<u>定什么罪</u>,抢劫罪?

132. "你<u>吸什么烟</u>?大中华?"

以上例句属于疑问句中的特指问句,将疑问代词"什么"插入离合词 AB 中间表示特指疑问。例 129 中的"什么"是对"读书"的类型产生疑问,在问句中用疑问代词"什么"将不知道的部分指代出来,要求对方将疑问代词划定的范围做出解答。例 130 中的"什么"是对"得病"的类型产生疑问,在问句中用疑问代词"什么"将不知道的部分指代出来,要求对方将疑问代词划定的范围做出解答。例 131 中的"什么"是对"犯罪"的类型产生疑问,在问句中用疑问代词"什么"将不知道的部分指代出来,要求对方将疑问代词划定的范围做出解答。例 132 中的"什么"是对"吸烟"的类型产生疑问,在问句中用疑问代词"什么"将不知道的部分指代出来,要求对方将疑问代词划定的范围做出解答。

(二)语义内涵虚化

"A 什么 B"构式中的疑问代词"什么"的疑问标记功能在"A 什么 B"构式中逐渐发生了衰变。"什么"的疑问功能在语法化的过程中发生了迁移,语法化的过程常常伴随着主观化的发生,"A 什么 B"构式虚化迁移为虚指和任指两类。

①虚指

"什么"虚指,用来指示或者替代"不确定、说不出、不必说明或者不想说明"的对象,主要出现在否定性的陈述句中,"A 什么 B"构式之前一般与否定词"不/

没"共现,作定语修饰名词,"什么"有强调量少或量无的意味。如:

133. 道静摇摇头,直挺挺地躺着,闭着眼睛笑道:"没什么。有两天没<u>睡</u>什么<u>觉</u>。我想在你床上睡一觉。"

134. 他已经好几个月没<u>揽</u>什么<u>活</u>了。

135. "咱又没<u>犯</u>什么<u>法</u>,跑的个什么劲呢? 回家去不就行了吗?"

136. 房中,一切都已布置得有条有理,不必他们再<u>操</u>什么<u>心</u>。

以上例句中,"A 什么 B"构式中的"什么"指虚,不要求听话者给予一个确定的答案回复,在这种否定性陈述句中,"什么"的疑问功能发生了弱化,开始由"疑"向"信"发生转变,处于一种"不确定、半信半疑"的中间阶段。石毓智(2001)认为"否定句式中的疑问代词都会丧失疑问功能,语义发生变异"。例 133 中的否定词"没"与"睡什么觉"同现,"什么"作定语强调"睡觉"的量不确定,且量少。例 134 中的否定词"没"与"揽什么活"同现,"什么"作定语,强调"揽活"的量不确定且量少。例 135 中的否定词"没"与"犯什么法"同现,"什么"作定语强调"犯法"的性质不确定。例 136 中的否定词"不必"与"操什么心"同现,"什么"作定语强调"操心"的量不确定,可以量少甚至量无。试比较:

137. 有两天没<u>睡觉</u>。

138. 有两天没<u>睡</u>什么<u>觉</u>。

139. 不必它们<u>再操心</u>。

140. 不必它们再<u>操</u>什么<u>心</u>。

"没睡觉"是指一下觉都没有睡,"没睡什么觉"表明也许睡了,但量少,睡得不够。"不必操心"指一点心都不用操,"不必操什么心"表明也许还有一丝操心的余地,但余地很少。

②任指

"什么"表示在所指范围之内是没有例外的,指称一个集体中的所有个体元素,常常与"都、也、无论、不论"等副词搭配使用。疑问代词"什么"主要用于陈述句语境之中。如:

141. 她<u>找</u>什么<u>茬儿</u>你都别理!

142. <u>使</u>什么<u>坏</u>也没用。

143. 无论你<u>耍</u>什么<u>赖</u>,我都不会怕你。

144. 不论他<u>说</u>什么<u>谎</u>,我们都能看穿。

以上例句中,"A 什么 B"构式表示指代的任何一个都符合问话人要求的对象,强调一种周遍性的任指,具有一定的夸张作用。例 141 中"找什么茬儿"与"都"搭配使用,强调周遍。例 142 中的"使什么坏"与"也"搭配使用,强调周遍性。例143中的"耍什么赖"与"无论"搭配使用,强调周遍性。例144的"说什么慌"与"不论"搭配使用,强调周遍性。

7.2.2.2 A什么B构式的构式义特征

王海峰认为,离合词AB离析后,插入"什么"产生了新的信息量,而且产生了新的结构意义。"A什么B"构式所产生的主观否定义是该构式的整体意义。根据否定语气的强弱,该构式又能表现为否定、提醒与谦逊的意味。

（一）表否定责备

该构式主观否定与轻视不满的意味强烈,由于动作施事的不同及动作自身性质的不同,常见的有以下几种:

①动作的施事不是第一人称主语,并且不属于感知经验类和形状类的离合词,表达口气强烈、流露出强烈的冲动和不满,具有攻击性,功能上相当于祈使句,但是比使用祈使句更能体现出说话人对某行为的强烈不满情绪。表达的是"不准AB"、"不应该AB"和"别AB了"。如:

145. 邱得世冷笑了一声说:"哼! 吹什么牛! 就凭你们几支破枪就想攻碉堡?! 回家盖上十八层被子做梦去吧!"

146. 我恼火了,"不好好在家创作,串什么门啊!"

147. "卖场不买车是对的,乡下人,摆什么阔,只有厂子兴旺了,山里人才有奔头呢。"

148. "有什么事不能对我们说呢。埃弗里纳姑妈真不用对我们保什么密了。"

以上例句,是对AB所指称的活动进行否定,并常常伴有不满的语气存在,义为"别……",相当于表示禁止和劝阻的祈使句,主观性较强。例145中"吹什么牛"独立存在句中,该构式是对"吹牛"的行为进行否定,否定了它的可行性,希望通过"A什么B"构式阻止"吹牛"行为的发生,表达了作者想传递的隐含之义——"你们"不应该"吹牛"以及作者表达的对"吹牛"的强烈不满情绪。例146中对"串门"的行为进行否定,认为"串门"与"创作"发生了冲突,应该以"创作"为主,表达了作者想传递的隐含之义——不应该"串门"以及"我"的恼火不满情绪。例147对"摆阔"的行为进行否定,否定它的可行性,希望通过"A什么B"构式阻止这种行为的发生,表达了作者想传递的隐含之义——乡下人不应该摆阔以及作者对"摆阔"的不满情绪。例148中对"保密"的行为进行否定,否定了它的可行性,希望通过"A什么B"构式来阻止这种行为的发生,表达了"我"想传达的劝阻之义——埃弗里纳姑妈不应该对我们"保密"。

②动作的施事是第一人称主语,并且属于感知经验类和性状类的离合词。在表意和功能上与常规否定句差不多,但语气更加强烈,表达一种强烈的否定。如:

149. "你解人之难,<u>我生什么气</u>? 做人就该这样。"

150. "普济众生嘛,更是大好的事儿。<u>我着什么急</u>啊。"

151. "去去去,<u>我害什么羞</u>啊? 战场上没有性别。"

152. 在接受记者采访时他说:"我这些年来,对赚钱的事没有<u>动什么心</u>,只是一心写自己愿意写的东西。"

以上例句中,AB 均属于感知经验类和形状类的离合词。例 149 的意思是说"你解人之难,我不生气"。例 150 的意思是说"普济众生是大好的事儿,我不着急"。例 151 的意思是说"在战场上,我不害羞"。例 152 的意思是说"这些年来,对赚钱的事情我不动心"。虽然使用"A 什么 B"构式在意义和功能上与常规否定句差不多,但是"A 什么 B"构式表达的否定语气更加强烈。试比较"A 什么 B"和"不 AB"的语义差别:

153. "在你面前,<u>我装什么假</u>?

154. "在你面前,<u>我不装假</u>。"

(二)表提醒建议

"A 什么 B"构式的否定意味较弱,体现说话人对某行为提醒和建议的意味。如:

155. 你现在没有工作,<u>结什么婚</u>嘛。

156. <u>散什么步</u>嘛,那么冷的天儿。

157. "你要胖点! <u>减什么肥</u>呀! 女为悦己者容! 你多胖我都爱你!"

说话人运用这一构式表达了对某事件进行提醒、建议与劝阻的主观修辞意图,否定语气较弱,提醒意味较重,多发生于未发生的动作事件中。例 155 中说话人用"结什么婚"这一构式来对听话人将要进行的"结婚"行为进行提醒,建议不要从事该行为。例 156 中说话人用"散什么步"这一构式来对听话人将要进行的"散步"行为进行提醒,建议不要从事该行为,具有提醒的构式义。例 157 中说话人用"减什么肥"对听话人进行否定,建议不要"减肥",具有提醒的构式义。

(三)表客气谦逊

"A 什么 B"构式表示客气、谦逊,相当于"不用/没有 AB",在表达这种意义的时候,由于说话人的内心平和,因此语速较为缓慢,语调下降,口气较为轻松。如:

158. "你来给我<u>谢什么罪</u>啊,这不是折煞老生了吗。"

159. "你们俩的事跟我<u>道什么歉</u>呀? 傻孩子!"

160. "这事不是我帮的,你跟我<u>道什么谢</u>啊。"

161. "我又不是大款,能让你<u>沾什么光</u>啊!"

162. "有吃有喝的,这叫<u>吃什么苦</u>呀!"

　　以上例句中,"A 什么 B"构式均用来表示"不用客气"或者"没有必要"的谦逊,该构式中表示的反问语气,由于说话人内心平和,语速较为缓慢,语调下降,因此口气舒缓轻松。

　　"A 什么 B"否定用法的语法表达式表现为疑问结构,不依赖其他否定成分或者否定手段,起到了否定作用。而且,"A 什么 B"构式中被附着了强弱不等的反诘语气,书面形式中靠标点来区别,口语形式中靠口气和重音来区别。我们认为,否定性的"A 什么 B"构式由语法形式和语用形式两部分组成:否定功能通过以疑问结构的语法形式为基础,以语气、口气和重音的语用形式为途径来实现。"A 什么 B"构式是语法形式和语用形式有机结合之后产生的整体功能,语法形式和语用形式中缺少其一都无法实现否定的用法。"A 什么 B"表示否定义的构式是一种议论性的句式,具有很强的针对性。"AB"的所指必须是语境中已然或者未然的行为和事件,以及交际对方的言之所述,针对的是"AB"所代表的动作行为、形状进行的否定性的评价,否定"AB"的合适性,传达"别 AB"或"不 AB"的意图的一种间接语言行为。

　　7.2.2.3 A 什么 B 构式的语用特征

　　由于该构式与交际话语的前后语境或现场的交际情景紧密相关,我们根据动作事件的已然与未然,将"A 什么 B"构式分为指意现场与指意前文。

　　(一)指意现场

　　在实际言语交际过程中,根据言语交际的合作原则,发话人将运用该构式指意言语交际的现场,对已经发生的动作事件表达其主观否定。如:

　　163."那你就对我好点!"她挺胸发怒道,"别一天到晚不阴不阳,死人似的,做这副委屈样给谁看?""你叫什么叫,你撒什么野,你还想把这家再砸一遍么?"

　　164. 这里袭人见他去了,自思方才之言,一定是因黛玉而起,如此看来,将来难免不才之事,令人可惊可畏。想到此间,也不觉怔怔地滴下泪来,心下暗度,如何处治,方免此丑祸。正猜疑间,忽有宝钗从那边走来,笑道:"大毒日头底下,出什么神呢?

　　例 163 中"撒什么野"是发话人对"她"挺胸发怒进行责备和抱怨,该动作行为已经发生,发话人以该构式来对现场的情形表示不满。例 164 中"出什么神"是宝钗对黛玉"想到此间,也不觉怔怔地滴下泪来,心下暗度"的现场情形进行提醒和建议:现在这个大毒日头底下,建议你不要出神了。

　　(二)指意前文

　　在言语交际过程中,发话人运用"A 什么 B"构式指意前文中出现但未实现的行为事件,对该行为事件进行回指。如:

165. 她不甘心于当外行,一面担任领导职务,一面读夜大学,刻苦学习文化。后来,她看到国家需要法律人才,便决定去报考法律系研究生。这时有人劝她:"都三十七八岁了,还<u>上什么学</u>?"

166. 单位同事们想借此机会让吴静高兴起来,于是都纷纷祝贺,嚷着要吴静请客。可吴静却是一脸的沮丧,叹着气说:"<u>请什么客</u>?祝哪门子贺?!可别寒碜人了。"

例165中"上学"的动作行为还未实现,"上什么学"用来指意前文中的"报考法律系研究生",对该行为进行否定。例166中吴静用"请什么客"来对单位同事的提议进行否定,该动作行为没有发生。

由于"A 什么 B"构式的疑问功能和非疑问功能处于一种相互竞争的状态之中,如果没有相互交谈的特定语境和特定场景,疑问功能的优势就会非常明显;如果具备一定的语境和场景,在语境信息充足的情况下(特别是在书面形式里),就算是忽略了语气和重音的存在,受话人也能理解"A 什么 B"构式表示的是否定还是疑问。"A 什么 B"构式的否定功能需要借助一定的句法环境,离开语境,就很难辨别表示的是疑问还是否定。试比较"跳什么舞":

a:<u>跳什么舞</u>?

b:跳华尔兹。

a:<u>跳什么舞</u>,去唱歌吧!

显然,单说"跳什么舞"有歧义,但在确定的语境中,歧义就消除了。如在"跳什么舞,去唱歌吧"中,是对"跳舞"进行否定,而不是询问具体是什么舞蹈。

"A 什么 B"构式在口语中非常活跃,几乎所有的离合词中间都能够插入"什么","什么"离析离合词的能力特别强。离合词离析之后,不仅增加了信息量,而且形成了新的结构意义,甚至一些复合词也能进入该构式表达否定的意义,如"随什么意""要什么紧""劳什么模",足以看出该构式生命力的强大。

7.2.3　A 了个 B 构式

"A 了个 B"是经常出现在口语或会话中的一种构式,它有其自身独立于组成成分的整体意义,无法完全从组成成分中直接推导出来,对已经发生的动作或者事件表达小量和随意的主观意味,既体现了动作或事件进程中"时"与"体"的语法概念,又表达了动作或事件进程中说话人的主观视角,将客观的语法概念和主观的个体视角融合在一起。

7.2.3.1"A 了个 B"构式的结构特征

"A 了个 B"构式由离合词"AB"、时体助词"了"和量词"个"三部分组成。"A

了个 B"构式是在离合词 AB 间嵌入"了"和"个",形成构式"A 了个 B"。"A 勒个 B"是"A 了个 B"的网络体形式。

7.2.3.1.1"A 了个 B"构式中离合词 AB 的性质

离合词的数量大,使用频率高,用法特殊。在现代汉语体系中,它是一个无法回避的语法现象;在对外汉语教学中,也是难点之一。如:

167. 午餐的时候,我跟经理请了假。

168. 我想请个假。

169. 昨天下午,小王拿着一封信找我请假,说要回去处理个人婚恋问题。

离合词是一类具有句法属性的词的单位,上例中的"请假"能以"请了假""请个假""请假"等离合均可的形式表现在句法中。它以双音节语素构成、以动宾结构为主体、可离可合而意义基本不变、口语方言色彩浓厚,我们将其称为"离合词"。

"A 了个 B"构式在口语和会话中运用广泛,但也不是所有的离合词均能进入该构式。经考察,能进入"A 了个 B"构式的离合词主要是以下几种:

(一)具有持续性动作行为的离合词可以进入该构式,如"洗了个澡、见了个面、上了个班、生了个病"等,具有瞬时性动词行为的离合词一般不适合进入该构式,如"*瞎了个眼、*熄了个火、*咽了个气、*完了个蛋"等。

(二)非心理活动或者情感情绪的离合词可以进入该构式,如"表了个态、道了个歉、发了个呆、敬了个礼"等,表示心理活动的离合词不适合进入"A 了个 B"构式,如"*害了个怕、*吃了个惊、*担了个心、*绝了个望"等。

(三)非正式、具有随意性口语色彩的离合词可以进入该构式,如"纳了个闷、惹了个祸、聊了个天、撒了个谎"等,较为正式且具有庄重色彩的离合词不适合进入"A 了个 B"构式,如"*过了个世、*劳了个驾、*登了个陆、*闭了个幕"等。

(四)动作性强而描写性弱的离合词可以进入该构式,如"道了个歉、抽了个空、报了个仇、请了个假"等,动作性弱而描写性强的离合词不适合进入"A 了个 B"构式,如"*变了个质、*随了个便、*当了个面、*没了个辙"等。

(五)AB 一般为动宾式离合词语可以进入该构式,如"拜了个年、将了个军、加了个油、握了个手"等,动补式离合词语不适合进入"A 了个 B"构式,如"*达了个到、*过了个去、*看了个见、*离了个开"等。

此外,"A 了个 B"构式中的 B 一般是能受动量词修饰的具有动态特征的名词,如"拜年、请假、敬礼、生病"中"年、礼、假、病"等大多是具有时间特征的活动,"年、假"均为在一定时间段内发生的人为的活动,与"礼、病"一样,均在性状上具有动态性和不稳定性的特点。在语法表现上,能受动量词修饰,是该名词区别于其他名词的一个重要特征,周清艳(2012)将其命名为事件名词。邵静敏(2001)也认为,有些名词在语义中具有或者隐含着动态的因素,从而使它获得了某些动词的特点。因此,在"A 了个 B"构式中,B 原本为动词,如"洗澡、报到、告别、睡觉、帮忙"等,但在现代汉语中,"忙、到、别、觉、澡"已经衍化为具有动态特征的名词,能够受"个"的修饰了。如:

170. 昨天的大雪,着实让空气"洗了个澡"。

171. 下午,新生去学院报了个到。

172. 他跟我简单告了个别,就上车了。

173. 他们在帐篷里睡了个觉。

174. 只是帮了个忙,没什么大不了的。

7.2.3.1.2 "A 了个 B"构式中"了"和"个"的性质

(一)"了"的性质

《广雅·释诂》:"了,讫也。""了"是现代汉语中最为典型的时体标记,它来源于古汉语中的完成动词。一般情况下,"了"主要用作时体助词,附着于动词后,表示动作或者变化已经发生,既有表时功能,又有表体功能,表达动作的形状与情貌。在"A 了个 B"构式中,"了"作为过去时体标记,它把情景定位在过去的时间位置,体现"完成"或"持续"等属于整个句子的情状义。

①表过去时

在"A 了个 B"构式中,"了"表过去时,实际动作已经发生。如:

175. 只见身穿橄榄绿警服的张欣走到前台,和观众见了个面便离去。

176. 一位颇有名气的印度女舞蹈演员应美国领事官员的要求,在面试时跳了个舞,才拿到赴美签证。

177. 亚历山大跟他外甥女亲了个嘴,一把拉住马先生的胳膊:"咱们走哇!"

178. 马丽华急急忙忙请了个假,出了厂子。

以上 175 - 178 例中,"了"的时间均指向过去,动作永远发生在说话人主观臆想的"过去",通过语法标记"了"进行显性表达。在"A 了个 B"构式中,"了"绝不可能指向将来时间。

②表实现体

在"A 了个 B"构式中,"了"是一个实现体标记,表示动作的完成,是汉语里的"完成貌"。但在"A 了个 B"构式中,"完成"并不等于"结束",动作是否已经结束受动词本身性质和其他成分的制约,有的还甚至受上下文的制约。如:

179. 道了个歉之后,史列因将发饰插在她的头发上。

180. 他也就帮了个忙而已。

181. "不就是<u>怀</u>了<u>个孕</u>吗,有什么了不起的!"

例 179、180 中的动作行为均已结束,从说话时间看是已经实现的事件,"道歉"和"帮忙"都是已然的现实。例 181 中的动作行为"怀孕"已既成事实,但是也许还未结束,仍在持续。

（二）"个"的性质

"个",《说文》释义为"竹"。在周秦时期,"个"仅能用来计量竹子,如《九章算术》中有"三千五百买竹二千三百五十箇（个）";后来渐渐扩大到计量所有的竹制品,如《荀子》中有"负服矢五十个",计量"箭";汉代后,"竹"已经可以用来计量大量的物体,如"两个黄鹂鸣翠柳",计量"动、植物";到现代,"个"几乎可以跟各种事物匹配,"个"的适用范围变广,可以用来计量人、物、事、时间、地点等,还可以用来表示动作的数量。在"A 了个 B"构式中,"个"是一个表事件的动量词,与普通量词"个"有很大的区别。

①表动量

在"A 了个 B"构式中,"个"插入"A 了个 B"构式中,是具有动量词功能的成分。动量词是表示动作行为的量词。试比较：

他吃了个梨。（√）　　　　　他吃了个亏。（√）

他吃了几梨？（√）　　　　　他吃了几个？（＊）

他吃了一个。（√）　　　　　他吃了一个。（＊）

以上例句在"吃了个梨"中,"个"为名量词,表示普通数量"一个",省略了"一";提问"他吃了几个梨",回答"他吃了一个",可以承前省略掉"梨"。在"吃了个亏"中,"个"不表示"亏"的数量,"亏"也不可承前省略,不可以说成"他吃了一个"。这说明离合词 AB 结构中的"个"跟普通量词有区别,这种"个"随着语义功能的转变,组合功能变弱,粘着性加强了,它既不与"亏"单独发生联系,更不与"吃"单独发生联系,而是与离合词"吃亏"这一动作行为发生语义关系,"个"已经是一个表示动作行为的动量词,"吃了个亏"在语义上表示"发生了一次'吃亏'这种动作行为"。吕叔湘（1984）也认为"见了个面""上了个当"的"个"表示的是"一次"。

②表事件

"A 了个 B"构式中的"个",既能用来表量,还能将抽象的活动具体化、有界化为某个实实在在的事件。例如：

182. 一天,胡伯伯给我<u>卜了个卦</u>,可让我没有想到的是,结果会是这么糟糕。

例 182"卜了个卦"中,"个"是事件量词,将"卜卦"原本为一个抽象的活动,有界化为具体的一个事件。试比较：

183. 那位经理<u>鞠了个躬</u>，就走了。

184. 李讷握住爸爸的手，向老人家<u>鞠了一个躬</u>。

例 183 中，"鞠了个躬"一般出现在口语中，强调"鞠躬"这件事情发生过一次，并对"鞠躬"这件事情进行补充说明；例 184 中，"鞠了一个躬"则出现在相对比较严肃的书面语体色彩中，强调客观的事实，说明"鞠躬"这个动作进行过一次，对"鞠"这个动作进行补充说明。

7.2.3.1.3 "A 了个 B"构式中"了"和"个"的功能

离合词 AB 通过插入"了"和"个"成分后，形成常用构式"A 了个 B"，从而进入句法层面。由此，我们从"A 了个 B"出发，看这个语词或者结构共现的成分是什么，对"了"和"个"的伴随成分分别进行考察。

(一)"了"的功能

在"A 了个 B"构式中，"了"与共现的时间词成分共同表达说话人对已然产生的动作行为所支配的事件或结果现象表示的主观评述。

①表肯定

"A 了个 B"构式与时间名词的共现，对完成或实现后的已然变化或新状态在主观上表示肯定。例如：

185. <u>今天</u>我<u>游了个泳</u>。

186. <u>这时</u>，我才发现我<u>吃了个亏</u>。

187. 我<u>昨天</u>和他<u>见了个面</u>。

188. 就在<u>那天晚上</u>，我省察自己的生活，把所有的事情重新安排，还<u>发了个誓</u>。

在"A 了个 B"构式中，"了"附着在动词后，与表示现在时和过去时的时间名词共现，如上例 185—189 中的时间名词"今天""这时""昨天""那天晚上"，与"游了个泳""吃了个亏""见了个面""发了个誓"自由组合，在主观上对已然产生的动作行为所支配的事件或结果现象表示肯定。

②强调

"A 了个 B"构式与时间副词的共现，对已然产生的动作行为所支配的事件或结果现象表示强调。例如：

189. 我<u>已经</u>和他们<u>告了个别</u>。

190. 我<u>曾经</u>在这块石头上<u>发了个誓</u>，永远不离开故乡。

191. 上午，你一到公司，<u>就签了个字</u>。

192. 你来我宿舍的时候，我<u>才游了个泳</u>。

在"A 了个 B"构式中，"了"与表示强调的时间副词共现，都是在主观上对完成或实现后的变化或新状态进行强调。在189例中的"已经"与"告了个别"共现,强调"告别"这一动作所支配的事件在最近的过去已经完成,并且可能延续到现在;在190例中的"曾经"与"发了个誓"共现,强调"发誓"发生在较远的过去,但是已经终止;在191例中的"就"和"签了个字"共现,强调"签字"发生的时间很早;在192例中的"才"和"游了个泳"共现,强调"游泳"是在不久前刚发生的。说话人在对已然产生的动作行为所支配的事件或结果现象做出客观描述的同时,会很自然地对完成或实现后的变化或新状态加上自己的主观认识和态度,表明自己对这段话的立场、态度和情感,从而在话语中留下自我的印记。

此外,"A了个B"构式与其他成分在共现过程中,必须遵循时间特征一致性原则。如,该构式不能与"没(有)"、"正(在)"、表示"将来"的时间词语和表示"经常"性的词语共现表示"既成事实",也不能在祈使句中同现表达"已然现象"。

(二)"个"的功能

在"A了个B"构式中,"个"有虚化的趋势,表"量"的意义逐渐减弱,语法功能却逐渐加强。在由量词向助词虚化的过程中,"个"能使整个结构体词化,并体现说话人的主观视角,语法化为一个主观标记。

①宾语标记

张伯江(1997)认为,如果名词属性不鲜明,通常使用量词,将其具体化。离合词实际上就是熟语化程度非常高的形式,离合词"A"与"B"已高度一体化,"B"在形式上已失去了独立性与个体性,如"吃亏、上当、唱歌"中的"亏、当、歌"已经很难识别出具体所指。林汉达(1953)也认为"唱歌"中的"歌"只是补足"唱"的意义,共同说明主语发出的一个动作,而不是指具体的歌曲。离合词AB结构在长期的使用过程中,A与B之间的理据性逐渐被语言使用者所超越,意义产生了扩展,而不再是A与B的简单加合。在话语表达上,B的有指性很低,名词属性很弱,说话人为了强调该动作行为的需要,就会在B前加上量词。在"A了个B"构式中,"个"起到体词化宾语的作用,强调名词性功能。例如:

193. 就减了个肥,你就不认识我了。

194. 巧珍是个单纯的女子,又是同村人,看见他没把馍卖掉,就主动为他帮了个忙。

195. 彩排结束后,韦唯回去洗了个澡,换好衣服准备吃点宵夜早早休息。

196. 沙尘暴的一再袭击,给刚刚启动的西部大开发提了个醒。

"个"起到体词化宾语的作用,强调名词性功能。上例193-196的"减肥""帮忙"和"洗澡""提醒"中的"肥""忙"和"澡""醒"的名词属性很弱,原本为形容词和动词。但在"A了个B"构式中,"个"插入离合词之间,强化了名词属性与具体所指,它使形容词或动词体词化后,充当宾语。此外,在现代汉语中,还有一类"动+个+形/动"的结构,这些"单音节形/动"具有极量意义,如"空、满、净、光、清"等,大多与空间、数量概念有关,常用在"动+个+形/动"中表示动作行为的结果处于某种极端程度,表主观最大量,如"湿了个透、喝了个足、吃了个饱、亲了个够"等。去掉"个"后,"个+形/动"这个体词性结构解体,"形/动"获得自由,直接跟在动词后面作结果补语,整个结构由动宾结构变为动补结构。因此,"个"在其中具有体词化作用,它使形容词或动词体词化后,充当宾语。朱德熙(1982)就认为形容词或动词前边加上"个"使其变成体词性结构以后充任的宾语叫程度宾语。石毓智、雷玉梅(2004)也认为"个"是宾语的标记,基本作用是把各种成分转换成名词性的宾语,使得这个宾语指示离散的、单一的个体或者事件。例如:

197. 老太太扒了个空,怒气增长了好几度。

198. 当年,一场大火把李楚泉刚摆脱贫困的家烧了个光,是场站官兵帮助他恢复了生产,重新走上致富路。

"个"字使其后的谓词性成分体词化,从而构成一个相匹配的完整的述宾形式。例197－198中的动补结构"扒空""烧光",加入了"个",使"空"和"光"体词化,使"空"和"光"可以分别作"扒"和"烧"的结果宾语,"扒个空"和"烧个光"的结果意义凸现,语义关系明确,这样A与B之间的语义关系就建立起来了。

②主观标记

说话人可以根据自己的视角和认识,对同一种事物加以不同的表述,离合词AB中插入"个",能体现说话人的主观视角,标示说话人对离析结构所代表事件的关注。

199. 但当她第二次怀孕时却不慎小产了,她很难过,从此不停地酗酒,并得了酒精中毒症。

200. 不就怀了个孕吗,有那么骄傲吗?

个体量词具有给事物分类的语义功能,跟"怀孕"正常搭配的量词是"次",如例199中的"第二次怀孕",而例200中的"怀了个孕",打破了"个"与"孕"互不相配的选择限制,超出了"个"的正常用法。我们可以说,这时,这个"个"的表意功能已经由对事物进行计数、分类、描绘,转向了激活事物的主观属性。这种"个"不能带数词构成数量词组,如"怀了一个孕",也不能够离开名词单独存在,如"怀了个"。"个"在语义、形式和句法功能上的这种变化很好地体现了语法化理论所谓的"语用强化",体现了说话人的主观视角,标示说话人对"怀孕"事件的关注。"个"已经语法化为一个主观标记。试比较:

201. 他把吴志国关进房间,然后去门口抽了根烟。

202. 只是<u>抽了个烟</u>而已,没什么大不了的。

在例 201 的"抽了根烟","根"是"一根"的缩略;而例 202 的"抽了个烟","个"不是"一个"的缩略,"抽了个烟"也许是"抽了几根烟"或仅"半根烟",指"抽了一次烟"。由于语义表达上的需要,"个"进入"A 了个 B"构式中,由上下文激活了该构式所赋予的主观属性,虚化了量词的作用,表达说话人对"抽烟"事件的关注。这样的例子还有很多:

203. 他来省城的前夜,仓仓促促地<u>见了个面</u>,双方要说的话都未说完。

204. 大家可以看到一个现象,那就是很多后来疯狂包二奶的贪官,都是到了大龄青年后才胡乱<u>结了个婚</u>。

7.2.3.2 "A 了个 B"构式的构式义特征

"A 了个 B"构式既体现了动作或事件进程中"时"与"体"的语法概念,又表达了动作或事件进程中说话人的主观视角,将客观的语法概念和主观的个体视角融合在一起。"A 了个 B"构式有其独立于组成成分的整体意义,构式义无法从字面义直接推导,"了"和"个"插入离合词 AB 中,在主观上带有小量和随意的意味。

(一)表小量

在人的认知体系中,为了精确表示事物在各个领域内的不同量化情况,人们在说话时会对相关数量做一种主观评价,即主观量。主观量表达的是说话人对量大量小的主观评价。说话人表达的是一个怎样的主观量,即主观大量还是主观小量,能从言语的形式特征上寻找到客观依据。如果说话人表达的量增加了,则表示主观大量;如果说话人表达的量减少了,则表示主观小量。"A 了个 B"构式则表达了说话人对相关事件主观性的小量评价。例如,"你下午干什么了?"有三种回答。

205. 我去游了一个小时泳

206. 我去游了一次泳

207. 我去游了个泳

例 205 和例 206 表达的是客观量,分别为"一个小时"和"一次",说话人对"游泳"这件事情的数量没有进行主观评价;例 207 表示说话人认为"游泳"的时间短、程度轻,表达一个主观小量。又如:

208. 新闻标题:饭后,<u>散了个步</u>,回来发现车子被划了(《钱江晚报》2015 年 5 月 27 日)

正文:饭后,程女士出门<u>散了会儿步</u>,一个小时不到便回家了。不过让她惊讶的是,自己停在楼下的凯迪拉克被人为地画上了伤痕,划痕从车头延伸到车尾。

209. 新闻标题:90 后网上"<u>吹了个牛</u>"成罪犯获刑 6 个月

例 208 在新闻标题"散了个步"中,与新闻正文"散了会儿步"互作说明,表示说话人主观认为"散步"的时间不长,"一会儿"也就"一个小时不到"。例 209 中"吹了个牛"与"获刑 6 个月"形成鲜明对比,旨在说明"吹牛"事小,"获刑"事大,主观小量的"吹牛"导致客观"获刑"的结果,引人深省。

(二)随意性

"A 了个 B"构式一般不会在正式的书面语中出现,具有很浓的口语化色彩,表达一种相对轻松、活泼的语气,带有一种随意调侃的意味。例如:

210. 笑话标题:轻轻松松就<u>加了个班</u>(捧腹网)

正文:同事老公是个交警,下班来接她的路上,被两辆卡车堵在家门口了,她老公按喇叭示意卡车司机让路,卡车司机也猛按喇叭,后来还直接骂开了。她老公一声没吭,默默打开后备厢,拿出交警帽戴上后,脱下制服外的大衣,拿出本子就<u>加了个班</u>。

211. <u>糟了个糕</u>!

在例 210 的笑话标题中,"加了个班"与"轻轻松松"互现,表达说话人主观认为"加班"这件事情的实现程度较为容易,正如正文中的"加了个班"也就是拿出个本子而已,表达说话人对"加班"这件事情主观上显露出的容易之感,表达了一种轻松与随意。例 211 出现在第四季"中国好声音"的第 2 期中,中日混血儿长宇在哈林和那英中选择一个导师,一听到长宇曾去现场听过那英的演唱会,哈林自然地说了句"糟了个糕",成为网络上疯转的导师抢人金句,生动表达了哈林在失望之余,调侃尴尬气氛的幽默机智。

"A 了个 B"构式具有极大的扩展空间,某些没有明显离合倾向的合成词由于该构式的强大类推动力,从而也获得插入"了个"的能力。如:小了个便、拥了个抱、鞠了个躬、糟了个糕等。

7.2.3.3 "A 了个 B"构式的语用特征

7.2.3.3.1 礼貌原则与"A 了个 B"构式

"A 了个 B"构式存在的动因源于话语交际中的礼貌原则(Principle of Politeness),人们在言语交际中,尊重对方、保护双方的自尊心是信息交流得以顺利进行的必要条件,这就要求人们在言语交际中必须遵守社会礼貌规范。语用学界普遍认为礼貌是一种语用现象(Leech,1983;Brown & Levinson,1978,1987;Grundy,2000)。Leech(1983)提出六条"礼貌原则"(the Politeness Principle):

①得体准则:尽量少让别人吃亏,尽量让别人多得益。

②慷慨准则:尽量少让自己得益,尽量多让自己吃亏。

③赞誉准则:尽量少贬损别人,尽量多赞誉别人。

④谦逊准则:尽量少赞誉自己,尽量多贬损自己。

⑤一致准则:尽量减少双方的分歧,尽量增加双方的一致。

⑥同情准则:尽量减少双方的反感,尽量增加双方的同情。

根据礼貌原则,当我们对某一个人或事件进行评价时,要尽量减少有损他人的观点,降低对他人面子的威胁程度,点到为止;要尽量减少赞誉自己的观点,使他人多受益,自己少受益。如:

212. 虽然有遗憾,但是今天终于<u>报了个仇</u>。

213. 我也就<u>帮了个忙</u>而已。

为了遵循礼貌原则,例212中的"报仇"是一件有损他人的事,使用"A了个B"构式后,发话人降低了对当事人造成的负面影响,一方面在字面上降低了对受害者面子的损害,另一方面,更重要的是发话人显得不那么直接粗暴,保持了说话人"优雅"的形象,而言语效力却没有削弱。例213中给别人"帮忙"是一件会让自己受到赞誉的事情,进入"A了个B"构式以后,主观上降低了"帮忙"的量,减少了赞誉自己的程度,表示"帮忙"是小事,不足挂齿,使自己少受益。

7.2.3.3.2 语音特征与"A 了个 B"构式

在实际话语交际中,语音可以起到调节句法的作用。"了"本就读作轻声。"了"与"个"均为单元音音节,由于音时短,影响"个"的声韵母发生语流音变,从而引起语音弱化,加之其意义上的逐步虚化,逐渐失去独立的地位,因此"个"不再读作去声,也读为轻声。离合词 AB 重读,B 还可拖长腔,凸显离合词 AB。如:

214. 蒂德莉特'对他'轻轻'点了个'头'。('为重音符号)

215. 他'不仅'准备了'酒',他'还去'理了个'发'。('为重音符号)

离合词 A 与 B 的重音之间还是有一些差别,A 的重音不如 B 的重音高,这与"重音居后"的原则是相符的。从语用角度看,离合词 AB 重读对应于其语义凸显,"了"与"个"的"语音弱化"对应于语义弱化,从而表达了说话人对已然产生的动作行为所支配的事件或结果现象的一种主观小量与轻松随意的评述。

7.2.3.3.3 网络语体与"A 了个 B"构式

离合词 AB 的口语色彩浓郁,"A 了个 B"构式在口语会话中为绝对优选。此外,"A 了个 B"构式在网络上流行起来,还被网友评为"2011 年最佳网络语法","A 勒个 B"为"A 了个 B"的网络写法。该构式除了带有较强的随意性,还带有明显的戏谑性和调侃性意味,备受网民追捧,成了主导网络的语气词之一。相关用法还有:"加勒个油""我勒个去""喵勒个咪""微勒个博""原勒个然""果勒个然""善勒个哉""不勒个是"等等。以"我了个去"为例(又可以说成"我勒个去"):它是用来发泄心情不爽或表达惊叹的语气,是一种随意调侃式的无奈笑骂。大意为

"我的天呐!"该词因为在百度魔兽世界吧的多次使用,一夜爆红,用来发泄在玩游戏时手指不灵活时的不快。后来被网友们广泛使用,十分流行,在QQ和腾讯的大部分游戏上也经常使用。与它同义的还有:我了个擦、我了个妹。这些词开始是在网络上流行起来的,后来扩展到口头语言中使用,无论是网络语言还是口头语言都不像书面语那么规范,语气不像书面语那么生硬和严肃。

7.2.4 你 A 你的 B,我 C 我的 D

"你 A 你的 B,我 C 我的 D"是一种对举构式。该构式由两个分句组成,分句与分句彼此对称,结构相同,意义相近。

7.2.4.1"你 A 你的 B,我 C 我的 D"构式的演化过程

古代汉语中的双音节词一般由两个单音节组合在一起,形成词组的搭配,这种组合的单音节词与单音节词之间形式自由,能够任意拆分。随着两个单音节词语经常搭配使用,形式上的组合关系就固定了下来,意义上的组合也由临时组合逐渐抽象和凝固化,形成了一个不可分离的意义。这样,临时组合的词组凝固为一个词,就完成了词组的词汇化。同时,语言的演变存在双向性。在汉语词汇化的过程中,那些不能被充分词汇化演变为合成词的就又重新向松散的非词的短语方向演变。最后,随着语言中"被词汇化"后的结构式逐渐向表达语法功能的语法成分演变。

7.2.4.1.1 离合词的词汇化阶段

我们认为"你 A 你的 B,我 C 我的 D"构式的产生与离合词词汇化后的去词汇化有关,离合词是词和短语之间的一种过渡状态,其词义的凝固程度不是整齐划一的。我们同意刘红妮(2008)的观点,"AX 的 B"格式产生的来源是"吃 X 的醋"的产生。

"吃 X 的醋"格式的形成经历了以下四个阶段:

(一)由表示"进食米醋"的"吃醋1"经过"类推糅合"形成表示"男女关系之间产生嫉妒情绪"的短语形式"吃……醋2","进食米醋"味觉会有酸味,"男女关系之间产生嫉妒情绪"在心理感觉上也会产生酸味。心理上的酸味是"类推糅合"的产物。如:

216. 黄衣米醋亦不可吃,制粉力难行,糠醋稍通吃。

(《云笈七签》)

217. 皆是他欣赏自爱上我,你吃这等寡醋作甚么?

(《逞风流王焕百花亭》)

自宋代始,"醋"首次能与"吃"放在一起搭配使用,此时的"吃"与"醋"均表示

的为字面意义。到元代,"吃……醋"的短语格式首次出现,用为表示产生嫉妒情绪的意思,多指男女关系方面。

(二)到元代,由"吃……醋"的短语形式经过"截搭"成词"吃醋"。

218. 将近一年,那小鸦儿一场吃醋,那唐氏也不敢有甚么邪心,同院住的人也不敢有甚么戏弄。

(《醒世姻缘传》)

219. 庵主道:"安人高见妙策,只是小尼也沾沾手,恐怕安人吃醋。"

(《初刻拍案惊奇》)

220. 唐氏正在吃醋,巴不得送他远远离身,却得此句言语,正合其意。

(《喻世明言》)

(三)到明代,再由"吃醋"经过"类推糅合"形成"吃你的醋"格式。

221. 舅太太方才的这番动作,原是和伍小姐吃寡醋吃出来的,其实自家心上也很想见见这个人。

(《九尾鱼》)

222. "你若怕我剪了你的边,在旁边吃起醋来,这件事情就办不来的了。"

(《九尾鱼》)

223. "凭你去怎么吊法,我总不吃你们的醋就是了。"

(《九尾鱼》)

到明代,以上格式"吃……醋"词汇化为"吃醋","吃醋"作为词真正产生,并且出现"拈酸吃醋"一词,竖向的上下两项之间存在上位和下位的关系,"嫉妒某人"是产生"嫉妒"中的一种情况,这一类糅合属于"类推糅合"或者"仿拟糅合"。

(四)最后"吃 X 的醋"格式成型并类推到其他词语中,如:随他的便、帮他的忙、生他的气等等。

至此,离合词"吃醋"由短语形式词汇化为词汇形式"吃醋",后经过"去词汇化"又演变为短语形式,属于语言演变双向的发展。

7.2.4.1.2 离合词的去词汇化阶段

从宋代到明代,"吃醋"经历了一个循环往复的演变过程:从"吃……醋"的短语形式词化凝固为单词形式,之后单词形式去词汇化为与原来格式相似的短语形式。"吃醋"去词汇化为"吃 X 的醋"格式逐渐类推到其他离合词中,如帮 X 的忙、随 X 的便、生 X 的气,等等。如:

224. 把月芳如何地情愿从良,自己又如何的情愿帮他的忙,一一说了一遍,要把这件事情转托金观察。

(《九尾鱼》)

225. "酒钱,你就拿这个银子给他,所余的都周济你了,爱作什么<u>随你的便</u>吧。"

（《永庆生平前传》）

226. "老琴,这样说来,你不是在<u>生我的气</u>么?"

（《大清三杰》）

到了清初,"吃醋拈酸"对举出现,并且开始也能以"X 不吃 Y 的醋,Y 要拈 X 的酸"格式对举出现。如:

227. 世上有几个做小的人肯替大娘一心一意? <u>你不吃他的醋,他要拈你的酸</u>,两下争闹起来,未免要淘些小气。

（《十二楼·拂云楼》）

228. 若叫他外面去寻,就合着你的说话,<u>我不吃的他的醋,他要拈我的酸</u>,淘气起来,有些甚么好处?

（《十二楼·拂云楼》）

"吃醋"经过去词汇化为"吃 X 的醋",并对举出现"X 不吃 Y 的醋,Y 要拈 X 的酸"格式,为"你 A 你的 B,我 C 我的 D"构式的形成起到重要作用,最为关键的是近代出现的谚语"你走你的阳关道,我过我的独木桥"最终为形成"你 A 你的 B,我 C 我的 D"构式起到了绝对的作用。谚语是对知识经验的一种总结,多出自人民群众之口。在近代历史通俗演义《民国演义》中首次出现了"你走你的阳关道,我过我的独木桥"的民间谚语。"阳关"故址在今甘肃敦煌西南,因为地处玉门关之南故名,与玉门关同为汉唐通往西域的交通门户。时至今日尚存宽约 36 丈的阳关大道,可见当初的车水马龙。用"阳关道"车水马龙、繁华热闹的情景,与细小狭窄的独木桥形成鲜明的对比。谚语"你走你的阳关道,我过我的独木桥"出自人民群众之口,口耳相传的传播范围极广,一直流传至今,清初产生的"X 不吃 Y 的醋,Y 要拈 X 的酸"格式与谚语"你走你的阳关道,我过我的独木桥"互相融合在一起,就形成了"你 A 你的 B,我 C 我的 D"构式。如:

229. <u>你跳你的舞,我唱我的歌</u>,我们可以组建成一个小组。

230. <u>你干你的活,我聊我的天</u>,这有什么不好意思的。

231. 我们可以<u>你睡你的觉,我洗我的澡</u>啊。

7.2.4.2 "你 A 你的 B,我 C 我的 D"的结构特征

"你 A 你的 B,我 C 我的 D"构式是将离合词分别插入"你……你的……,我……我的……"构式中,形成"你 A 你的 B,我 C 我的 D"构式。可变量有离合词 AB 和 CD 两个,离合词一般为动宾结构。该构式中离合词的性质为:

（一）相同或相关离合词对举

在"你 A 你的 B,我 C 我的 D"构式中,AB 和 CD 为完全相同或相近的离合词,

形成对举。如:

232. 从此,杨虎城对蒋介石采取了"你干你的,我干我的","你练你的兵,我练我的兵"的政策。

233. 许凤那眯着的眼睛突然明亮了,她正面地逼视着胡文玉,冷笑了一声说:"咱们没有什么可说的了,从今以后,你走你的路,我走我的路,我只恨我自己瞎了眼睛。"

234. 面对这种竞争十分激烈的局面,"万佳"的总经理吴正波心平气和地对记者说:"你走你的路,我走我的道,平等竞争,共同发展,共同繁荣。"

在上例"你 A 你的 B,我 C 我的 D"构式中,离合词"练兵"作为两个意义相同的可变量分别插入其间,形成"你练你的兵,我练我的兵"的对举构式。离合词"走路"也分别作为两个可变量分别插入"你 A 你的 B,我 C 我的 D"构式中,形成"你走你的路,我走我的路"的对举构式;也能选择意思相近的离合词插入该构式中,如"走路"和"走道",形成"你走你的路,我走我的道"的对举构式。

(二)相反或相对离合词对举

在"你 A 你的 B,我 C 我的 D"构式中,AB 和 CD 为完全不同的离合词,形成对举。如:

235. 你圆你的梦,我殉我的情,你闯你的荆棘路,我织我的七彩虹。

236. 因此不少地方出现"你开你的会,我种我的田"的现象。

237. 企事业单位违规违纪难以根治,罚多了反而使一些单位领导、财务人员形成了一种逆反心理,你罚你的款,我违我的规,令行不止,屡禁屡犯。

在上例"你 A 你的 B,我 C 我的 D"构式中,意义相对的两个离合词分别插入其间,形成对举构式。

在"你 A 你的 B,我 C 我的 D"的构式中,我们选取的是极具代表性的人称代词"你"和"我"作为对举标,实际上,还可以是其他代词,如将"你"和"他"作为对举标、"我"和"他"作为对举标,"你们"和"我们"作为对举标、"你们"和"他们"作为对举标、"我们"和"他们"作为对举标等等;也可以是名词,如将"小明"和"小丽"作为对举标,"中央"和"地方"作为对举标等等。

7.2.4.3 "你 A 你的 B,我 C 我的 D"构式的功能

7.2.4.3.1 与先行成分或后续成分的关系

(一)解说功能

"你 A 你的 B,我 C 我的 D"构式作为一个分句,前有先行句,后有后续句,该构式可以对先行成分或者后续成分进行解释或者补充,相互映衬,相辅相成,使句子更加形象化,生动化,语义更加完整。如:

238. 企事业单位违规违纪难以根治,罚多了反而使一些单位领导、财务人员形成了一种逆反心理,你罚你的款,我违我的规,令行不止,屡禁屡犯。

239. 你赚你的钱,我种我的地,我们相安无事就好。

在例 238 中"你罚你的款,我违我的规"是对先行成分"逆反心理"进行的解释说明,使语义更加丰满、完整。在例 239 中"你赚你的钱,我种我的地"是对后续成分"相安无事"进行的解释说明,使描写更加生动、形象、具体。

(二)顺承功能

"你 A 你的 B,我 C 我的 D"构式可以顺承上文,此时的对举构式就如同一座桥梁,发挥着承上启下的功用。如:

240. 许凤那眯着的眼睛突然明亮了,她正面地逼视着胡文玉,冷笑了一声说:"咱们没有什么可说的了,从今以后,你走你的路,我走我的路,我只恨我自己瞎了眼睛。"

241. 因此不少地方出现"你开你的会,我种我的田"的现象。

在例 240 中,以"从今以后"为时间性标志,"你走你的路,我走我的路"顺承前文,表达"从今以后,我们无话可说"的意思。在例 241 中,以"因此"为结构性标志,"你开你的会,我种我的田"顺承前文,表示地方和中央各行其是的现象。

(三)转折功能

"你 A 你的 B,我 C 我的 D"构式还能与上下文成分构成转折关系。如:

242. 你开你的车,我说我的书,可是到头来,你开不成车了,我也说不成书了。

243. 他停下解纽扣,说那就不洗了,妇联主任连忙说,你冲你的澡,我说我的话。

在例 242 中,以副词"可是"为转折标志,"你开你的车,我说我的书"与后文中"开不成车、说不成书"形成转折关系。在例 242 中,"你冲你的澡,我说我的话"与前文中"不洗"形成转折关系。该构式对举出现,意在言外。

7.2.4.3.2 独立成句

在一定的语境中,"你 A 你的 B,我 C 我的 D"构式还能单独成句,一般出现在对话语体中。如:

244. 用一位铁路总会计师的话说:"你办你的学,我开我的车"。

245. 孔太平开始解上衣纽扣,并说自己要冲个澡。妇联主任说:"你冲你的澡,我说我的话。"

7.2.4.4 "你 A 你的 B,我 C 我的 D"的构式义特征

关于对举格式,王力(1985)称之为"骈语法",认为说话人用一个谓语可以说完的意思,偏要用上两个谓语形式,表面看是累赘;然而它有一个目的,就是使

语言更生动,更有力。再者,除了表达思想之外,它往往还带着多少情绪。这些特性,都不是普通直说的形式所能具备的。"你A你的B,我C我的D"对举出现,既能客观列举,陈述"各有所长、各有所好";又能表达主观不满,表明"各不相干、互不干涉"。这种结构式的结构意义非各个组成部分意义的简单加合,是整个结构式所赋予的。

（一）客观列举

"你A你的B,我C我的D"构式通过前后项对举,可以摹写客观现象,通过对举,促使我们产生具体鲜明的意向,表达"各有所长""各有千秋"的意思。如:

246. 你赚你的钱,我种我的地,我们相安无事就好。

247. 你考你的研,我考我的博,我们齐头并进。

248. 有时,交响乐和摇滚乐的舞台相距不过百米,似有"对着干"的架势,其实不然,它们相互并不构成威胁,你演你的戏,我演我的戏,由听众按自己的"口味"来选择。

上例中将离合词"赚钱"与"种地"分别插入"你……你的……,我……我的……"构式中,通过对举,客观表达"各有所长、各有千秋",突出表现彼此不同的生活态度。离合词"考研"与"考博"分别进入"你……你的……,我……我的……"构式中,通过对举,客观陈述了各自互不相干,齐头并进的意思。在例248中,"你演你的戏,我演我的戏",补充说明了前句中的交响乐与摇滚乐"相互并不构成威胁"的意思,客观陈述其"各有所长、各有所好"之意。所示互不妨碍,各行其是、互不干涉的意思得到强化。

（二）主观不满

"你A你的B,我C我的D"构式通过前后项对举,明确划分"你"与"我"的界限,表明"各不相干、互不干涉"的立场,具有独立性和排斥性,带有较强的感情色彩。如:

249. 孔太平开始解上衣纽扣,并说自己要冲个澡。妇联主任说,你冲你的澡,我说我的话。

250. 你圆你的梦,我殉我的情,你闯你的荆棘路,我织我的七彩虹。

251. "你打你的鼓,我开我的锣,我在这里做生意碍你什么事了?"

在例249中,将离合词"洗澡"与"说话"分别插入"你……你的……,我……我的……"构式中,形成鲜明对比,主观表明"各不相干、互不干涉",对孔太平准备以"洗澡"作为下逐客令的借口表示不满。在例250中,将离合词"圆梦"与"殉情"分别插入该构式中,强调各自彼此并水不犯河水的不满意味。在例251中,离合词"打鼓"和"开锣"进入该构式后,具有表达互相划清界限、界限分明的不满情绪的功能,同时隐含的是说话人烦躁、嫌弃、厌恶以及些微的愤怒语气。

7.2.4.5"你 A 你的 B,我 C 我的 D"的语用特征

7.2.4.5.1 韵律工整与"你 A 你的 B,我 C 我的 D"构式

在语言世界里,对称一直深受人们青睐。从外国诗歌到中国诗词,工整的对称一直被人类所偏爱。在现代汉语中,"你 A 你的 B,我 C 我的 D"式的出现,充分表现出了对举格式的形式美,在节律上也体现出前后平仄的韵律美。

252. 用一位铁路总会计师的话说:"你办你的学,我开我的车"。

253. "你扬你的帆,我起我的锚,难不成你下了海别人都只能在岸上看了?"

在例 252 中,"你办你的学,我开我的车"中,对举前项的"学"与对举后项的"车"一个是仄声,一个是平声,同押"e"韵;在例 253 中,"你扬你的帆,我起我的锚"也看上去简约明了,读上去朗朗上口,突出表现出形式与韵律之美。

7.2.4.5.2"你 A 你的 B,我 C 我的 D"构式

"经济原则"是语言的共通性原则,是一个提高言语交际效率的语用问题。从言语交际的语用层面来看,言语交际过程由说话人和听话人共同来完成,因此经过优化配置,实现效用最大化的言语是人们的共同选择,"你 A 你的 B,我 C 我的 D"构式就是选用最经济的手段,达到交际目的。如:

254. 这样一来,你念你的经,我走我的路,这些媒体从内容到形式,没有根本的变化,倡导好作风用差作风来掩饰,倡导好文风用假文风来凑数,说穿了就是应付。

255. 连观众们的视线,也不免有几分乱世太平的无精打采:你打你的架,我吃我的饭,谁缠得清那些哩格楞。

以上例句中,通过"你 A 你的 B,我 C 我的 D"构式对举出现,用"你"和"我"代替个人、团队或者其他,同时,根据语境了解"你"与"我"所指的具体对象,起到了使语言言简义丰、简练经济的效果。

7.3 离合词固定搭配构式的考察

在语言实践中,由于多种因素的影响,留学生在介宾结构位置上的偏误较多,因此他们会尽量避免使用离合词带介宾短语这种构式。汉语的介词与离合词有着极其密切的关系,本书的考察主要集中在用于主语与离合词之间的逻辑宾语、引介地点与时间的介宾短语,用于离合动词前做状语的常用构式。该类构式是在临摹客观事件发生的自然顺序的基础上形成的,是最自然的陈述语序,即"施事—

处所/工具/根由/关涉—动作—对象",以下构式是与客观事件发生的时序相吻合的。

7.3.1 "跟"类/"给"类 + sb. + AB/A……B

在对外汉语教学中,留学生经常会出现这样类似的偏误:

256. 今天我<u>见面</u>他。

257. 我<u>打架</u>他。

258. 我常常去她打工的咖啡厅<u>帮忙</u>她。

259. 我<u>道歉</u>她。

对于把汉语作为外语习得的留学生来说,他们均将上述"见面"、"请客"、"帮忙"和"着急"理解为一个简单的动词。但是,这些词在句子中是不会单独出现的,它们往往带上了协同与所指的对象。如:

260. 今天我跟他见面。

261. 我和他打架。

262. 我常常去她打工的咖啡厅给她帮忙。

263. 我向她道歉。

7.3.1.1"'跟'类/'给'类 + sb. + AB/A……B"构式的结构特征

离合词的深层语义结构里涉及表示协同性与针对性对象的降格宾语,这个动作对象的名词性成分——与事,由于汉语句法规则的制约,在句法层面上需要降格,因此由介词引导,从而形成一个介宾短语。

7.3.1.1.1"'跟'类/'给'类 + sb. + AB/A……B"构式中离合词 AB 的特征

对于留学生来说,什么样的离合词可以进入这类构式呢?

(一)具有"协同性"语义特征的离合词,可以进入"'跟'类 + sb. + AB/A……B"构式。即在动作发生的时候,语义涉及两个或两个以上的主体共同发出动作,表示动作行为时两个双方共同参与的,缺少任何一方都不能完成。如"见面""吵架""约会""结婚""聚会"等等。

(二)具有"针对性"语义特征的离合词,可以进入"'给'类 + sb. + AB/A……B"构式。即在动作发生的时候,语义具有动作的一方针对另一方实施动作的指向性,表示的动作行为是由一方指向另一方,不是由 A 与 B 双方共同完成的,而是一人对另一人施加某种动作,另一人并不对这人发出动作,这种指向关系是不可逆的,如"请假""道歉""担心""帮忙""拜年"等。

7.3.1.1.2"'跟'类/'给'类 + sb. + AB/A……B"构式中"跟"类介词的特征

在该构式中,与引进动作协同者离合词的介词"跟""和""同""与",它们在意

义上没有太大区别,但基本上"跟"与"和"最常用。如:

264. 今天我<u>跟</u>他<u>吵架</u>了。

265. 今天我<u>和</u>他<u>吵架</u>了。

266. 今天我<u>同</u>他<u>吵架</u>了。

267. 今天我<u>与</u>他<u>吵架</u>了。

上例中引进动作协同者的介词"跟""和""同""与",在意义上均表示动作与行为是"我"与"他"双方共同参与的,缺少任何一方均不可能完成。介词"跟""和"多用于口语,"同""与"多用于书面语,由于离合词为一类口语方言色彩浓厚的特殊的具有句法属性的词的单位,因此该构式在对外汉语离合词教学中,"'跟' + sb. + AB/A……B"与"'和' + sb. + AB/A……B"最为常用。

7.3.1.1.3 "'跟'类/'给'类 + sb. + AB/A……B"构式中"给"类介词的特征

在该构式中,引进动作"针对性"的介词"给""替""向"等,在引介服务对象与受益对象时,意义上有细微差别,需要慎重选用。"给"可以引介交付、传递的接受者;引介动作的受益者;引介动作的受害者;引介信息的传递方向与对象;还可以用于命令句中。"替"可以引介服务对象,有帮助或协助某人做某事的意思;可以引介替代对象;可以引介牵涉对象。"向"表示一种方向性,既可以是动作上的,也可以是言语上的,引介动作的所对者。如:

268. 我常常去她打工的咖啡厅<u>给他帮忙</u>。

269. 这件事情是我做得不对,我<u>替他道歉</u>。

270. 我要回国了,想<u>向您告别</u>。

在例 268 中,"给他帮忙"引介了动作"帮忙"的受益者;在例 269 中,在"替他道歉"中,"他"是"我"的替代对象;在例 270 中,在"向您告别"中,"您"是"我""告别"的言谈对象,引进动作的所对者。

7.3.1.2 "'跟'类/'给'类 + sb. + AB/A……B"构式的构式义特征

"'跟'类/'给'类 + sb. + AB/A……B"构式有其独立于组成成分的整体意义,构式义无法从字面义直接推导,在主观上有强调合作、指向与缘由的意味。

(一)强调合作

"'跟'类 + sb. + AB/A……B"构式可以由介词"跟、和、与、同"引出,说话者在主观上强调了主语与逻辑宾语的合作性。试比较:

271. 我<u>和校长握手</u>了。

272. 我<u>握了校长的手</u>。

以上例句中,"我和校长握手",由"和"引出的动作行为"握手",说话人主要强调的是双方的合作,而在"握了校长的手"中,说话人主要强调的是其中一方是

"校长"。此类具有协同关系的离合词还有：成交、签约、绝交、就伴、交心等。

（二）强调指向

"'给'类＋sb.＋AB/A……B"构式可以由介词"给、替、向、为"等引出，说话者在主观上强调了主语与逻辑宾语的指向性。如：

273. 你给我滚蛋！

274. 你替我报仇！

275. 我向你告别。

276. 我为你担心。

在以上例句中，"你给我滚蛋"和"你替我报仇"分别为命令句和祈使句，均重点指向动作行为的逻辑宾语"我"。在"我向你告别"与"我为你担心"中，"你"是发话人重点指向的对象。

（三）强调因由

"'给'类＋sb.＋AB/A……B"构式可以由"替、为"等介词引出，说话人主观上强调了行为动作与逻辑宾语的因由关系。如：

277. 我替你儿子上学的事情发愁。

278. 我为你的健康担心。

在例277中，"我"是因为"你儿子上学的事情"，所以"发愁"；在例278中，"我"因为"你的健康"，所以"担心"。在具有指向关系的离合词中，凡是能与逻辑宾语形成因由关系的，均能进入此构式，强调动作行为的缘由。该构式还能由对象介词"为"引入，既能引介事情，还能引介人物。能进入该构式的离合词还有"报案、报仇、生气、着急、操心、拨款、赌气、赔礼、担心、伤心、动武"等等。

7.3.1.3 "'跟'类/'给'类＋sb.＋AB/A……B"构式的语用特征

（一）话题标记功能

在具有协同性关系的"'跟'类＋sb.＋AB/A……B"构式中，介宾结构多出现在句首，具有话题标记功能，话题一般为定指，因为这个位置在认知上最容易引起听众的关注。如：

279. 我跟你打赌，意大利赢不了。

280. 小张和小王结婚了。

以上例句中，"我跟你""小张和小王"是事件的起点，是动作事件的先决条件，分别做该句的话题，符合话语的线性序列。话题化的结果是为了使其焦点化，焦点化的作用在于强调主题受到某种影响之后的结果状态。

（二）管介功能

在具有指向关系的"'给'类＋sb.＋AB/A……B"构式中，介宾结构可以在接受者与受益者、缘由等方面对动作行为进行限定。如：

281. 李遂与值班人员一道向<u>嘉陵派出所</u>报案。

282. 我们<u>给他</u>送礼。

283. 我<u>替你的健康</u>担心。

以上例句中，"给'类 + sb. + AB/A……B"构式里的介宾结构分别对接受者"嘉陵派出所"、受益者"他"和原因"你的健康"方面进行限定。

7.3.2　在 + L. /T. + AB/A…B

离合词所表示的意义，有时需要处所词与时间词的指称才能完整地表达，"在"既能引进动作行为的处所，又能引进动作行为的时间。如：

284. 美军<u>在诺曼底</u>登陆。

285. 他<u>在北京</u>落户了。

286. 我们<u>在今天</u>见面。

287. 我<u>在早上</u>跑步。

7.3.2.1"在 + L. /T. + AB/A……B"构式的结构特征

7.3.2.1.1"在 + L. /T. + AB/A……B"构式中离合词 AB 的特征

（一）具有持续状态的离合词，如："睡觉、洗澡、理发、寻死"等等。

（二）AB 一般为动宾式离合词，如"在老家过年、在咖啡馆见面、在下午上班、在晚上散步"等，而动补式离合词语不适合进入"在 + L. + AB/A……B"构式，如"＊在老家达到、＊在咖啡馆过去"；却能进入"在 + T. + AB/A……B"构式，如"在晚上离开、在深夜过去"等。

7.3.2.1.2"在 + L. /T. + AB/A……B"构式中"在"的特征

《尔雅》："在,存也。"其本源为动词，后发展为介词。先秦汉语中，"在"主要用于简单句中，构成以其为核心的简单谓语结构。如：

288. 子<u>在齐</u>,闻韶。

（《论语·述而》）

289. 孔子<u>在陈</u>,闻火。

（《左传·哀公三年》）

以上例句中，有些学者认为"在"既可以表示主语所在的场所，同时可以表示主语动作行为发生的场所。先秦文献中的"在"仍然有着较强的动词性，不过已经表现出开始向介词转化的倾向了。到汉代，"在"经过语法化虚化为介词后，"在 + L"置于谓语动词前表现出了强大的优势。如：

290. <u>在步道上</u>引手而取,勿听浪人踏瓜蔓。

（《齐民要术·种瓜》）

291. 玄时事形已济,<u>在平乘上箛鼓并作</u>,直高咏。

（《世说新语·豪爽》）

以上例句中,置于"在"后的地点"步道上"和"平乘上"分别为事件发生或受事存在的地点。

由于时间宾语可以看作比喻性的抽象的"处所",因此也能置于"在"之后形成介宾短语,"在+T"在离合词AB之前,表示事件发生的时间。如:

292. 它们<u>在去年离婚</u>了。

293. 我<u>在晚上跑步</u>。

7.3.2.2　"在+L./T.+AB/A……B"构式的构式义特征

该构式是说话人按照自己对某一客观事件的认知和心理选择进行临摹的,是说话人按照自己的心理视点安排语言序列的,具有强调空间与时间的意味。

（一）强调空间

在主语之后,"在+L.+AB/A……B"构式具有强调空间的构式义特征,引介动作行为发生的地点。如:

294. 她<u>在丈夫面前哭穷</u>。

295. 那个年轻的和尚<u>在那一头儿偷嘴</u>。

上例由于离合词"哭穷"不具有空间义特征,"在丈夫面前哭穷"具有强调"在丈夫面前"的意味;"在那一头偷嘴"具有强调"在那一头儿"的意味。

（二）强调时间

在主语之后,"在+T.+AB/A……B"构式具有强调时间的构式义特征,引介动作行为发生的时间。用在该构式中的语义也有细微差别,其差别主要表现在"已然态"与"未然态"上。如:

296. 这家店<u>在淘宝流行前一年就歇业</u>了。

297. 他们<u>在去年结婚</u>了。

298. 他们<u>在今天见面</u>。

299. 我<u>在早上跑步</u>。

表"已然态"的"在+T.+AB/A……B"构式需要进入"（就）……了"框式结构中,"就"一般位于离合词AB之前。在例296中,"在淘宝流行前一年就歇业",标识动作行为发生的时间,表已然。在例297中,"在去年结婚",强调动作发生的时间,表已然。在例298中,"在今天见面",强调动作行为的时间,表示动作行为还没有发生。在例299中,"在早上跑步",表示动作行为发生的时间是常态。

7.3.2.3 "在 + L./T. + AB/A……B" 构式的语用特征

(一)凸显功能

"在 + L./T. + AB/A……B" 构式中,动作事件发生的地点或时间得到凸显。试比较:

300. 冬天,我在室内泳池游泳;夏天,我在室外泳池游泳。

301. 我在早上游泳。

在以上例句中,运用"在 + L./T. + AB/A……B"的构式进行排比,分别将"游泳"的地点与时间进行凸显。

(二)管介功能

"在 + L./T. + AB/A……B" 构式中,介宾结构可以在地点与时间两方面对动作行为进行限定。如:

302. 他们预备在深圳过年。

303. 中国驻日公使在条约上签字了。

304. 他们在今年六月离婚了。

305. 我在晚上跑步。

以"在 + L./T. + AB/A……B"构式中,动作事件的发生均被限定在该地点与该时间之内。该构式是语义、句法、语用等多种因素共同起作用而形成的。语用因素是在语义与句法进行规约后才起作用的。

第八章

理论框架

本研究的理论基础包括两方面的内容,一方面是构式语法理论,主要为 Goldberg(1995)的构式理论,还涉及词块－构式分析法等语言学相关理论。这些理论构成本研究的理论背景。另一方面,现代汉语离合词具有特殊性,我们专门设立理论指导。

8.1 构式语法理论

构式语法理论的建立得益于两大环境的作用(Croft & Cruse 2004)。一个是20 世纪50 年代以来,生成语法一直将句法作为研究的中心,语义和音系研究则居于边缘的地位。随后有不少学者将研究的兴趣和重心放置于语义语用方面,因此,对语言语义语用的研究和发现动摇了生成语法的绝对中心地位。二是 Fillmore(1998)等学者们在习语研究里,发现生成语法理论没有办法解释的异质句法结构的意义问题,提出了"构式"理论。此后,Goldberg(1995,2003)通过对论元结构的研究,系统发展了该理论。

广义的构式语法主要包括四种理论:Kay & Fillmore 的伯克利构式语法(Construction Grammar)、Lakoff 以及 Goldberg 的(狭义构式语法)构式语法(construction grammar)、Croft 的激进构式语法(Radical Construction Grammar)。本书主要讨论 Goldberg 的狭义构式语法理论,主要涉及 Goldberg 构式理论的相关部分和词块－构式理论的相关部分,以期能比较全面地把握它们。

8.1.1 构式的定义与范围

Goldberg(1995)给出了构式的经典定义:"C 是一个构式,当且仅当 C 是一个形式－意义的配对 < Fi,Si > ,且 C 的形式(Fi)或意义(Si)的某些方面不能从 C 的构成成分或其他先前已有的构式中得到完全预测。"因此,她将不可预测性视为判断构式的必要条件。

Goldberg(2006)又将构式的定义扩大:"任何语言结构,只要形式或功能的某些方面不能严格从构成成分或其他的构式中预测出来,就可被视为构式。此外,只要有足够的出现频率,那些能被完全预测出来的语言结构也可作为构式储存于记忆中。"在新的定义中,Goldberg 一方面将构式的范围扩大到包括语素、单词、短语等多层次的语言结构;另一方面,不可预测性不再被视为判断构式的充要条件。因此,很多学者认为新的构式范围过于宽泛,与 Goldberg(1995)提出的最大经济性原则是相矛盾的。

Goldberg(2009)对构式的定义范围进行了进一步的修改,将语素划入固定词语构式,而不作为一类单独构式来看待,尽量减少学界对其构式范围扩大的批评和质疑。Goldberg(1995)认为构式是形式和意义的结合,之后扩大到形式与功能的结合。

Langacker 的认知语法也称为构式语法。他(2008:161)是这样定义构式的:构式是象征性的组合体,一个象征性结构 Σ 是语义机构 S 和语音结构 P 的组合体 $[[S]/[P]]\Sigma$,一极为语义极,一极为语音极,两个以上的构式 Σ 组合又会形成新的象征性结构: $[\Sigma 1]+[\Sigma 2]=[\Sigma 3]$。

激进构式语法提出者 Croft(2001:52)认为,构式是约定俗成的复杂语法单位。

以上学者对于构式的定义是一脉相承,内在相通的,均认为构式是由两个以上的成分组合形成的。

基于 Goldberg(2003)对构式的分类,结合实例,我们将构式概括为以下六类:语素、复合词、词组、(不可填充式)习语、(可填充式)习语、固定句式。

按照构式内容的可填充性,构式可以分为不可填充式和可填充式。不可填充式指在词汇上固定的,组成内容不可替代的构式,包括语素、词、词组及固定习语。半实体构式是指那些在词汇上半开放,部分内容可以填充替换的构式,Fillmore,Kay & Connor(1988)将该构式称为图式构式(schematic construction)。图式构式包括可填充习语和各类句式,如动结句式、致使句式等,可填充的具体内容形成语句。

构式的范围纵跨各个语言层次,各类语言结构均为某种形式与意义的结合体。构式语法打通了词汇与语法的界限,将各层构式结构均作为语言系统的总汇。虽然构式语法涉及的为两个或两个以上的复杂的语言单位,但构式语法关注得更多的为句式层面的构式。

8.1.2　构式语法的特征与原则

构式语法现在还在不断发展与完善中,我们把它们归纳为六条基本特征与原则。

（一）复合性

构式语法认为语言构式是集语音、句法与语义为一体的有机整体。语言使用者的语法知识不再被分割,而是以构式的形式统一表征。构式的复合性表现为形式与意义的结合,形式分布在语音、形态和句法等层面,意义分布与语义、语用和话语功能等方面。语言就是由各类复合表达构成的整体系统。

（二）语义语用融合观

Goldberg（1995：6）认为:构式意义既包含语义信息,也包含焦点、话题、语体风格等语用意义。Goldberg（2003：3）也将构式的形式功能包括了"话语功能"与"交际功能",在列出的构式语法七条准则里重申了对"事件状态理解方式的微妙方面"。微妙的语义和语用因素对理解构式所受到的制约是至关重要的。

（三）表层概念假设

表层概念假设倡导语言的单层观（a monostratal view）和使用观（usage－based model）。该假说认为语言的表层论元结构蕴含了句法和语义,不存在深层结构,对于语言系统的解释比生成语法的派生结构更具有广泛性。该假说包括四个假设:目标句法论点、目标语义论点、输入句法论点和输入语义论点（Goldberg,2006：33－40）。

（四）能产性

构式是人们在生活经验的基础之上提取出来的抽象事件的框架,只需填充新的内容,就可形成全新表达。因此,向既定的图示构式中填充内容,实现了构式的能产性和认知的经济性。经过高频使用和固化后的非典型性用法也能转变为典型性用法而被人们所接收。（刘大为,2001）

（五）心理现实性

Goldberg（1995：38－39）提出"情景编码假设":与基本句子类型对应的构式把与人类经验有关的事件类型作为中心意义进行编码,即语言结构是对认知经验的描写临摹,语言反映了人的经验与心理现象。

（六）微观构式网络与宏观构式网络

微观构式网络指某一构式是包含各类构式义的网络。Goldberg（1995：33）提出:一个构式可以有多个构式义,有些是中心义,有些是扩展义,构式具有多义性。

宏观构式网络指语法系统是构式网络的网络。构式网络的上层为各类笼统的图式构式,图式构式能够激活下层继承构式。继承构式通过隐喻延伸并形成实例,由原型构式义扩展到引申构式义。同样,构式网络也不是均匀分布的,有些构式家族成员紧密,构式层级丰富;有些构式家族成员寥寥无几。

构式语法对动词与构式、构式与构式的互动等方面对语言构式进行了详细的说明。

8.1.3　动词与构式

构式与动词之间的关系是构式语法的核心内容。围绕此问题,我们将详细阐释动词义与构式义的区分、动词与构式继承句之间的关系、动词的参与者角色与构式论元角色的融合。

8.1.3.1　动词与构式义

Goldberg 的构式语法理论是建立于框架语义学的基础上的。框架(Fillmore 1977a)指"某一连贯的个体化的感知、记忆、体验、行为或者物体的抽象化"。而语义是相对于框架而言的 (Fillmore 1977a)。"框架"几乎相当于 Lakoff(1987)的理想认知模式(ICMS)(Petruck 1996)。每个单词的词义均激活一个已经存在的语义框架,框架中有凸显的部分和非凸显的部分,非凸显的部分被称为"框架中的背景"(background frame)。某个单词的凸显是该词所指示或者断言的内容,该词框架中的背景也是假定的或被人们所认为是理所当然的内容(Goldberg 2010)。

Goldberg(2010)提出,(非派生)动的词义与表示述谓的词义框架相对应。莫伊表示述谓的语义框架被定义为:构式文化元(cultural unit)的某种概括的、可能复杂的事件/状态。语义框架中有些方面是凸显的,其他方面构成框架中的背景。有些动词指示并凸显语义框架中的简单事件;有些动词语义框架中涉及两个凸显次事件,次事件间不因因果关系相关联;有些动词语义框架中涉及两个次事件,次事件之间无因果关系,凸显其中一个次事件;动词语义框架设计两个凸显存在的因果关系次事件,分别编码为手段和结果。

Goldberg (2010)还提出常规框架限定(Conventional Frame Constraint):某个动词所标示的情景或者体验,也许是假定的或者历史的,不需要直接经历,但这种体验或者情景一定需要激活一个动词使用者熟悉并且与之相关的文化元(cultural u-nit),即意味着述谓语义框架中的次事件组合构成某一个文化元的连贯并为人熟知的体验或者场景。

学者们认为有必要将动词内在的"核心"词汇义与动词出现的语法构式语义区分开来(Goldberg,1995,2010)。简单句与语义结构直接联系,论元结构构式中所涉及的框架是基本且通常为人们所体验的。论元结构构式是对多个动词的概括,并以此确保其概括性。与构式义相关的框架大多是凸显框架,不涉及或少许涉及框架中的背景内容,是由于构式义是从众多不同动词中概括出来的(Goldberg,2010)。

8.1.3.2 动词义与构式义的关系

Goldberg(1995)详细讨论了动词义与构式义之间的关系,并在2010年的文章中加以补充:动词与构式不指示两个独立事件,或动词所指事件和构式所指事件相同,或动词阐述构式义(Goldberg,2010)。比如我们认定及物构式义为"转移(X致使Y收到Z)",动词所示事件为构式所示事件的一个之类。请见:

1. She gave him a punch.

2. She handed him the ball.

以上例句中,"give"在语义上编码成词义,参与该构式,则动词所指事件和构式所指事件相同。"hand"在语义上阐释或者进一步详解构式义,动词所示事件类型是构式所示更加普遍的事件类型。

还有些情况,动词在语义上并不是指示跟构式相关的语义,动词与构式分别指代两个可以区别的事件。在大多数情况下,动词所指示的事件与构式所指示的事件之间是有因果关系的。这种因果关系是通过详述某行为中所涉及的手段、结果与工具而实现的(Goldberg,2010)。

动词所指示的事件与构式所指示的事件之间不一定是因果关系,动词所指示的事件可以是构式所指示事件的前提(precondition)或者伴随活动(co – occurring activity)(Goldberg,2010)。

动词可以编码为因果相关的次事件或一次事件为另一次事件的前提,动词与构式的结合也可以这样编码;动词和论元结构构式的结合所指示的事件在有些方面和某一个词汇项的语义框架中的次事件相当(Goldberg,2010)。因此我们可以这样理解:构式继承句所指示的事件在有些方面跟动词语义框架中的次事件相当。

8.1.3.3 动词参与者角色与构式论元的融合

动词框架语义的一部分包括参与者角色(participant roles)(Goldberg,1995:43),从此参与者角色凸显(profile)的是与动词相关联的实体:这些实体在情景中必须作为焦点(focal points)。凸显是由词汇意义所决定的,并不受语境影响。同一语义框架中的动词将可能凸显的是不同的参与者角色。动词被凸显的参与者角色一般是在限定小句中得以表达的(Goldberg,1995:44 – 45)。确定动词的哪一个参与者角色被凸显的标准是所有在句法上得以表达的参与者角色被强调,并且仅有这些角色是被凸显的。判断构式论元角色(argument roles)被凸显的标准是所有被表达为直接语法功能项的论元角色被认为得到凸显,且仅有这些论元角色被认为得到凸显。(Goldberg,1995:49)

Goldberg(1995:50)还提出了动词参与者的角色和构式角色的融合(fusion)原则。1)语义一致原则(the Semantic Coherence Principle):只有语义一致角色能融合。两个角色如果能在语义上一致,其中一个能被理解为另一个角色的实例;另一个角色能否可被理解为另一个角色的实例将有普遍范畴化原则决定。① 2)对应原则(the Correspondence Principle):每个词汇凸显并且表达的参与者角色应该与构式中被凸显的一个论元角色融合。Goldberg(1995:50-51)阐释过动词参与者角色跟构式角色的融合原则,构式规定动词以什么方式整合进构式中。

根据这两条融合原则,Goldberg(1995:52-56)又提出了几条细则:1)构式能增加不是由动词提供的角色。2)动词某参与者的角色有时不是构式的某论元角色,但是能够被理解成为这个论元角色的一个实例。如动词"send"参与的双宾语构式句中"He sent Chicago a letter"里,"Chicago"转喻为某个人,便能够归结为双宾语构式的影响。3)构式允许其中某一个动词的参与者角色被联接到一个没有被凸显的论元角色。4)构式允许一个动词中某个没有被凸显的参与者角色与构式中某个被凸显的论元角色融合并集成它的凸显状态。Goldberg(1995:65)还提出一条融合原则的限制:至少需要一个参与者角色与一个论元角色被融合,不是所有的论元角色都能够由构式来提供的。

动词被凸显的参与者的角色也许在句法上不能得到表达,主要存在的情形有:1)剪切(cutting)。比如英语中的动构式能够剪切动词的施事题元;2)遮挡(shading)。比如在被动构式中能够遮挡动词的施事题元;3)角色合并(role merging)。比如英语中的反身构式能够把有关题元角色合并成一个,在句法上表现为一个功能成分;空补语(null complement)。当题元制成的是无关实体或者不为人知的实体时,因不确定该题元指称的对象因此不表达该题元,或者在语境中是能够被复原的(Goldberg,1995:56-59)。

8.1.4　构式与构式

Goldberg(1995:75-81)认为,语言中的构式按照层级关系分布进行联接。他还详尽地讨论了构式的四种继承联接:多义联接(polysemy)、子部分联接(sub-

---

① 普遍范畴化原则是基于体验的,对外界实体进行主观概况与类属划分的心智过程,这个过程跟心智能力相同,具有体验性、规则性、无意识性、想象力与创造力等特征(Jackendoff,1985:86),类似(Goldberg,2010)提及的"文化元"。

part)、实例联接(instance)、隐喻联接(metaphorical)。

第一类是多义联接。Goldberg 认为构式具有多义性。多义联接描述了构式的某个特定的意义与以此作为基础的扩展意义之间的多义关系。每个扩展义都通过特定的类型的多义联接与中心意义之间保持着关联。如,双及物与致使移动句型都不止有一个抽象意义,而是与一个相互联系的多义家族相关联,其中扩展义构式均基于中心义构式基础之上延伸而成,两者之间存在因果或者先后联系。

第二类是子部分联接。当某个构式是另一个构式固有的子部分,且独立存在时,我们将两个构式联接为子部分联接。如,非及物移动构式作为子部分跟致使移动构式联接,非及物移动构式的句法语义规定为致使移动构式的一个子部分。同理,非及物动结构式同样作为子部分跟动结构式联接。

第三类是实例联接。当某个具体构式是另一个构式的特殊实例时,两个构式便是实例联接关系。该联接的特征为:有且仅当其中某个构式是另一构式较为完整的表述的时候,该联接才能成立。如,drive sb. Mad/crazy,这类动结式就是动结构式的一个实例,具体表达"发疯"的意思;动结构式也是 drive 的词汇构式里的一个子部分。

第四类是隐喻联接。当两个构式间存在着隐喻映射关系时,构式联接属于隐喻联接。如,动结构式的结果能够被看作致使移动构式中目标的隐喻,Goldberg(1995:82)就将两个构式隐喻映射具体描述成"致使移动表示处所变化的结果被隐喻表示成状态的改变和影响"。

构式还允许多重承继,能够从多个独立存在的构式里承继信息(Goldberg,1995:97－98)。

8.1.5　构式与汉语研究

在汉语研究里,构式所具有的独立语法意义早就被注意到。王力先生(1943,1944)在 20 世纪 40 年代就将"把"字句称之为"处置式",提出该句式"表示处置";朱德熙先生(1981)认为"NP1 + V + 着 + NP"是一个歧义句式,可分化成 C1与 C2 两式,C1 表存在、静态(如"墙上贴着画"),C2 表活动、动态(如"台上唱着戏")。朱先生认为这种语法意义为"高层次的语法意义"。

从汉语研究角度出发,Goldberg 在 Fillmore 与 Paul Kay 等人研究的基础之上,总结出构式语法主要的贡献有:

(一)构式语法理论的提出,扩宽了汉语研究的视野,促进我们对汉语问题中先前解释不好,或者先前想不到的语法现象进行进一步的思考。陆俭明先生(1987)认为构式语法理论表现出对汉语事实的解释力。

王力先生的"处置式"讨论的是"NP［施事］+ 把 + 受事 + VP"这一句式的语法意义。

朱德熙先生把"NP1 + V + 着 + NP"分化为两式,表存在、静态的 C1 与表活动、动态的 C2,指出了"NP1 + V + 着 + NP"代表不同句式,各句式各自表示不同的语法意义。

张伯江运用构式语法的观点分析汉语里的双宾语句(1999)与"把"字句,认为汉语双宾语句的语义核心为"有意地给予性转移",并讨论了该句式语义的引申机制。此外,张伯江(1999,2000)还提出句式"A 把 BVC"的整体意义为"由 A 作为起因,针对选定对象 B 的、以 V 的方式进行的、使 B 实现完全变化 C 的一种行为"。沈家煊(2005:3)认为"把"字句方方面面的热点,大到区别于其他句式的句义特点,小到其中每个成分的词语选择,都能由此得到统一的解释。

王黎运用构式语法解释"这锅饭吃了十个人"。他认为,汉语里不说"饭吃人",只能说"人吃饭",是因为汉语里只有［施事 – 动作 – 受事］的格式,而没有［受事 – 动作 – 施事］的格式。但"这锅饭吃了十个人"却是［受事 – 动作 – 施事］的格式。"人吃饭"是以动作动词为核心的时间格式,语义配置是"施 – 动 – 受"的格式,但是"这锅饭吃了十个人"却是一个容纳量与被容纳量的结构,其语义配置为"容纳量 – 容纳方式 – 被容纳量",就算主宾换位,也不能改变这种语义配置。构式语法在汉语中的这些尝试的确为汉语研究扩宽了思路。

(二)有助于进一步探索影响句子意义的因素与句子意思的组成,有助于说明各种不同句式产生的原因和理据。由于各种句式能表达一定的语法意义,为了贴切地表达,人们在实际交际中就会不断创造出新的表达方式来满足表达的需要。

(三)构式语法能扩大语法研究的视野,引起我们对以前语言理论的重新反思与思考,开拓研究新领域,有助于人们将语言研究引向深入。

陆俭明先生(2004)认为,就汉语研究来看,按照句式语法理论,我们需要重视对一个个具体句式的研究,并且要从具体的句式所表达的语法意义中来考察分析句式内部词语之间的语法意义和语义关系,具体句式不能只局限在跟基本论元结构相关的那些句式,应该还包括"变式",甚至包括由于语用因素所造成的句式。

8.1.6　构式与二语习得

构式语法是基于使用的语法。心理认知过程与认知机制在二语习得的研究一开始便受到了关注,认知科学与神经科学的新进展使我们能够更深入地了解语言。认知科学提出,无论是母语还是二语都是人类认知的一部分,语言和认知密不可分,语言处理的过程一定需要运用基本的认知能力已成为主流的观点。Goldberg(2005)认为,二语习得过程为一个内化的认知过程,该过程的研究焦点是描述并且解释第二语言学习的过程,二语认知路径的发展从普遍语法开始,到交互论(interactionism)与联接主义(connectionism),再到构式语法,认知的视角在二语习得研究里十分清晰。

与传统形式语法相比,构式语法与语言习得之间的关系更为直接密切。构式语法尤为强调语言研究的全面性,强调形式与意义的配对,形式与意义的结合是语言习得研究领域的一个关键难题,因此语言习得与使用的研究均能从构式语法的研究中受益。

8.1.6.1 题元结构习得实验

20 世纪 80 年代,Laudau & Gletman 在研究中发现儿童在习得动词的意义时几乎毫不费力,为了推断出动词的意义,儿童会利用他们所听到的包含该动词的句法框架。Goldberg(2001)在对儿童语言数据交换体系的资料中发现,儿童最初学习与理解句子是在具体的动词与题元空格层面进行的,儿童以这些高频词为基础,并对题元结构进行概括后,题元结构的意义在一定程度上与高频词的意义基本一致。儿童对语言知识的概括是他们对于整个句子含义的预测方面效力与动词的大致一样,甚至更强,因此他们能从一个一个具体的动词意义最终抽象为题元结构,所以儿童的语言习得会逐渐过渡到在构式层面进行。

Bencini & Goldberg(2000)进行了一项非常有启发性的实验。他们将 4 个动词与 4 个论元构式交叉组成 16 个简单的句子,受试者根据自己对句子的理解将它们进行归类。但是结果跟以往的认识不同,受试者更加倾向于按照构式而不是动词来归类,这反映了受试者理解句子的时候对于构式意义的依赖程度。因此,试验得出一个结论:题元结构在对句义的理解中起到了关键的作用。

董燕萍与梁君英(2002)参照 Bencini & Goldberg 的实验材料,在二语习得中验证了这个结论。他们针对三个层次的学生:初中二年级的学生、非英语专业大学本科一年级的学生、非英语专业硕士研究生一年级的学生进行了实验。实验结果表明,初中二年级的学生倾向于依据动词来归类句子,但是本科与研究生受试者则主要依据构式来归类,因此说明构式确实对于句义理解有重要的作用,且成年人对于二语习得更加依赖构式对于句义的理解,同时,二语水平的差异也可能将影响句子理解所依赖的信息。

8.1.6.2 对于语言共性的解释力

构式语法脱胎于认知语法。认知语言学提出,人类具有认知共性,而在语言层面上的体现便是人类语言的语法共性。语言之所以具有普遍性,不是乔姆斯基学派的"先天说",而是因为人类面对同一或者基本相同的客观世界,人类具有相同与类似的身体器官、感知能力与认知能力,因此决定了使用不同语言的人类具有基本共通的思维能力,成为人类能够交际、理解与互译的基础。而语言习得是学习者内在能力与客观经验共同作用的结果,应当充分关注语言学习过程中创造性的认知过程。

构式语法理论作为认知语言学的一个进化,构式语法对于语言共性做出了成功的解释。它遵循"现实－认知－语言"的模式:客观世界被感官所感知就能形成直觉,直觉通过认知的抽象形成意向图示,投射于人类语言后形成相应的语义框架后,形成构式及句式。构式语法认为语法是一个开放的系统,我们可以通过人类在客观世界的生活经验所形成的概念结构来分析和解释语言结构,因此在语言习得与语言教学中要获得更好的效果,应该先激发学习者对于表达情景的认知共性,再为其阐释目的语在描述该情景时所采用的语法策略。

8.2　词块理论

在现阶段,词块理论是一个相对年轻的理论。它吸引了各领域越来越多的研究者的关注。

8.2.1　词块的相关研究

8.2.1.1 词块的国外研究综述

词块研究发端于心理学相关的研究。西方语言学对它的研究可追溯到 19 世纪中期,他们在观察失语症患者语言时就观察到了词块现象。现代语言学理论创始人索绪尔和结构主义语言学的代表人物布龙菲尔德都曾描述过词块现象,但都是只言片语,没有对这一现象进行更深入的研究。组块(chunking),是一种为扩大短时记忆容量,对信息进行加工的过程。1950 年由美国心理学家米勒(Miller)和塞尔弗里奇(Selfridge)提出,它是记忆对信息的加工过程,即把若干个意义较小的单位组成意义较大的记忆单位,人类短时记忆的容量为"7 ± 2"个单位,这个将若干单位联合成有意义的、较大单位的信息加工的记忆单位就是组块(chunking),也译作"词块""语块""意元"等。

1975 年,Becker 最早对词块进行研究。他认为词块就是一种板块结构,是人们日常交际所用到的语言的最小单位。他称词块为"词汇短语",认为语言在记忆、存储、输出与使用过程中并不是以单个的词为单位,而是以那些固定与半固定的模式化的板块结构为最小单位。

1983 年，Peter 从计算机语言角度将词块定义为具有可分析空间的公式化框架（formula frames with analyzed slots）。

Pawley & Synder（1983）将词块看作早已成惯例的、词汇化的句干（sentence stems），意思是词块的长度与句子的长度差不多或者更长一些，而语法形式及词汇内容基本上是固定的，而这些句干能使整个句子变得更通顺、流畅。

Abney（1991）从言语教学的角度对"词块"（language chunk）进行了研究。他认为词块是句内的一个非递归的核心成分，该成分包含核心成分的前置修饰成分，但是不包含后置附属结构。他的研究为"词块"理论进入语言教学领域开辟了道路。Abney 最早提出了一个完整的词块描述体系，对词块进行了一个权威性的定义。

Nattinger & Decarrico（1992）提出一种介于词汇与句法之间的单位——词汇短语，这也正是词块的雏形。这种词汇短语不同于传统词汇，它既可以作为语言单位被使用，同时在被使用时又已经合乎习惯和语法。他们认为词块是一种存在于传统定义的词汇与句法之间的，形式与功能兼备的且更加具有固定惯用义的自然词汇现象。由于词块名称与定义本身的复杂性，因此对词块的划分情况也有所不同。他们结合英语语言教学实际将词块分为四类：

1）多词词块：这些词块可以对语篇起到一种衔接与过渡作用，其意义作为一个整体被理解，写法像单词中的字母一样缺一不可。如 in a word。

2）惯用表达式：习惯表达，包括谚语、俗语、名言警句与交际套语等等。如 Good morning。这种词块在日常生活中会被经常反复使用。

3）短语限制语：它是存在于句式中的一种短语，一般由前后两部分组成，中间留出空白，根据语境的不同，替换不同的词语。如：the more…，the better…。

4）句型框架：指在一个句型框架里，大部分词语能够进行替换，有一部分词语较固定，不能改变，否则将无法进行正确含义的表达。如 As an old saying goes…，I believe…。

真正提出词块教学法并使它得到重视的是 Michael Lewis（1993）。他认为词块是组成语言的基本单位，习得者可以通过搭配替换词块的方式习得语言知识，进行日常交际。Lewis 认为，词块是语言中的固定表达形式，并指出语言习得的一个重要方面是理解与辨别词块的能力。通过这些词块，学习者能够感知传统上被认为具有语法性质的语言结构，因此，他强调语言是语法化的词汇而不是词汇化的语法。他将词块进行分类为：

1）单词与多词组合：单词指单独词汇；多词指固定短语与词组。多词组合结构固定，不可以进行随意拆分与重组。如 at the same time。

2）搭配：如果一个单词经常与另一个单词搭配起来使用，那么这两个词就能够被看作搭配。它们可以不是固定的，但需要时是使用频率极高的一组词。如black tea。

3）惯用话语：它们可以是单词的组合，也可以是完整的句子，但形式基本固定。如 It's my honor that…

4）句子框架与引语：它们可以是单词的组合，也可以是完整的句子，形式基本固定，主要用于书面语。如 At the first , to the second。

Moon（1997）指出词块是多词项，它是由两个或者两个以上的词组成的序列，这种词序在语义与句法上能构成一个有意义且不可分的单位。他认为多词项是语言僵化与构词词汇化过程的结果，并非是语法规则的作用。

Wray（1999）将词块定位由两个或两个以上的词构成的、连续或不连续的序列，作为一种整体储存在记忆中，使用时整体提取的预制的语言单位。

8.2.1.2 词块的国内研究综述

国内学术界对于词块的研究起步较晚，研究时间不长，绝大多数学者认为词块等同于语块。目前对于汉语语块本体研究的对象主要有成语、惯用语、歇后语、谚语、格言、警语、专门用语、习用套语、口语习用语等等；应用研究主要集中在二语习得中英语词块的研究上，而汉语作为二语习得的词块研究中，有学者也开始尝试探讨词块在教学大纲和词汇教学中的应用，但尚未得到系统的研究。

8.2.1.2.1 词块理论的介绍

虽然国外很早就开始了对词块的研究，但是直到 21 世纪初，国内学术界才陆续开始介绍关于词块研究的理论成果。

廖群（2004）专门介绍了 Nattinger & DeCarrico 的词汇短语研究；

刘运同（2005）总结了国外词块的研究成果，包括词块的性质、词块的研究角度以及词块的作用；

王立非、张大凤（2006）则对国外二语预制词块习得研究的进展进行了综述，涉及预制词块的性质和分类、三种主流的研究方法、研究现状、对外语教学的启示及其在教学中的应用。这是目前对国外二语预制词块习得最为全面的介绍。

还有学者结合词块理论，讨论了词块对翻译或者二语学习的作用。如吕玉勇（2004）讨论了词汇短语在翻译中的重要性；廉洁（2001）、贾琳琳（2004）概括了词块理论对第二语言能力发展的作用。

除上述研究以外，讨论词块理论的文章还有：宋德生（2002）、蒋利（2003）、钟鸣（2004）、龙绍（2005）、刘列宾（2005）、郑定明（2006）等。

8.2.1.2.2 中国学生英语词块的习得研究

国内外语学界在介绍国外词块理论的同时,也开始对中国学生英语词块的习得进行研究。

杨玉晨(1999)提出词块的基本观点,即语言输入与输出均以词汇短语为单位,语言使用者可以根据不同的环境因素与习惯选择不同的词块,而某些结构出现在某种情况下是可以预知的,这将帮助人们在使用时快速生成句子,使交际更加顺畅自如。因此,他提出在英语教学中应该首先帮助学生找出语言材料中的词块,并结合语境对这些板块进行大量的练习。

吴静、王瑞东(2002)根据中国学生的特点和学习习惯提出词块教学法在英语教学中的重要意义,还整理了如何实施这种方法的具体步骤。

洪显利、张荣华、冉瑞兵(2003)在高中一年级英语教学中,进行组块构建记忆策略训练,结果表明这可以显著提高学生英语词汇学习质量和词汇记忆技能,改善高一学生的英语学习观念、态度,激发学生的英语学习兴趣,从而为中学英语词汇教学提供了新的教学方法和途径。

陈鑫(2004)则考察了中国学生在词块学习中出现的偏误,并对偏误原因进行了分析。

刁琳琳(2004)对英语专业学生词块能力进行了实证性调查。调查采用能力测试的形式,结合定性和定量分析探求词块能力和语言能力的关系。结果表明:词块能力与语言综合能力及具体语言技能之间均具有显著的正相关。因此,可以认为词块能力是语言能力的一项重要指标。研究发现中国英语学习者的词块能力总体是不容乐观的。

张建琴(2004)则考察了不同水平等级的学生对词块的习得情况。通过对高级、中级和初级英语学习者口语样本中词汇短语使用频率和使用类别的分析,试图说明不同水平语言学习者词汇短语是与其口语流利度、语言地道性及其语言水平之间的关系。研究表明:高级学习者使用词汇短语频率较高,种类较多,其语言较为流利和地道;中级学习者使用词汇短语频率与高级语言学习者相差不大,但其种类单一;初级学习者比其他两组使用的短语少得多,并且倾向于用语法规则来构造句子,其语言缺少流利度和地道性。研究结果在一定程度上说明,词块的掌握有助于提高学生口语的流利度和地道性。

黎宏(2005)讨论了在英语教学中运用词块教学法对培养学习者语言能力的启示与意义。

词块教学法进入对外汉语教学领域的研究时间并不长,但由于这是一种既新颖又有效的教学方法,所以吸引了很多第二语言教学专家的目光。如:

王玲(2005)从汉语词汇教学的角度引入词块理论,认为词块教学法可以帮助学习者减少母语负迁移所带来的影响,提高学生实际运用汉语的能力。同时还提出将单词与词汇短语相结合的教学方法。

王立非、张岩(2006)运用 SE ECCL 语料库的作文子库研究中国大学生英语议论文中词块的使用特点,结果表明:(1)中国学生写作中使用词块的种类较少,存在过度使用 3 词词块现象;(2)所使用的词块句法特征分为 10 类,最突出的 3 类为"名+动结构"词块、名词词块和动词词块;(3)中国学生使用的词块与本族语者相比存在差异。上述研究成果对二语习得和教学具有启示作用。

此外,还有研究讨论词块在口语教学中的作用(杨继红,2005;刘加英,2006;王林、朱凡希,2005);词块对提高学生作文水平的作用(丁言仁、戚焱,2005;徐淑军,2006);教学中如何进行词块教学(刘晓玲、阳至清,2003;濮建忠,2003;李红叶,2004)等问题。

虽然,国内语言学界对词块理论的介绍较晚,但是相关的实证研究正在逐步进行。对中国学生英语词块习得研究的角度也逐渐拓宽,涉及词块的使用情况、词块能力的调查、词块偏误的考察等各个方面。这些研究一方面可以进一步印证词块对二语习得的作用,另一方面对汉语作为第二语言的词块习得研究也具有重要的借鉴意义。

8.2.1.2.3 国内汉语学界对词块的研究

汉语学界对部分词块早有丰富而成熟的研究成果,目前的研究对象主要有成语、惯用语、歇后语、谚语、格言、警语、专门用语、习用套语、口语习用语等等。这些语言成分之所以最先引起人们的注意主要是因为它们结构定型、意义较为凝固,虽然大于词,但是一般都被看作一个整体。崔希亮(1997)打了一个比方,认为:"语言是一所房子,那么词就是盖房子的砖瓦,语素是制作砖瓦的原料,语法是盖房子的图纸,而熟语就是预制板,它们是定型了的初级产品。"

8.2.1.2.3.1 汉语词块的本体研究

温端政(2002;2005)提出"语词分立"的主张,认为"语"与"词"是不同的语言单位,应该分立开来。"语"应当独立于"词"之外,与"词"并行。虽然这里的"语"主要指传统意义上的成语、歇后语、谚语和惯用语,但是语词分立的观点充分说明了汉语学界对"语"的重视,对我们的词块研究也具有很大的启发。

最早对汉语词块进行系统研究的学者是刘运同(2004),他也是目前对汉语词块所进行的较为全面的研究者。

刘文对汉语中的词汇短语(词块)进行了分类,对词汇短语与自由词组、搭配做了区分,讨论了词语串和短语框架以及句子框架。该文中虽然使用词汇短语的术语,但是其范围要比 Nattinger & DeCarrico 所谓的词汇短语大得多,主要指一些较大的词语组合体。分类框架中的词串是根据 Bible 提出的"lexical bundle"而来,这是根据出现频率而确定的一些语言单位。在"固定短语"一类中,除去成语、惯用语、歇后语之外,其他的成分都归入"不完整词串"。但是我们可以发现,这一类包含的成分内部性质各异,是最为复杂的一类,不能用一个名称笼统概括,将其简单化。分类中几乎涵盖了汉语中所有大于词而小于自由短语的语言成分,这是汉语学界首次对汉语词块进行的一次尝试性的研究。作者力图勾勒出汉语词块的概貌,对汉语词块也有了一个基本的框架。但是框架的某些部分还有待于细化,以求更为全面地显示汉语词块的全貌和特点。

周健(2007)将汉语词块分为三类:词语组合搭配词块,如:功能衰竭、繁荣经济、重弹老调、瘦得皮包骨头等;习用短语,包括习惯用语和熟语等,含固定形式和半固定形式,如撒腿就跑、桥归桥,路归路、千不该万不该、话又说回来等;句子中连接成分等类固定结构,如复句关联词:"不但……而且""不但……反而"等。周健对词块所做的分类尚显粗糙,有的类别中混杂了不同性质的词块,还不够细致严谨。

8.2.1.2.3.2 汉语作为第二语言的词块研究

虽然汉语词块尚未得到系统的研究,但是在汉语作为第二语言的教学中早已萌发了词块意识,有学者已尝试探讨词块在教学大纲和词汇教学中的应用。

《高等学校外国留学生汉语言专业教学大纲》(2002)与《高等学校外国留学生汉语言专业教学大纲》(长期进修)(2002)已经注意到了一些具有话语功能的词块。两个《教学大纲》后分别列有功能项目,如社交表达、情况表达、态度表达、情感表达、使令表达、谈话技巧等等。这些功能项目中所列的多为常用套语或者一些常用的句式、句型,如告别时常用的"再见""明天见""您慢走""您走好"等等。这说明在汉语作为第二语言的教学中,已经注意到了这些词块对汉语学习具有重要作用。但是所收录的套语句式句型较多,而多词结构较少。

《汉语水平词汇与汉字等级大纲》(以下简称《词汇大纲》)在多词结构的收录方面做了一些补充。根据李红印(2005)的研究,目前《词汇大纲》收录的"语"主要有固定格式、惯用语、成语、词块。其中词块指"大于词的惯用短语,但又无法归入传统意义上的成语、惯用语、固定结构",如"没关系""总而言之"等等。作者认为"从对外汉语教学实际需要出发,应当收录'对……来说''一边……''总的来说'等对汉语学习有重要价值的固定格式和'词块'。"并且与温端政提出的"语词分离"的观点相呼应,作者认为对外汉语教学中除了编写"词汇大纲"之外,还应当编写"语汇大纲"。

《词汇大纲》与《教学大纲》是为留学生的汉语学习而制定的,是从留学生学习的角度出发编写的。它们对这些母语者习焉不察的特殊成分的收录也是为了满足留学生学习的需要。因此,可以说,汉语作为第二语言的教学与研究为汉语本体研究开拓了一个新的研究领域,促使我们进一步探索汉语的本质与特点。

李晓琪(2004)主张对外汉语语法教学应当建立词汇 – 语法的教学模式。其中谈到了由虚词组成的板块、固定结构和搭配,比如"在……上""在……看来"等。板块、固定结构和搭配有助于学习者将词汇、词块、语境结合起来,有助于对汉语语法点的理解和应用。

此外,王玲(2005)认为词汇教学应当以词块理论为原则,并讨论了词块教学法在对外汉语教学中具体应用。

关于汉语词块的习得研究可见到的文献有丁洁(2005、2006)的研究。丁文对口语习用语的习得情况进行了初步的考察。丁洁(2005)主要讨论了对外汉语教学中把口语习用语作为预制词块进行教学的意义和价值。作者将习用语看作词块的一类,认为"口语习用语是汉语日常的口语交际中使用频率极高的一类特定词块,他们有相对固定的结构,并且作为一个整体来表达某个完整的意思或者某种状态,具有定语境、定语义、定形式的特点"。例如:谁说不是呢? 谁知道啊!

文章还从第二语言教学和习得的角度探讨了口语习用语词块教学的策略,最后提出从培养学生的词块意识入手,重视并强化汉语口语习用语词块教学,提高汉语口语教学的效果。

丁洁(2006)主要探讨口语习用语在第二语言习得中的价值和意义。认为口语习用语词块有助于产出地道的表达,改善言语交际的流利性,培养汉语语感;有助于提高近似本族语的词语选用能力,帮助学生最大限度克服母语的负面影响;有助于避免语用失误,增强语用意识,提高语用水平等等。其中,文章的一小节对留学生汉语口语习用语的习得情况进行了调查,发现留学生使用口语习用语的频率、正确率与其等级水平成正相关。

目前汉语词块的研究主要集中于结构定型、意义凝固的单位,对其他的词块成分虽有注意,但还未深入研究。如温端政(2005:26)提到了"不介意""不是味儿"等所谓的"准固定语",认为"它们带有某种惯用的性质,但不属于惯用语。从结构上看似乎介于自由词组与固定词组之间,但更接近自由词组"。虽然这类结构被排除在词汇之外,但是已经引起了研究者的注意。有的学者已经开始尝试对汉语词块进行研究,但还需进行更为细致而深入的甄别分析。

吴勇毅(2010)把汉语词块分为 6 类,分别为固定短语词块、框架词块、动补词块、习词块、及时词块和离合词块,并提出如何在学生学习各类词块时应用相应的教学策略。他是第一个提出将离合词块作为词块研究对象的人。

苏丹洁(2010－2011)对构式语块教学法进行了实质研究,通过一系列的教学实验检验了教学效果,并证明了该教学法具有有效性和可行性。

汉语的词块研究刚刚起步,还存在很多不足:

1. 汉语词块的界定及其分类。汉语传统意义上所说的成语、歇后语、谚语、惯用语属于词块还是语块?

2. 对汉语词块特点的挖掘。现有词块研究主要借鉴国外的研究成果,但是不同语言的词块必然存在一些不同的特点,那么汉语词块有何自己独具的特点?

汉语词块的习得研究较为薄弱。汉语词块本体研究的滞后必然导致词块习得研究的薄弱。目前,汉语词块习得的研究还较为少见,相关的实证研究还有待于在本体研究的基础上进一步展开。

8.2.2　词块的界定与特征

词块,即指在真实交际中,高频率出现且相对固定的词与词特殊的组合。它是认知心理层面的"组块"(Miller,1956)在语言句法层面的体现,反映了人类信息处理能力的实际运用单位(Langacker,1995:170,1997:9;Croft,2001:189;陆炳甫,2008;Wang,2010)。其核心内容是根据心理实验所提供的数据,大脑运用语言进行组码(即编码)也好,解码也好,能容纳的离散块的最大限度是"7±2"。① 超过了(7+2＝)9个词块,就会出现"记住后半句,忘了前半句"的现象。一般来说,词块包括离合词、框架结构、关联词语、词语非固定搭配等。如:散步、不……不……、不但……而且……、态度和蔼等等。词块有三个重要特征:

1)词语共现的高频性。高频共现的词语可以确保其强势搭配的地位,还可以巩固词块的结构与语义,最终具有不可替换性。词块共现的频率是一个语言组合单位是否属于词块的决定因素,要确定一个语言组合单位是否属于词块,就必须看它是否经常在一起共现,如果共现频率高,就可以认定为词块。如在"洗了澡"中,"洗澡"与"了"经常共现,频率很高,"洗了澡"就可以认定为是一个词块。

2)词语共现的相对固定性。词块搭配不具有强烈的定型性,处于固定搭配与自由搭配之间。如:"跟……见面""和……见面"均能存在,表达的意义基本相同。词块则是词与词之间相对固定的组合,是语言单位,因此不具有预制性。

3)词语组块的可记忆性。多词组合能否被有效记忆是其被看作词块的一个重要因素。美国心理学 H. A. Simon 曾做过一个词与短语即时回忆的广度试验,他认为,记忆组块的心理学的真实性已经得到相当充分的证明,而短时记忆的组块

---

① 苏丹洁. 构式语块句法分析发和教学法[J]. 世界汉语教学,2010(04).

容量已经表明为 7-9 个的范围。把信息固定在长期记忆中已表明每一组块要 5 或 10 秒。

但在实际的汉语教学中,我们认为词与词块,词块与语块,词块与构式之间是既有联系又有区别的三组语言单位。

8.2.2.1 词块与词的区别

词是语言中最小的可以独立运用的单位,如,松、洗、嘴、钱等都是语言中最小的可以独立运用的单位。词块的基础是词,词块更注重的是词与词之间的共现关系,是词汇的语用功能。如:“洗钱”,由“洗”与“钱”组成一个离合词,指把非法得来的钱款,通过各种手段掩饰、隐瞒其来源和性质,使其在形式上合法化。其语义无法完全由字面意义直接推导而来,既能表现为合并状态,又能与嵌入其他词表现为离析状态。如:

大多银行家欢迎这种制止为罪犯提供洗钱的措施。

这种洗过钱的银行卡还能用吗?

语言是一个连续统,词与词块存在交集,如复合词“奇怪”进入“A 了 B 了”构式后,形成“奇了怪了”,表现为可离合词。具体表现为:

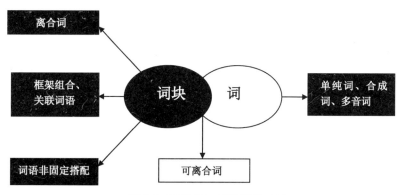

图 8.1:“词块”与“词”的关系图

8.2.2.2 词块与语块

目前学者们最大的共同点是将“词块”等同于“语块”。但在实际的汉语教学中,区分词块与语块,区分词块教学与语块教学,做到具体问题具体分析,这样的区分也许更加符合汉语词汇的实际情况。

(一)词块是指形式相对稳定的词的搭配组合。如离合词“跑步”、关联词语“不但……而且……”等等;语块是指具有强定型性的高频出现的表达式。如惯用语“护犊子”、成语“井底之蛙”、歇后语“恶人先告状——反咬一口”、谚语“老乡见老乡,两眼泪汪汪"等等。

(二)词块具有明显的语法功能,能与其他语言成分组合成句。如离合词"跑步",可以嵌入时体助词"了",形成"跑了步";语块内部语法功能不明显,如成语"井底之蛙"不可以嵌入其他成分。

(三)词块是言语单位,由于类推作用具有很强的生成性。如很多复合词"糟糕"都进入了"A 了个 B"构式,形成"糟了个糟";语块是词的等价物,是民族语言特有的词汇单位,具有鲜明的民族性与历史积淀性,可再生成性较少。

词块与语块也存在着交集,如离合词"吹牛",在惯用语中表现为"吹牛皮",它们均离合两可。具体表现为:

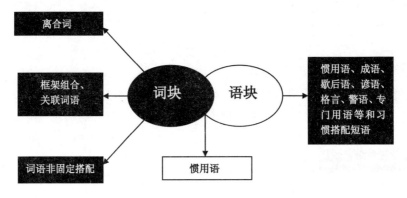

图 8.2:"词块"与"语块"的关系图

8.2.2.3 词块与构式的区别与联系

词块是语言中具体的交际单位,是词与词特殊的组合,即固定或半固定的形义结合体,强调的是交际中的高频性。构式是抽象的结构格式,强调的是抽象的结构框架。构式由词块构成,词块是构式的构成单位。如:离合词块"倒大霉"进入"A 了 B 了"构式中,形成"倒了大霉了";离合词块"洗澡""跑步"进入"你 A 你的 B,我 C 我的 D"构式中,形成"你洗你的澡,我跑我的步"。

语言在句法层面上,存在着各种各样的构式。词与词的搭配与同现一旦成为常态,他们之间便可能因结合上的惯性而产生一定的黏聚力,并最终使它们的组合具有类构式的倾向。以上构式均由具体不同的词块构成,词块是构式的构成单位,构式内部语义配置的每一部分语义,均以一个词块的形式来表现。

与外语教学和对外汉语教学中常见的术语"语块"或"词块"有所区别,"词块 – 构式分析法"中的"词块"与"构式"共同构成一个系统,"词块"作为"构式"的一个下位单元,作为"语义单元"负载着一定的语义。

8.3 词块－构式分析法

段士平先生(2008)指出,"国内缺乏语块与构式语法相结合的研究,这将是语块理论研究基础的发展趋势"。由于语法现象和语法规则的极端复杂性,我们尝试用不同的分析方法与理论来分析不同的语法现象和规则。因此,我们在陆俭明与苏丹洁提出"整体－部分"这种自上而下的统辖方式来分析构式义的基础上,尝试提出"部分－整体"这种自下而上的统辖方式来分析构式义(陆俭明,2009a,2009c;苏丹洁,2009a、2009c、2010a),提出词块－构式分析法。词块－构式分析法是一种全新的构式语义分析方法,我们将该分析法运用于语离合词块构式中。

8.3.1 词块－构式的定义

我们将词块理论与构式语法理论结合使用,对句法层面中构式的句法、语义和功能进行分析与解释,这种思路与方法我们称之为"词块－构式分析法"。

8.3.2 词块－构式的特征与原则

词块－构式分析法是一种建立在词块理论与构式语法理论的基础之上的句法语义分析方法。词块－构式作为一种新型的语言交际单位,其特征主要是:

1)可预制性:指在语言交际中,词块－构式是早就存储在语言使用者的记忆中的,而并非通过语法规则临时生成的。它是一种预制的言语单位,使用时只需要稍微加工,便可组成符合语法的句子,变成流利的语言。

2)整体性:指词块－构式的语义凝固,表达的是一个整体性的构式义和特定的语用义。它在句法上是一个整体,不可分割。

3)易提取性:指由于词块－构式形式上的整体性及语义上的约定俗成,使得词块－构式在被使用时,可以从记忆中直接提取,无须考虑语法与零散语言单位的搭配。

词块－构式的基本原则是:

1)词块－构式是形式与意义的结合体;

2)词块－构式自身有独特的语义结构关系;

3)词块－构式本身表示独特的语法意义;

4)词块－构式的形式与意义均不能从组成成分与其他构式直接推知;

5)词块－构式义是认知域中意向图式在语言中的投射。

第九章

离合词与对外汉语教学

离合词是现代汉语里特殊的一类,横跨于词与词组两头。学界对于离合词的命名、归属与教学均众说纷纭,莫衷一是。对于离合词认识的不同,在汉语教学中就会采取不同的方式与策略。认定离合词是"词"的,在教学中,就会将离合词作为词汇问题处理,通常将它当成动词来教;认定离合词是"词组"的,在教学中,就会将离合词作为语法现象来处理。对外汉语教材中也很少有教材将离合词作为专门的语法点或语法现象来解释教授,因此,许多对外汉语教师在教学中即使承认它是一个语法问题,也没有把它当作一个统一的语法现象来处理,而流于简单地处理成"词汇"教学了。

《汉语水平等级标准与语法等级大纲》对 364 个离合词的处理也很模糊:在甲级语法大纲里没有离合词项目,但在乙、丙、丁 3 级语法大纲里,"词类"部分均有单列的"离合词",不同的是:乙级语法大纲里的离合词是一个项目(编号:乙026),列有 10 个词;而在丙、丁级语法大纲里,离合词下面的每一个词都成了一个语法项目,丙级 14 个词(编号:丙 153 – 166),丁级 16 个词(编号:丁 168 — 183)。虽然甲级语法大纲里没有离合词的项目,但是与之相对应的甲级词里仍然有"发烧、放假、见面、留念、录音、跑步、起床、请假、散步、睡觉、游泳、照相"等离合词。这种在甲级语法里不单列项目,实际上就是将离合词作"词汇化"的模糊处理了。

因此,离合词成了汉语教学与留学生习得汉语的难点之一。许多中高级汉语水平的留学生也经常会说含有离合词偏误的句子,与本族语者在言语表达上表现出明显的差异,并一直得不到行之有效的解决。20 世纪 90 年代,赵金铭先生就在《教外国人汉语语法的一些原则问题》中提到"教学语法的研究,主要是用法的研究"。词块 – 构式分析法就是基于使用的语法,两者不谋而合。在对外汉语离合词教学中运用词块 – 构式进行教学,符合二语习得规律和认知心理的要求。笔者试图从离合词的本体研究出发,结合词块 – 构式理论,试图提供一些具有针对性的教学建议。

9.1　词块 - 构式教学法

陆俭明(2009,2010)、苏丹洁与陆俭明(2010)所进行的一系列研究提出了构式语块分析法和相应的教学法,他们认为适用于目的语的语法教学(同样适用于除汉语外的其他语言)。近年来,他们致力于例释在汉语教学中运用构式语法理论的讲授过程,这种根据一个构式的语义句法构造,将一个构式的线性成分进行分块的做法,表现出强大的解释能力,为词块 - 构式教学法的形成带来了极大的启发。词块 - 构式教学法是基于构式 - 语块分析法之上的实践探索,是一种全新的教学理念,它的提出不是要全盘否定传统的语法分析和教学理论,而只是提出一种补充性的新思路。这种新方法的概括能力如何,适用性多大,还需要更多的学者在语言教学实践中加以检验。

9.1.1　词块 - 构式教学法的界定

根据一定的语言学理论基础与语言习得理论基础,我们将词块理论与构式语法理论结合起来应用于汉语作为第二语言的语法教学中,从而建立一种新的语法教学方法——“词块 - 构式教学法”。采用词块 - 构式教学法教构式,既能教授构式的形式,也能讲明其语法意义与功能,同时还可阐述内容形式。

9.1.2　词块 - 构式教学法的特征与原则

词块 - 构式教学法既给学习者教授了句式的形式,同时也将其意义及内部的语义配置告诉了他们。讲解中,该教学法实际上隐含着词块理论与构式语法理论的精神,但绝不会使用“词块”“构式”等术语。这种教学法的基本精神在于:通过激活学习者自身具有的人类认知的共性,从而将他们引导到学习、理解、掌握带有目的语句式的个性特点上来。该教学法具有以下特征:

1)将词汇学习与语法学习结合起来,是提高学习者语言综合语用能力的一种教学方法。

2)将形式结构、功能作用、典型语境结合起来,学习词块 - 构式的形义关系和适用场景,有助于生成地道的、得体的汉语表达,培养汉语语感。

正因为词块 - 构式教学法具有独特的性质,词块 - 构式教学法也有着独特的优势。因此,我们在实际教学中应该注意以下原则:

9.1.2.1 重视词块－构式义

对于对外汉语教学来说,首要的问题就是教会汉语学习者如何用目的语表达自己的想法,培养其目的语的交际能力,因此构式义就可以成为一个切入点。对外汉语教学不能仅仅从形式出发作句法分析,更要从意义到形式把头脑中的意义转换成语言代码。词块－构式是形式与意义的匹配,汉语习得即是习得一个个具体的词块－构式。词块－构式具有整体性,其构式义不是各个组成成分的简单相加。我们认为,运用词块－构式教学法在对外汉语教学中处理离合词能起到较好的作用。

9.1.2.2 重视词块－构式的归纳与习得

乔姆斯基(1986)认为"语法规则不是在后天环境中学习的,而是由具有先天遗传的语言能力,即以原则与参数为表现形式的普遍语法知识"。人类习得语言的过程,是从普遍语法到个别语法的过程。在对外汉语教学中,很多学者已经意识到简化语法规则的弊端。因此,当外国人要通过学习语法来掌握一种语言的时候,几条最简单的规律根本就不够用。儿童语言习得研究也表明,儿童对于语言的习得均是通过逐步习得一个个语言项获得的,这便意味着抽象的语法知识习得一定需要经过从自然发生的实际语言使用中抽象出构式的图示,语法习得是从具体的词块－构式开始的,离合词的习得也需要从具体的离合词词块再抽象为离合词词块－构式,逐渐发展成语法能力的。认知语言学认为,语言习得中概括能力是学习的关键,单个例子的记忆会随着时间的消退而消退,而概括能力则在增强,人们将知识以构式的形式组织起来,同时保留了许多的具体信息。例如"AAB"构式,留学生首先从具体的离合词 AB 与其他词块中习得其词块义,然后再进行词块义与 AAB 的构式义整合,最终习得该离合词块的构式义。

在对外汉语教学中,注重离合词块－构式的归纳与教学,在很多方面要优于传统的演绎法。对外汉语教师可以让习得者在现有语料中收集某一离合词块－构式的具体句式实例,激发习得者的认知共性,理解所学的离合词块－构式的意义,然后引导习得者分析、理解并掌握此教学法。

9.1.2.3 重视语义与语用相结合

在受到语境制约的"表层句"中,词块顺序取决于对交际情景的"应境性"。汉语句子的词块序列取决于"认知理据性"和"交际调整性"的综合作用。因此,我们需要在词块－构式教学时重视语义与语用的结合。

离合词块－构式是形式、意义与功能相结合的整体,语义与语用紧密结合。Goldberg 认为意义通常是被定义成与某个特定的框架(Frame)或情景(Scene)相联,而且该框架或者情景本身有着高度的组织,可以看作一个与人类经验有关的情景。基于此,Goldberg(1995)又提出"情景编码假设":与基本句子类型对应的构式把人类经验有关的基本事件类型编码成这些构式的中心意义。她援引了相关的语言习得研究,在 Slobin 的实验中,某些语法标记成分最早被应用于"原型情景"。Bowerman 也证明儿童的最初话语都是关于与构式相连的特定情景。因此我们可以将此观点应用于与离合词块 - 构式中心意义相关联的情景。

因此,在词块 - 构式教学法中,我们反对语义与语用的严格界限,强调语用信息与语言形式均可能是约定俗成的,它们共同构成离合词块 - 构式。离合词块 - 构式的本质是人们对客观体验及具体情境的抽象化、概念化。离合词块 - 构式的意义必须包括语境、语体、文化等丰富的背景框架。因此在对外汉语教学中,应该将离合词块 - 构式的形式、语义与语用作为一个有机结合的统一整体。如,汉语有一个常见的离合词块 - 构式"A 什么 B","什么"在汉语中的基本用法表示疑问,但这个表达无疑是"什么"用法里特别的一个构式,中国人说"散什么步""约什么会""结什么婚"等等,该离合词块 - 构式中的"什么"已经没有疑问的意思了,整个构式的基本语义特征表否定,一般用在会话场合,是一个典型的谈话体句式。"A 什么 B"具有的构式义,在对外汉语教学中我们要将整个构式的形式意义与它所传递的语用信息同时教给学生,这些丰富的与离合词块 - 构式中心意义相关联的情景是对外汉语教学中不可忽视的。

词块 - 构式教学的实质是将人类认知的共性作为第二语言语法教学的切入点,其优势在于能有效地激活学习者本身具有的认知共性,使目的语的难点句式不再显得孤立复杂,而是变得易于理解、接受和记忆。它通过激活学习者本身具有的人类认知共性,以一种易懂易记的方式,引导学习者理解并掌握汉语的个性特征。

9.2　词块 - 构式教学法与离合词

由于汉语语法界对离合词的理论探讨始终没有一个比较统一的认识,对外汉语教学语法体系也一直没有确立一个统一的标准,因此离合词教学成为对外汉语教学突出的难题之一,离合词的难教与难学也逐渐成为对外汉语教学界的共识。面对离合词使用形式的复杂多变,一方面,对外汉语教材有意回避,在市面上少有详尽描述关于离合词的词典工具书,教师在进行教学的实际操作过程中也不太可能对离合词进行全面的讲解和举例说明;另一方面,留学生由于缺乏有效的指导,对这类特殊的词关注度不够,常常将其视为一般的复合词对待,这样,留学生在学习和使用离合词的过程中就经常会出现一些偏误,这成为汉语教学中的一个普遍性的问题。但是,以交际功能为主导的对外汉语教学中,离合词教学又是一个绕不过去的重要内容。因为要学会地道的汉语,必须学会使用离合词。以下我们从离合词习得的偏误与偏误成因入手,提出离合词的习得策略,试图解决离合词在教学中出现的问题。

9.2.1　离合词的偏误类型

偏误是在第二语言学习的过程中,学习者语言能力欠缺的一种体现,这种欠缺是多发而具有规律性的。李大忠(1996)认为,外国留学生因为没有或者很少有汉语的语感,在学习汉语的过程中,每说一句汉语都要受到已有的汉语理论知识的指导,他们信口乱说的情况是少有发生的。但是,由于留学生母语的习惯与知识的负迁移,已有的汉语知识不足,教材或者词典中的注释不完备,以及教师讲解过程中的不准确或者不全面等等方面的原因,都会导致留学生在学习使用汉语的过程中,出现各种偏误。①

一般而言,出现偏误是外语学习者在学习外语过程中难以避免的一种现象,学习者只有经历了出错、反馈、纠错以及改正这一系列反复纠正的过程,语言习得才能够规范化和标准化。因此,通过对偏误进行观察、分析与分类,研究语言习得过程中偏误产生的原因,从而了解学习者的语言系统障碍,指导学习者在不同的语言学习阶段减少偏误,才能使外语教学更有效、更有针对性。

所谓偏误分析,是指在第二语言习得过程中,对学习者所出现的偏误进行观察、分析与分类,从而能够了解学习者本身的语言系统障碍,揭示出第二语言习得的过程与规律。

9.2.1.1 初级阶段离合词偏误分析

9.2.1.1.1"合并态"使用偏误

初级阶段的留学生在不知道什么是离合词的情况下,一般多将离合词以"合并态"的形式用为一般复合动词。与离合词游离态形式中的动词成分相关的时体助词、补语,以及与宾语成分相关的定语的位置经常会发生偏误。如:

(一)时态助词类偏误

表示时态的助词,一般应该在离合词中的动词语素之后。但是留学生往往将动态助词用在了整个离合词的后面。偏误例句如下:

1. a * 她今天中午睡觉了一个小时。

---

① 李大忠. 外国人学汉语语法偏误分析[M]. 北京:北京语言大学出版社,1996.

　　b＊他今天中午<u>一个小时睡觉</u>了。

　2.＊爸爸现在正<u>生气着</u>,你别去烦他。

　3.＊他是一个小气鬼,从来没有<u>请客过</u>。

　　初级阶段的留学生将离合词等同为一般的复合动词,当这些离合词在句中表示时态时,就出现了上述例句中的偏误。

　　(二)补语类偏误

　　离合词带上补语的时候,应该将补语放在离合词离析形式中动词语素的后面。但是留学生经常把补语放在了整个离合词的后面。偏误例句如下:

　4.＊我<u>一洗澡完</u>就上床。

　5.＊他在学校<u>见面一次</u>王老师。

　6.＊a 她今天<u>一个小时唱歌</u>。

　　＊b 她今天<u>唱歌一个小时</u>。

　7.＊我们<u>干杯一下</u>。

　8.＊他一见到你就<u>生气起来</u>。

　9.＊今天星期天,<u>报名不了</u>。

　　初级阶段的留学生容易把离合词等同为一般复合动词,将结果补语、数量补语、动量补语、趋向补语、可能补语的位置弄错,放在了整个离合词的后面或者前面,因此出现了上述例句中的偏误。

　　(三)定语类偏误

　　离合词带上定语的时候,应该将定语用来修饰离合词离析形式中的宾语成分。但是留学生经常将定语用来修饰整个离合词。偏误例句如下:

　10.我给了她<u>一张照相</u>。

　11.我给了他<u>一个帮忙</u>。

　12.＊a 昨天<u>什么开会</u>?

　　＊b 昨天<u>开会什么</u>?

　　初级阶段的留学生将离合词等同于一般复合词,当定语用来修饰离合词时,用来修饰了整个离合词,放在了整个离合词的前面或者后面,因此出现了上述例句中的偏误。

　　(四)带宾语类的偏误

　　离合词带受事成分的方式之一是将受事成分作为离合词离析后动词语素的宾语。但是留学生经常将受事成分置于整个离合词的后面,作整个离合词的宾语。偏误例句如下:

　13.＊我在办公室<u>一次见面小丽</u>。

14. *我很<u>生气她</u>。

15. *a 请替我<u>问好</u>王老师。

    *b 请替我<u>王老师问好</u>。

初级阶段的留学生将离合词等同于一般的复合词,因此当出现离合词的受事成分时,留学生经常将离合词作为及物动词,后面带上受事宾语,因此出现上述例句中的偏误。

（五）介词搭配类偏误

大多数离合词是不能够直接带上宾语的,一般需要介词的引介。但是留学生经常将其直接放在离合词的后面当作宾语。偏误例句如下:

16. *她一年以前来<u>毕业华中师范大学</u>。

初级阶段的留学生因不熟悉与离合词搭配的介词,从而造成误用,出现了上述例句中的偏误。

9.2.1.1.2"离析态"离合词使用偏误

初级阶段的留学生在使用离合词上存在的偏误,主要是将离合词等同于一般的复合动词,在使用离合词游离态的偏误上,主要有:

（一）趋向动词类偏误

初级阶段的留学生在使用离合词的游离态时,将趋向补语直接插入离合词之中。偏误例句如下:

17. *他们一见面就<u>吵起来架</u>。

18. *他一进门就<u>帮上来忙</u>。

初级阶段的留学生在学习汉语的过程中,接触到的离合词的游离态不多,因此对于离合词惯用的离析方式还不熟悉,才会造成上述例句中的偏误。

（二）离析不完整类偏误

初级阶段的留学生在使用离合词游离态时,将离析后的离合词当作一个及物动词来带上宾语。偏误例句如下:

19. *我<u>见过一面小丽</u>。

20. *今天,我<u>生了气她</u>。

以上偏误例句中,留学生将离析过的离合词"见过面"和"生了气"当作及物动词带上了宾语"小丽"和"她"。

（三）叠用类偏误

初级阶段的留学生在使用离合词的重叠式时,会出现以下偏误例句:

21. *他和我<u>握手了握手</u>。

22. *晚饭后,我们可以去公园<u>散步散步</u>。

以上偏误例句中,留学生将表少量的"A 了 AB"式用成了"AB 了 AB",或者按照形容词的重叠形式,将"AAB"式用为了"AABB",从而出现了偏误。

9.2.1.2 中高级阶段离合词偏误分析

中高级阶段留学生的汉语水平与初级阶段留学生的汉语水平相比,有了很大的提高,在离合词的使用上主要表现为:将离合词当作一般动词使用的偏误减少,而离合词中游离态的偏误大量增多。偏误类型主要有以下几种:

9.2.1.2.1"合并态"使用偏误

中高级阶段中,将离合词用为一般复合动词的偏误仍然存在。偏误例句如下:

23.＊他偷书的时候被当场抓住,<u>丢人死了</u>。

24.＊你迟到了,应该跟老师<u>道歉一下</u>。

25.＊你们<u>聊天了这么长</u>时间?

26.＊你这么瘦,还<u>什么减肥</u>?

27.＊他<u>跳舞起来</u>,很漂亮。

28.＊你向老师<u>告状谁</u>了?

中高级阶段的留学生仍然把离合词当作一般复合动词,以致该需要用为游离态的形式时,却用作了合并态,所以导致了上述偏误的发生。

9.2.1.2.2"游离态"使用偏误

由于中高级阶段的留学生接触到了较多的离合词的用法,掌握了一些关于离合词的语法点,因此使用游离态离合词的时候也变多了,但是由于他们并没有全面地掌握离合词的扩展规律以及使用特点,因此在如何使用离合词游离态的问题上,还存在着许多的偏误,主要偏误类型有以下几种:

(一)时态类偏误

由于中高级阶段的汉语留学生对于汉语时态有一定的接触,因此在离合词的偏误中,主要表现为"了"的过度泛化以及时态的误用。偏误例句如下:

29.＊他从昨天到现在一直<u>发了烧</u>。

30.＊他<u>摇着摇头</u>表示不相信。

偏误例 29 中,"一直"表示现在仍然持续的状态,留学生过度泛化了"了",将其用在了"发烧"中间。偏误例 30 中,留学生用"着"表示动作的持续,与"A 了 AB"表示动作完成的"短暂的尝试"相矛盾。

(二)带补语类偏误

离合词带上补语,一般将补语放在离析的离合词的动词语素之后。中高级阶段的留学生虽然知道离合词能够分离和扩展,但是对于补语在离析后补语的位置的正确用法不太清楚。所以出现了以下偏误：

31. ＊我<u>抽</u>出来<u>空</u>帮助他学习。

32. ＊一想起这件事,他就<u>叹</u>起来<u>气</u>。

33. ＊他们已经<u>结着五年婚</u>。

34. ＊我<u>一整天发高烧</u>了。

例 31 和 32 的偏误例句中是由于中高级阶段的留学生虽然已经学习了复合趋向补语的语法点,但是离合词的扩展形式中含有复合趋向补语的时候,还需要考虑复合趋向补语与宾语的位置问题,不能将复合趋向补语等同于简单趋向补语。例 33 偏误例句是将"结婚"这个离合词中的动词语素"结"当作了持续性动词。例 34 偏误例句是将本来用来补充说明"发烧"时间的时量名词当作状语放在离合词之前,所以出现了以上的偏误。

（三）带宾语类的偏误

一般情况下,离合词的受事成分能够用介词引介,或者在游离态中,用为名词语素的定语,离合词一般是不能够直接带上宾语成分的。而当离合词离析之后,就更不能再带上任何形式的宾语成分了。偏误例句如下:

34. ＊他已经<u>担</u>了几天<u>心</u>我了。

35. ＊他<u>帮</u>了好几次<u>忙</u>我。

以上的偏误例句中,将离析后的离合词带上了宾语成分。

（四）带定语类的偏误

离合词游离态中用定语来修饰和限定宾语成分,中高级阶段的留学生由于不能全面了解离合词的习性,所以出现了以下偏误:

36. ＊a 他<u>操</u>了对我很多的<u>心</u>。

    ＊b 他<u>操</u>了很多的我的<u>心</u>。

37. ＊他<u>被</u>朋友<u>吃</u>过欺骗的<u>亏</u>。

38. ＊我<u>很多读了关于中国的书</u>,觉得很有趣。

39. ＊你简直要了命我。

40. ＊a 他们<u>跳</u>起了<u>舞</u>新疆。

    ＊b 他们<u>新疆跳</u>起了<u>舞</u>。

偏误例 36 的 a 中,留学生将"操心"的对象,用介宾短语插入离合词中,造成偏误;例 36 的 b 中留学生将补语成分当作了定语,造成语序上出现了偏误。偏误例 37 中,留学生受到已经学过的"被"字句的语序结构的影响("受事＋被＋施事＋动词＋动态助词/补语"),将"被"引导的成分放于离合词之前,"被朋友欺骗"是用来修饰说明动宾结构离合词离析后的名词语素"亏"的,属于离合词扩展形式中的定语成分,因此应该放入离合词中间。偏误例 38 中,"很多"应该是用来修饰离合词名词语素"书"的,但留学生误将"很"用为副词,将其放在了之前作了状语。偏误例 39 中,"我"应该用来修饰限定离合词的名词语素"命",却误用作离合词"要命"的宾语。偏误例 40 的 a 中,"新疆"应该用来修饰限定离合词的名词语素"舞",但留学生误认为"新疆"是"跳舞"的宾语;偏误例 40 的 b 中,留学生将定语误用为状语,因此出现了以上的偏误。

（五）与介词搭配类的偏误

离合词的受事成分要么放在离合词的游离态中,要么可以由介词引介放于离合词之前或之后,留学生容易将介词遗漏而出现偏误。

41. ＊他从来没有<u>红过谁脸</u>。

42. ＊我们需要<u>费一点心</u>他。

偏误例 41 中,"红脸"是一个不及物动词,宾语应该由一个介词引介作状语,"和谁红过脸"。偏误例 42 中,"费心"也是一个不及物动词,宾语应该有一个介词引介作状语,"替他费一点心"。

9.2.2　离合词的偏误成因

9.2.2.1 本体研究不统一

半个多世纪以来,由于汉语语言学界对于离合词的界定和定性始终处于不统一的状态,仁者见仁,智者见智,众说纷纭,莫衷一是。在这种状态下,必然导致汉语教科书与词典对离合词的处理含糊不清,甚至有回避离合词的问题,不能形成一个清晰明确、完整系统的教学标准。由于本体研究的不统一,《汉语水平词汇等级大纲》中对于离合词的处理方式也较为特殊。《大纲》中收录了部分常用短语、固定结构与离合词,其中离合词一律不标注词性,也没有作跟短语和固定结构有所区别的处理。那么如何处理离合词,对于教师来说,各有不同;如何运用离合词,对于留学生来说,难以掌握。

9.2.2.2 离合词自身的特殊

离合词是一种特殊的语言现象,既具有复合词的凝固性,又具有短语的离散性。由于离合词的形成轨迹不同,因此,离合词离析能力的强弱、离析的长度、使用频率的高低都不能完全由语法和语义使之规律化,这让留学生们很难分清复合动词、离合词与短语之间的界限。其次,语言是渐变的,处于词和短语发展的连续统上的离合词,随着语言的发展,很难界定清离合词的确切范围,这种不确定给离合词的研究、教学、词典编撰和学习带来很大的麻烦。关于离合词自身的特殊性,我们在前几章节已有详细的研究,在此不再赘述。

9.2.2.3 母语的负迁移

任何一种外语的教学都是在学习者已掌握其母语的基础上进行的。留学生的母语对第二语言学习的影响和作用就成为第二语言教学理论和实践中不可回避的一个问题。对此,从第二语言的教学实践方面来看,存在着两种不同的方法:一种为"依靠母语",即将母语作为唯一的教学用语,并将目的语与母语的对译作为一种重要的教学手段;一种为"排斥母语",即在所有的教学环节中都是用目的语,禁用母语。从20世纪50年代开始,第二语言教学理论研究者就对母语在第二语言教学中的作用从理论上进行过探讨,得出的理论研究和实践经验证明,学习者的母语在第二语言教学中有着双重作用:促进作用——学习者借助和利用母语能够较快地学会第二语言,即正迁移。干扰作用——母语妨碍了学生掌握正确的外语或者正确地掌握第二语言,即负迁移。不同母语背景的留学生学习离合词,所遇到的难点不同,因此出现的偏误也不同。因此,在汉语教学中,应该正确恰当地利用学习者的母语,将学习者的母语与目的语进行有针对性的对比分析,确定教学中的重点和难点,发挥母语在对外汉语教学中的促进作用。本书以英语为母语的欧美国家学生为例:

由于受到英语结构的影响,在英语中,时间补语是在动词之后的,这种结构就造成了留学生在助词和数量词的使用上会出现偏误。

43. I have danced for once this week.

43'*我这周跳舞了一次。

由于有些离合词在译为英语之后,会变为及物动词,这样就会出现留学生在离合词后带上宾语。

44. She is going to marry Jim.

44'*她要结婚吉姆。

尽管产生以上偏误的原因很多,但是,母语带来的负迁移是重要的因素之一。

9.2.2.4 目的语语法规则的过度泛化

赵金铭认为,成年人学习语言的重要特点之一是善于类比,它们学会了一条语法规则,理解了一个语言模式,就会比附着创造出各式各样的句子,这种套用的结果,有时完全无误,有时则容易出错。①

留学生将有限的目的语知识,以类推的方式不太恰当地套用于目的语里,在新的语言知识上产生错误。留学生对学过的汉语语法规则过度泛化,造成离合词在使用过程中产生偏误。

---

① 赵金铭. 对外汉语语法教学的三个阶段及其教学主旨[J]. 世界汉语教学,1996(3).

由于汉语的时体助词一般放于动词之后,宾语之前,留学生在学习了这条规则之后,将离合词当作一个普通的复合动词,将时体助词放在整个离合词的后面,出现偏误。如:

45. *昨天,我们在办公室见面过。

由于汉语中的时体助词"了"一般用于动词或者形容词之后,表示动作或者性状的实现,即已经实现的事实,反映的是动作或者性状在变化过程中的情况,能够表示事件在过去、现在或者将来的动态。留学生使用"了"时有时过度泛化,出现了偏误。如:

46. *你没有回来,老师一直担了心。

9.2.2.5 教材与词典关注得不充分

教材不仅是教学计划与教学大纲的具体体现,也是对外汉语教学培养目标、教学要求、教学原则与教学内容的具体体现,还是课堂教学与测试的重要依据。有没有好的教材会直接影响教师水平的发挥与教学计划的完成。虽然在对外汉语教学实践里,我们不提倡教师在课堂教学中拘泥于教材,但教材对于教学的作用还是不能忽视的。一本好的教材能够帮助留学生快速掌握汉语,建立起正确的语法体系,学会地道的汉语。而现有的对外汉语教材,大多对离合词处理模糊,对离合词采取回避的策略:要么在教材中不作任何说明和解释,根本不把离合词作为语法项目来处理;要么在教材的生词表中只以拼音分写的方式与一般的词加以区别,但是不标明词性。

目前各类词典对离合词的注释,只是将其简单与一般单词对译,这种简单的对译容易给"查字典"学习的留学生造成离合词与普通复合动词是一样的印象,从而增加了留学生使用离合词的偏误。

9.2.2.6 教师的讲解与训练不得当

离合词的教学,"合"的教学并不难,重点与难点均为"离"。从教学的角度出发,教师在讲解离合词的过程中,应该有步骤有重点地讲解离合词的离析性,而不应该删繁就简、避重就轻地选择将离合词当作"词"来处理,虽然方便教学,但是后患无穷,久而久之,留学生的错误表达形成习惯之后,要再想纠正过来,是一件非常难的事情。

9.2.2.7 学生的畏难情绪

饶勤(1997)曾经做过一个调查,将各种类型课程中等级水平不重复的离合词挑出来,让学生造句,结果没有一个学生能够将离合词展开造句的。这一方面说明学生没有掌握离合词的用法,另一方面也说明学生由于畏难情绪的影响,知道这类词属于难点,容易出错,就尽量不用离合词的游离态,回避出错。留学生的这种畏难情绪的消极学习态度,也造成留学生们学习离合词的阻碍。

9.2.3 离合词的教学策略

目前,汉语本体研究的成果与对外汉语教学的实践之间存在着一定程度的割裂,汉语言本体研究的成果没有在教学中得到较好的运用,也是一种资源浪费。我们尝试将离合词的相关研究与词块-构式理论结合起来,尝试将教学重点转移到培养留学生运用汉语进行交际的能力上来,试图解决现代汉语离合词在教学中出现的问题。

9.2.3.1 词块-构式教学法的可行性

由于离合词有着不同的变化形式,其合并状态表现为词;其离析状态表现为词组。对离合词不同的认识,在教学中就会采用不同的方式和策略。认定离合词是"词"的,在教学中,就会把离合词当成词汇问题来处理,通常当成动词来教;若认定离合词为"词组"的,在教学中,就将离合词当作语法现象来解释。从对外汉语教学实际出发,我们同意吴勇毅等①将离合词看作一个词块,将离合词块-构式看作离合词语音、语法和语用的载体,运用词块-构式教学法进行化整为零的教学。

9.2.3.1.1 离合词数量分析

我们在对《汉语水平词汇与汉字等级大纲》的《词汇等级大纲》按级别斟酌筛选出362个离合词的基础上,对《新汉语水平考试大纲》(1-6级)做了进一步筛选,最终确定了常用离合词表,共计233个。其中HSK一级离合词3个,HSK二级离合词9个,HSK三级离合词30个,HSK四级离合词59个,HSK五级离合词125个,HSK六级离合词233个。(见附表)

9.2.3.1.2 离合词语法点分析

9.2.3.1.2.1 初级阶段离合词语法点

根据由国家对外汉语教学领导小组办公室制定的《汉语水平等级标准与语法等级大纲》,甲、乙两级语法为初级。甲、乙级语法中最为基本的语法点为:

(一)A+时体助词+B

汉语的时体助词"了、着、过"表示事件过去、现在或者曾经的动态。"了"表示动作或者性状的实现,一般用于离合词动词语素或者形容词语素之后。"着"表示动作正在进行或者状态正在持续,一般用于离合词动词语素或者形容词语素之

---

① 吴勇毅,何所思,吴卸耀. 汉语语块的分类、语块化程度及其教学思考[J]. 第九届世界华语文教学研讨会,2009.

后。"过"表示曾经发生了这样的动作或者具有这样的性状,一般用于离合词动词语素之后。如:

47. 今天他给我<u>帮了忙</u>,我要去谢谢他。

48. 现在他正<u>生着气</u>。

49. 前几天我们一起<u>照过相</u>。

考虑到初级阶段的留学生刚接触到离合词,其主要偏误是将离合词等同于一般复合动词,因此,在教学中可以将离合词和一般复合动词放在一起进行对比教学,并加上偏误例句,让留学生能够体察到一般复合动词与离合词的差异,从而减少偏误。

(二)A + B + 补语(简单补语)

初级阶段的离合词插入补语的教学只涉及结果补语、简单趋向补语、可能补语、数量(动量)补语。趋向补语是用来标示动作行为趋向的。由于趋向补语分为简单趋向补语和复杂趋向补语,考虑到留学生刚刚接触到趋向补语,有一定的难度,在初级离合词教学中,建议汉语教师先只讲解简单趋向补语,如:上、下、起、来、进、去、过、回,等。如:

50. 我已经<u>洗完澡</u>。

51. 大家一起<u>跳起舞</u>。

(三)A + 定语 + B

定语一般是用来限制和修饰中心语的,放于中心语之前。用来插入离合词的定语一般为形容词、名词、动词、代词和数量词。一般位于离合词内宾语之前。由于初级阶段留学生的生词量有限,很多离合词的游离形式不能充分扩展。如:

52. 他昨天<u>发高烧</u>。

53. 我想<u>照两张相</u>。

(四)A + A + B

离合词中"AAB""A 了 AB""A 一 AB"表示"短暂态与尝试态"的语法意义。如:

54. 今晚我去湖边<u>散散步</u>。

55. 我去操场<u>跑了跑步</u>。

56. 我们一起<u>聊一聊天</u>。

9.2.3.1.2.2 中级阶段离合词语法点

由于初级离合词教学中已经学习了离合词扩展的简单形式,有了一定的语法基础,中级离合词教学中,教师将进一步深化重点和难点。

（一）A＋B＋补语（复杂补语）

中级阶段的离合词插入补语的教学涉及程度补语、数量（时量）补语、复杂趋向补语。如：

57. 你让他伤透了心。

58. 他开了三天会。

（二）介词＋受事＋AB/A…B

有的离合词既能以离析的形式引入受事宾语，又能由介词引介受事宾语，意义不变。如：

59. 我下午跟他见了一面。

9.2.3.1.2.3 高级阶段离合词语法点

高级阶段的离合词教学将开展语素倒置形式和离合词离析复杂形式的教学。

（一）B＋A

高级阶段的离合词教学中，可以学习离合词经过离析之后插入其他成分直接倒置。如：

60. 这忙，我帮不上。

61. 婚都结了，你还想怎么样？

离合词还能接助连词"（连）……也……"进行倒置。如：

62. 他（连）婚都不结了就跑了。

63. 我（连）觉也没睡就来了。

（二）复杂离析形式

复杂离合词离析形式的难点主要涉及各个插入成分位置的顺序问题，涉及三种情况：

（1）离合词中插入成分的"先宾后补"。即：离合词动词语素的受事宾语，在离析成分中为代词，这个代词的位置应该先于数量补语的位置。如：

64. 我吃了他好几次亏，你还是小心一点吧。

65. 我见过小丽一次面。

（2）离合词中插入成分的"先重后宾"。即：离合词动词语素先重叠，再带上动词语素的宾语。如：

66. 你还是操操你自己的心吧。

67. 你见见小丽的面吧。

（3）离合词中插入多个定语成分，顺序一般为：领属＞时间或处所＞代词或量词短语＞动词短语或主谓短语＞形容词＞表属性、质料或者范围的名词、动词。如：

68. 本来想周末去郊外休闲一下,谁知道<u>挨了一天全家莫名其妙的大批斗</u>。

69. "这感觉不错,到时候让肖科平穿条长裙,<u>行一个欧洲宫廷的拽着裙边的屈膝礼</u>,上来先来这么一下!"

9.2.3.1.3 教学思路分析

在合并状态下的离合词,作为单词掌握;在离析状态下的离合词属于带空的词块,语言交际者可以根据实际语义需要填入不同成分,我们可以将离合词块分解为两块:离合词块与插入的自由块,如时间词块、数量词块、时态词块、对象词块等等,离合词块插入修饰成分后,基本不影响离合词块自身所表达的意义,一旦离合词块与插入成分的搭配与同现成为常态,他们之间便可能因结合上的惯性而产生一定的黏聚力,从而抽象成固定的构式义,表示独特的语法意义和语用意义,形成"离合词块 – 构式"。如:离合词 AB 嵌入疑问词"什么",形成离合词块 – 构式"A 什么 B";离合词 AB、CD 嵌入"你……你的……,我……我的……",形成离合词块 – 构式"你 A 你的 B,我 C 我的 D"。这些离合词块 – 构式有着相对固定的结构特征,有着相对明确的语法意义,有着特定的语言环境,均属于离合词块 – 构式。

对于这些离合词块 – 构式教学法的基本思路是:"先合再离,离合交替"。即在初级阶段,将离合词作为词汇进行教学,如"A + B""A + B + N"构式(简单口语);初 – 中级阶段结合相关语法点,进行简单的离合词块 – 构式教学,如"A + 时体助词 + B"构式、"A + 数量词 + B"构式、"A + 对象词 + B"构式、"AAB"构式等;中级阶段对稍微复杂的离合词块 – 构式进行教学,如"A 什么 B"构式、"A 了 B 了"构式、"'跟'类/'给'类 + sb. + AB/A……B"构式、"在 + L. /T. + AB/A……B"构式等;高级阶段对复杂离合词块 – 构式进行教学,如"A 了个 B"构式、"你 A 你的 B,我 C 我的 D"、"BA"构式、"A + B + N"构式(复杂书面语)、其他复杂离合词块 – 构式等。在教学中,应该采用循环递进,由易入难的教学方式,逐级反复进行教学。由于离合词的合并形态与游离形态交替出现,因此,也不可在教学中采用"先合后离"一刀切的方法。

9.2.3.2 词块 – 构式教学法的重要性

针对离合词的学习偏误,我们认为在目前的对外汉语教学中,教师应该尽可能绕过理论分歧,而把教学的重点转移到使学生实际掌握离合词的各种实际使用形式,转移到培养留学生运用汉语进行交际的能力上来,从而改善对外汉语教学中离合词的教学,达到更好的效果。因此,在离合词教学中,提倡将形式结构、功能作用、典型语境结合,置于特定语境中的构式教学法,虽然构式是一个较大的言语单位,由于离合词块 – 构式在语言中出现的高频率与语境的依附性使得该构式易于学会,从而降低了习得的难度,记忆容量的增大不会增大记忆的难度,而是作为整体学习和使用的构式,不容易遗忘,并保留在记忆中。同时,由于离合词块－构式具有相对固定的形式与可预测的性质,除了能缩小期待的范围与预测语篇的内容之外,还能提高学习者产出更多离合词块－构式的能力。正因为离合词块－构式的独特性质,因此,离合词块－构式教学法也有着独特的优势。

(一)该教学法有利于培养初级阶段离合词表达的流利性,奠定离合词教学的基础,随着离合词学习的不断深入,语言表达的流利性也不断增强,从而有助于生成地道的、得体的汉语表达,培养汉语语感。

(二)该教学法可以在教学实践中提高离合词的教学效果。一方面可以提高留学生汉语听说读写的综合能力,尤其是有利于提高留学生进行快速有效地区分离合词词块、提高阅读速度、增强阅读理解的能力;另一方面,有助于留学生最大限度地克服中介语及词汇搭配错误,减少母语给离合词习得带来的负迁移影响,消除文化差异所带来的语言障碍,减少离合词偏误,提高语用水平。

(三)该教学法使习得者在语法结构上找到了一种新的学习方法。使他们能够站在语言全局观上从语义、语用的层面整合性地理解离合词块－构式,体会习得语言的整体语境,降低了语言使用门槛的有效途径,使说话者与听话者将注意力集中在更大的话语结构中,而不是话语中的某个单词上,在使用离合词块－构式进行信息加工时省时、省力,可以更有效地提取,从而在实际运用中更加有效地贴近汉语母语者的说话习惯。

(四)该教学法通过一些常用的离合词与离合词块－构式进行反复讲授与练习,以期达到让学生既掌握语法,又进行交际语用的目的。

(五)该教学法能帮助学习者建立大容量的离合词块－构式容量库,学生头脑中的容量库越大,在接受语言材料的时候就会越感到熟悉,输出语言材料的时候自然会感觉越容易,就越能增强学习者的自信心,提高学习的主动性与积极性。

(六)该教学法可以指导与帮助教材中离合词教学的编写与课程的设计。在教材的编写中,有侧重、有选择地加强对离合词块－构式的指导与训练,在有条件的情况下建立离合词块－构式语料库,使课程设计与课堂教授能够有的放矢,使教材做到易使用且不烦琐,避免词汇教学与语法教学的各自孤立,从而增强离合词教学的实用性与灵活性。

9.2.3.3 词块－构式教学法的教学设计

9.2.3.3.1 教学设计的要求

(一)离合词块的选取。教师需要有意识地培养离合词块－构式的意识,在选取教学材料的时候应该尽可能选择便于运用词块－构式教学法的一些教材,同时在选择词块时,选择难度适中,且贴近留学生实际生活的词块。

(二)呈现方式的新颖。呈现离合词块是运用离合词块－构式教学法进行教学的开始,好的呈现方式能够激发学生的学习兴趣,还能加深学生对离合词块－构式的记忆。除了课本上呈现的方式之外,还能利用卡片、分类、情景、联想等方式学习离合词块－构式。

(三)离合词块－构式的教授。由于储存在记忆中的离合词块－构式中的构式,固定是相对的。作为整体来提取和记忆的离合词块－构式,具有相对固定的横向组合形式和富有弹性的纵向聚合形式。因此,离合词块－构式内部有的成分在使用时可以根据格式权限和表达需要进行填充,如"游什么泳"可变换为"散什么步""睡什么觉""见什么面",变化后尽管语义会因离合词的不同而具体化,但其语用意义仍基本一致,都表示"否定"的主观意愿。需要进行弹性替换时,必须遵循一定的规则,如"提什么高""红什么透"则不可以进入该构式。教师可以结合例句和情景讲解生词表中的包含离合词的离合词块－构式,并进行操练,保证学生明白理解这些构式义后,再进入课文学习,在课文中让学生根据语境进一步理解这些离合词块－构式,并找出与之相关联的其他离合词块－构式,并给学生提供适量的练习巩固学习成果,做到融会贯通。

(四)离合词块－构式的巩固。为了扩充学生头脑中的离合词块－构式和加强学生离合词块－构式的记忆,就要不断地巩固与复习,因此教师在每节课中都可设计一些练习,比如听写、讲故事等,对之前学习过的离合词块－构式进行复现,加深记忆。其次,重视背诵在语言学习中的作用。在课堂开始的五分钟内让学生背诵课文,虽然有点枯燥,但对于形成良好的语言学习习惯,产生语感,记忆语块。记忆语块与词块－构式不失为一种很好的提高汉语水平的方法。

9.2.3.3.2 教学实验的介绍

离合词块－构式教学法的可行性与优越性需要采取实证的方式做进一步的研究。以下我们将该教学法应用于具体的教学实践中,尝试通过教学实验进一步验证运用离合词块－构式教学法的有效性。该教学实验的实验对象是来自深圳职业技术学院国际教育部的 24 名留学生,初－中级汉语水平,绝大多来自俄罗斯周边国家,如俄罗斯、乌克兰、哈萨克斯坦,已经掌握基本的汉语发音规则,能够读写常用汉字,能够听说常用汉语。我们将这些留学生分为两个班,选择 1 班的学生运用离合词块－构式教学法来进行教学实验,2 班依旧采用传统的教学方法。经过一个学期的教学实验,最后通过期末考试的成绩来进行对比分析,从而得出实验结果。

9.2.3.3.3 教学实验的设计

为了展示在实际课堂教学中如何应用离合词块－构式教学法,我们将以北京大学出版社出版,李泉主编、徐桂梅编著的综合课教材《发展汉语》初级综合2中的第二课《儿子要回家》为例,将离合词块－构式教学法对该课进行教学的教案展示如下:

(一)教学目标

①通过学习课文,结合语境帮助学生理解并记忆常用离合词块－构式。

②通过本课的学习,使学生可以用离合词块－构式造句、问答并完成课后的练习题。

③通过本课的学习,使学生可以在实际语境中正确运用离合词块－构式。

(二)教学方法

离合词块－构式教学法。

(三)教学步骤

(1)导入

教师在导入过程中,尽可能利用学生已学习过的离合词,尽量多地展示简单的离合词块－构式,如紧扣文章主题的导入——"<u>毕了业</u>,你想做什么工作";跟学生闲聊,放松课堂气氛的导入:"早上,你<u>起了床</u>,会做什么";以及在强调课堂纪律时候的导入——"<u>上了课</u>,请同学们安静"。("起床"与"上课"为上一课刚刚出现过的词,"毕业"为本课的生词。)

(2)讲解生词

①展示生词。运用多媒体课件展示生词,生词需标注拼音,以帮助学生纠正其发音,对于生词表中的离合词,教师可以运用离合词块－构式教学法进行教学,提高学生的离合词块－构式意识。如:毕业、害怕、消毒,结合时体助词"了、着、过",对其进行讲解与强调。教师对时体助词"了、着、过"进行讲解时,将其与离合词的讲解结合在一起,使其作为一个离合词块－构式让学生学习,如"毕了业、害了怕、消了毒;＊毕着业、＊害一怕、消一毒;毕过业、害一怕、消一毒",教师对"毕业"不能进入"A着B"构式进行解释(由于离合词"毕业"不具有持续性,因此不能进入该构式);教师还可以引导学生使用学习过的离合词对其"A了B"构式、"A着B"构式、"A过B"构式进行替换,进行具有生成性的半固定离合词块－构式的详细讲解与练习,如"上课、起床、跑步、散步、游泳、担心、帮忙"等等;教师还能通过结合语境的方式练习巩固学生的学习效果,加深记忆。比如,可以让学生使用离合词块－构式或替换后的相同结构的离合词块－构式来回答问题,如"你昨天跑了步吗","你昨天没有跑步,做什么运动了"等等。需要注意的是教师所提问题

结合的语境应该是与学生实际生活息息相关的,这样才能让学生对所学内容产生兴趣,加深记忆,能够积极配合教师的课堂教学,取得良好的教学效果。

②读生词。教师检查学生提前预习生词的效果,学生一起边回忆边读,教师纠错;教师领读,学生跟读;学生依次领读,学生跟读。教师随时纠正学生的错误发音。

③解释生词。除了在讲解离合词的时候,教师运用离合词块 – 构式教学法进行教学,同时还可以将词块 – 构式教学法运用到其他生词的讲解中,如"垃圾、箱、酸奶、盒、食品、袋、保护、环境"等等,将其组块为"垃圾箱、酸奶盒、食品袋、保护环境",对不同的词块可以采用不同的教学方法,给予不同的教学时间,对于一些易于理解的简单名词,可以采用直观的图片做成 PPT,如"垃圾箱、酸奶盒、食品袋"等,让学生明白意思既可。

(3)讲解课文

①导入课文。教师尽量使用离合词块 – 构式进行导入,加深学生对于该用法的印象。如:

教师:"你毕了业,爸爸妈妈会高兴吗?"

学生:"会"。

教师:"可是有一位妈妈,因为儿子毕了业,却非常担心他,这是为什么呢?"

②学生默读课文。

③根据课文内容,教师设计三个提问;教师领读课文;要求学生用学习过的离合词块 – 构式,复述教师问题和回答问题。

问题一:儿子毕了业,要回家,妈妈的心情怎么样?

问题二:妈妈为什么让医生帮助自己?

问题三:医生朋友给妈妈帮了忙吗?

回答完问题,教师可以帮助学生体会"帮助"与"帮忙"的不同。重点讲解"帮忙"的几种简单的离合词块 – 构式用法。如:"A 时体助词 B"构式——"帮了忙、帮着忙、帮过忙";"A 数量短语 B"构式——"帮一个忙、帮个忙";"AAB"构式——帮帮忙。在讲解过程中,通过设置情境,将该构式的结构特征、构式义与语用义结合起来讲解。在离合词块 – 构式教学法的教学过程中,可以先展示该离合词块 – 构式的构式义,再讲解离合词块 – 构式的语用环境,最后对该构式的词块进行切分操作。人类的认知共性是离合词块 – 构式教学法的立论之本,人类的认知系统中存在一定数量的共同概念。因此,在离合词块 – 构式教学法中,通过激活汉语学习者在认知上的共性,引导学生通过简易的认知途径掌握该构式的语义特征。

④根据课文内容,教师再设计三个提问,学生读课文;要求学生用学习过的离合词块－构式复述教师问题和回答问题。

问题一:儿子的宿舍怎么样?

问题二:医生为什么建议给朋友儿子的东西<u>消消毒</u>呢?

问题三:儿子<u>毕了业</u>以后,做什么工作?

为了掌握学生对课文的理解情况,教师有必要通过问答的形式来考察,同时要求学生尽量用学习过的离合词块－构式进行回答。

⑤学生进行各种形式的朗读练习,教师随时纠正学生的发音。

(4)讲解课后练习

由于已经将语法部分的内容以离合词块－构式或其他词块－构式的形式在生词与课文中进行了讲解,因此,练习中的造句、完成句子、完成对话等题型均能用学习过的离合词块－构式或其他词块－构式进行完成;教师还可以给学生增加更多的离合词块－构式与其他词块－构式练习,如离合词块－构式填空或其他词块－构式填空、离合词块－构式意义预测或其他词块－构式意义预测、离合词块－构式匹配练习或其他词块－构式匹配练习,离合词块－构式改错或其他词块－构式改错等,以巩固学生对离合词块－构式或其他词块－构式的理解与记忆。

由于很多离合词块－构式不是固定不变的,而是既有限制又有弹性,其中的某些部分可以进行替换,具有可生成性,因此,经过这样的反复练习,学生基本能正确理解与掌握离合词块－构式"A＋时体助词＋B"构式,"A＋数量短语＋B"构式、"A＋A＋B"构式,并且可以牢固记忆并正确运用。

9.2.3.3.4 教学实验结果的对比分析

经过一个学期的学习,两个班的留学生参加了相同的期末考试,学生的考试情况如下表所示:

班级	人数	平均分	方差	标准差
初－中1班	12	78.95	14.84	3.68
初－中2班	12	88.32	8.20	2.81

本实验采取理论研究与实证研究相结合的方法,验证了离合词块－构式教学法在对外汉语综合课中的应用效果,以及在实际课堂教学中的可行性。通过该考试结果,我们首先能够看出运用离合词块－构式教学法教授的班级学生的平均分要高于运用传统教学法教授的班级的平均分数,将试卷比对后发现,运用离合词块－构式教学法教授的学生不仅在离合词块－构式习得方面偏误极少,而且在造

句、完成对话、写作等与其他词块－构式密切相关题型中的得分情况明显优于传统教学法的班级。其次,通过数据对比,由于本实验的两组班级人数相同,方差的结果显示,数据结果波动越大,越不稳定,标准差同理。

在进行该实验之前,两个班的学生汉语水平差别不明显,国籍单一,经过一个学期的教学实验后,离合词块－构式教学班的全体学生的语言成绩均有大幅度提升,传统教学法班级学生的语言水平明显没有离合词块－构式教学班的进步大。因此,本实验从某种意义上证明了离合词块－构式教学法的确具有一定的可行性与有效性。

9.2.3.3.5 教学实验的局限性

离合词块－构式教学法为对外汉语教学提供了一种新颖并行之有效的教学方法,但由于各方面条件的限制,本研究还存在一定的局限性:

(1)实验时间的局限

本实验为期一学期,时间周期相对较短,因此会对实验结果的精确性带来不利。如果能有更长的时间对学生运用离合词块－构式教学进行教学研究,实验结果的数据将会更加精确和稳定。

(2)实验主体的局限

本实验受到实际条件与学生资源的限制,实验对象是两个班的24名留学生,实验人数较少,因此也会影响到本实验的实验数据,对数据统计分析的精确性与权威性造成一定的影响。

后 记

　　2011 年夏,我从华中师范大学对外汉语教学专业博士毕业。2012 年秋,我进入华南师范大学中国语言文学博士后流动站从事科学研究。在此期间,我一直从事对外汉语教学和研究工作。我从博士在读期间,就开始对词的离合现象产生了浓厚的兴趣。

　　离合词是现代汉语里特殊的一类,它横跨在词和短语之间。它的命名与归属、产生与壮大均未形成定论,因此,离合词成了对外汉语教学与留学生习得汉语的难点之一。本书以兼具词法属性和句法属性的特殊的语法单位——"现代汉语离合词"作为研究对象,对《现代汉语词典》第 7 版中的离合词进行了周遍性统计,形成"现代汉语离合词词表",对离合词的内涵与外延进行重新界定与分析;从二语习得的角度和学习者学习汉语的实际需要出发,以《汉语水平词汇与汉字等级大纲》与《新汉语水平考试大纲》(1 – 6 级)选取的离合词作为标准,对汉语水平考试中的离合词进行考察,形成"HSK 汉语离合词词表",为改进现代汉语离合词教学提供参考借鉴。

　　本书在介绍构式语法理论与词块理论的基础之上,厘清词与词块,词块与语块,词块与构式之间是既有联系又有区别的三组语言单位。将词块理论(Chunks of Language)和构式语法理论(Construction Grammar)结合起来,提出一种句法研究思路——"词块 – 构式分析法",重点考察了离合词在合并状态与离析状态下的几类典型性构式,分别对离合词块 – 构式的结构特征、构式义特征与语用特征分别进行分析研究。针对汉语离合词教学,将该分析法引入第二语言教学中,提出阶段性教学策略,展开离合词块 – 构式的教学实验,通过教学实证,考察该教学法在提高留学生离合词的学习效率上是否具有贡献和可行性,改进现代汉语离合词和其他词汇的教学模式,帮助解决现代汉语离合词和其他词汇学习在二语习得中出现的问题,使理论探索具有现实意义。

　　本书系 2017 年度教育部人文社科基金青年项目"动宾关涉对象类离合词及

其构式研究"的研究课题,项目批准号为 17YJC740083。其写作目的不在于评价前人已有的研究,而是希望在前人研究的基础之上,对离合词与离合词教学做一些试探性的补充研究,遗憾的是,时间有限,能力有限,自知本书中问题甚多,我将在日后多思索,多完善。

　　本书得到深圳职业技术学院学术著作出版基金资助,在此表示衷心感谢！此外,本书得以问世,要感谢我的博士生导师汪国胜教授在为人为学上对我的教诲与帮助,使我终身受益！此外,还要感谢我的父母、丈夫和刚出生三个月的女儿,你们是我生命中最宝贵的源动力,没有你们支持与鼓励,就没有这本小书的完成。

王　俊

2017 年 9 月 11 日

参考文献

[1]布龙菲尔德. 语言论[M]. 袁家骅,赵世开,等,译. 北京:商务印书馆,1997.

[2]蔡国妹. 离合词探源[J]. 喀什师范学院学报,2002(1).

[3]曹保平,冯桂华."离合词"的构成及离合规律[J]. 广播电视大学学报(哲社版),2003(4).

[4]曹广顺. 祖唐集中的"底"、"却"、"了"、"著"[J]. 中国语文,1986(3).

[5]陈望道. 陈望道语文论集[C]. 上海:上海教育出版社,1980.

[6]陈望道. 修辞学[M]. 上海:上海教育出版社,1997.

[7]丁勇. 汉语动宾型离合词的语用分析[J]. 语言研究,2002特刊.

[8]董秀芳. 词汇化:汉语双音词的衍生和发展[M]. 成都:四川民族出版社,2002.

[9]董秀芳. 论句法结构的词汇化[J]. 语言研究,2002(3).

[10]董燕萍. 梁君英. 走近构式语法[J]. 现代外语,2002(2).

[11]杜晓艺. 现代汉语"动宾式动词+宾语"现象之考察[D]. 武汉:华中师范大学,2007.

[12]段业辉. 论离合词[J]. 南京师大学报(社会科学版),1994(2).

[13]范继淹. 论介词短语"在+处所"[J]. 语言研究,1982(1).

[14]方绪军. 双音节动宾型动词性结构体的零扩展与嵌入扩展[J]. 汉语学习,1995(4).

[15]冯胜利. 从韵律看汉语"词""语"分流之大界[J]. 中国语文,2001(1).

[16]冯胜利. 韵律制约的书面语与听说为主的教学法[J]. 世界汉语教学,2003(1).

[17]冯胜利. 轻动词移位与古今汉语的动宾关系[J]. 语言科学,2005(1).

[18]高更生."动宾式动词十宾语"的搭配规律[J]. 语文建设,1998(6).

[19]高书贵．有关对外汉语教材如何处理离合词的问题[J]．世界汉语教学,1993(2).

[20]高思欣．留学生汉语动宾式离合词偏误分析[D]．广州:暨南大学,2002.

[21]汉语水平词汇与汉字等级大纲[S]．北京:北京语言大学出版社,1992.

[22]汉语水平等级标准与语法等级大纲[S]．北京:高等教育出版社,1996.

[23]胡裕树．现代汉语(增订版)[S]．香港:三联书店,1992.

[24]胡裕树,范晓．动词研究[M]．开封:河南大学出版社,1995.

[25]胡裕树．现代汉语[M]．上海:上海教育出版社,1995.

[26]华莎．名词并入与述宾式离合词[J]．解放军外国语学院学报,2003(4).

[27]华玉明．试探动宾式动词加宾语流行的根由[J]．语文建设,1997,(10).

[28]黄伯荣,廖序东．现代汉语[增订版][M]．北京:高等教育出版社,1991.

[29]黄晓琴．离合字组的语义研究[D]．北京:北京师范大学,2003.

[30]黄晓琴．离合字组的语义研究[J]．语言文字应用,2004(2).

[31]黄月圆．复合词研究[J]．国外语言学,1995(2).

[32]姜德梧．关于汉语水平词汇与汉字等级大纲的思考[J]．世界汉语教学,2004(1).

[33]金芝英．现代汉语支配式离合单位语法特点考察[D]．北京:北京大学,1999.

[34]柯彼德．汉语凝合动词的类型和特点[M]//第六届国际汉语教学讨论会论文选[C]．北京:北京语言大学出版社,1993.

[35]李纳,石毓智,论汉语体标记诞生的机制[J]．中国语文,1997(2).

[36]李炳生．词汇教学中应注意的一类词——离合词[J]．语言与翻译,1996(3).

[37]李春玲．现代汉语动宾式离合词及其离合槽研究[D]．武汉:武汉大学,2008.

[38]李大忠．外国人学汉语语法偏误分析[M]．北京:北京语言大学出版社,1996.

[39]李临定．现代汉语动词[M]．北京:中国社会科学出版社,1990.

[40]李明浩．离合词及其在日语中的对应形式[D]．延吉:延边大学,2002.

[41]李清华. 谈离合词的特点与用法[J]. 语言教学与研究,1983(3).

[42]李善熙. 汉语"主观量"的表达研究[D]. 北京:中国社会科学院,2003.

[43]李宇明. 论词语重叠的意义[J]. 世界汉语教学,1996(1).

[44]李宇明. 主观量的成因[J]. 汉语学习,1997(5).

[45]李宗江. 去词汇化"结婚"和"洗澡"由词返语[J]. 语言研究,2006(4).

[46]梁驰华. 离合词的价值及处理方式[J]. 广西师院学报(哲社版),2000(4).

[47]林汉达. 动词连写问题[J]. 中国语文,1953(10).

[48]林汉达. 什么是词儿——小于词儿的不是词儿[J]. 中国语文,1955(4).

[49]刘顺. 论现代汉语的离合词[J]. 齐齐哈尔大学学报,1999(5).

[50]刘馨西. 轻动词及其在双宾语句中的作用[J]. 阜阳师范学院学报,2009(2).

[51]刘玉杰. 动宾式动词与所带宾语之间的语义关系[J]. 汉语学习,1993(1).

[52]卢福波. 支配式离合动词探析[J]. 逻辑与语言学习,1992(4).

[53]陆俭明. 面临新世纪挑战的现代汉语语法研究[M]. 济南:山东教育出版社,2000.

[54]陆志韦. 北京话单音词词[S]. 北京:科学出版社,1951.

[55]陆志韦. 汉语的构词法[M]. 北京:科学出版社,1957.

[56]陆志韦. 陆志韦语言学著作集[C]. 北京:中华书局,1990。

[57]吕叔湘. 中国文法要略[M]. 北京:商务印书馆,1957.

[58]吕叔湘. 汉语语法分析问题[M]. 上海:上海教育出版社,1979.

[59]吕叔湘. 现代汉语八百词[M]. 北京:商务印书馆,1980.

[60]吕叔湘. 临时单音词[J]. 中国语文,1980(5).

[61]吕叔湘. 汉语语法分析问题[M]. 北京:商务印书馆,1984.

[62]吕叔湘. 汉语语法论文集(增订本)[C]. 北京:商务印书馆,1984.

[63]吕文华. 短语词的划分在对外汉语教学中的意义[J]. 语言教学与研究,1999(3).

[64]马庆株. 时量宾语和动词的类[J]. 中国语文,1981(2).

[65]马庆株. 汉语动词和动词性结构[M]. 北京:北京语言大学出版社,1992.

[66]梅祖麟. 现代汉语完成貌句式和词尾的来源[J]. 语言研究,1981(1).

［67］饶琴．离合词的结构特点和语用分析［J］．汉语学习,1997(1).

［68］饶琴．动宾式离合词配价的再认识［J］．语言教学与研究,2001(4).

［69］任凤琴．论离合词与词组的区分［J］．语文学刊,2005(4).

［70］沈怀兴．"离合词"说析疑［J］．语言教学与研究,2002(6).

［71］沈家煊．"有界"与"无界"［J］．中国语文,1995(5).

［72］沈家煊．"蹂合"和"截搭"［J］．世界汉语教学,2006(4).

［73］施健,王华．轻动词假设及其应用价值［J］．山西大学学报,2008(3).

［74］施茂枝．述宾复合词的语法特点［J］．语言教学与研究,1999(1).

［75］施正宇．现代汉语离合动词的结构和特点［M］．北京:北京语言大学出版社,1990.

［76］石毓智．汉语的有标记和无标记语法结构［A］．语法研究和探索(10).北京:商务印书馆,2000.

［77］石毓智．量词指示代词和结构助词的关系［J］．方言,2002(2).

［78］史有为．划分词的普遍性原则和系统性原则［A］．语法研究和探索(1).北京:北京大学出版社,1983.

［79］史有为．呼唤柔性——汉语语法探异［M］．海口:海南出版社,1992.

［80］宋英智．离合词研究［D］．大连:辽宁师范大学,2006.

［81］孙书姿．韩国留学生习得汉语双音节 VO 型离合词的言语加工策略［D］．北京:北京语言大学,2004.

［82］索绪尔．普通语言学教程(第5版)［M］．裴文,译．南京:江苏教育出版社,2002.

［83］唐洁仪,何平安．语料库在外语教学中的应用［J］．外语电化教学,2004(99).

［84］陶红印．从"吃"看动词论元结构的动态特征［J］．语言研究,2000(3).

［85］汪国胜．可能式"得"字句的句法不对称现象［J］．语言研究,1998(1).

［86］王力．中国文法学初探［M］．北京:商务印书馆,1936.

［87］王力．中国语文概论［M］．北京:商务印书馆,1939.

［88］王力．词和仂语的界限问题［J］．中国语文,1953(9).

［89］王力．汉语语法纲要［M］．上海:上海教育出版社,1982.

［90］王力．中国现代语法［M］．北京:商务印书馆,1985.

［91］王春霞．基于语料库的离合词研究［D］．北京:北京语言大学,2001.

［92］王大新．V－O式动词的类推作用和规范化［J］．语文建设,1988(5).

［93］王海峰,李生．汉英机器翻译中离合词的处理策略［J］．情报学报,1999

(4).

[94]王海峰.离合词离析动因当议[J].语文研究,2002(3).

[95]王海峰."A什么B"结构式初探[J].四川大学学报,2003(3).

[96]王洪君.从字和字组看词和短语[J].中国语文,1994(2).

[97]王洪君.汉语的韵律词与韵律短语[J].中国语文,2000(6).

[98]王瑞敏.留学生离合词使用偏误的分析[J].语言文字应用,2005(3).

[99]王素梅.论双音节离合词的结构扩展及用法[J].沈阳师范学院学报,1999(4).

[100]王铁利.离合词问题研究[D].北京:中国社会科学院研究生院,2001.

[101]王用源.废"离合词"兴"组合词"[D].天津:天津大学,2004.

[102]王正元.话语标记语意义的语用分析[J].外语学刊,2006(2).

[103]温宾利,程杰.论轻动词v的纯句法本质[J].现代外语,2007(2).

[104]吴福样.汉语语法化演变的几个类型学特征[J].中国语文,2005(6).

[105]吴锡根.动宾式类推及其规范[J].语言文字应用,1999(2).

[106]现代汉语频率词典[S].北京:北京语言学院出版社,1986.

[107]现代汉语词典(修订本)[S].北京:商务印书馆,1996.

[108]现代汉语词典(2002年增补本)[S].北京:商务印书馆,2002.

[109]现代汉语词典(第5版)[S].北京:商务印书馆,2005.

[110]现代汉语词典(第6版)[S].北京:商务印书馆,2012.

[111]现代汉语词典(第7版)[S].北京:商务印书馆,2016.

[112]肖模艳,张晓.也谈离合词[J].长春师范学院学报,2004(4).

[113]萧频.李慧(2006)印尼学生离合词使用偏误及原因分析[J].暨南大学华文学院学报,2006(3).

[114]谢耀基.离合词的"离""合"问题[J].烟台大学学报,2001(2).

[115]谢耀基.词和短语的离合问题[J].烟台大学学报,2001(4).

[116]邢福义.汉语语法学[M].长春:东北师范大学出版社,1996.

[117]邢福义.说V一V[J].中国语文,2000(5).

[118]邢公畹.一种似乎要流行开来的可疑句式[J].语文建设,1997(4).

[119]徐杰,李英哲.焦点和两个非线性语法范畴:否定和疑问[J].中国语文,1993(2)

[120]徐晶凝.现代汉语话语情态表达研究[D].北京:北京大学,2005.

[121]徐通锵.基础语言学教程[M].北京:北京大学出版社,2001.

[122]严辰松.构式语法论要[J].解放军外国语学院学报,2006(4).

[123]杨庆蕙. 对外汉语教学中"离合词"的处理问题[C]. 第四届国际汉语教学讨论会论文选. 北京:北京语言学院出版社,1995.

[124]杨庆蕙. 离合词用法词典[S]. 北京:北京师范大学出版社,1995.

[125]杨峥琳,刘倩. 离合词中时量补语位置探析——从"结了十年婚"说起[J]. 鞍山师范学院学报,2006(3).

[126]叶盼云,吴中伟. 外国人学汉语难点释疑[M]. 北京:北京语言大学出版社,1999.

[127]于根元. 动宾式短语的类化作用[M]. 北京:语文出版社,1987.

[128]于善志. 轻动词结构形式及其语义体转变[J]. 现代外语,2008(3).

[129]余笑寒. 双音节离合词语料库语言学研究[D]. 上海:复旦大学,2004.

[130]张黎. 汉语句法的主观结构和主观量度[J]. 汉语学习,2007(2).

[131]张国宪. "动+名"结构中单双音节动作动词功能差异初探[J]. 中国语文,1989(3).

[132]张理明. 论短语动词[J]. 语文研究,1982(1).

[133]赵金铭. 能扩展的"V+N"格式的讨论[J]. 语法教学与研究,1984(2).

[134]赵金铭. 汉语研究与对外汉语教学[M]. 北京:语文出版社,1997.

[135]赵淑华,张宝林. 离合词的确定和离合词的性质[J]. 语言教学与研究,1996(1).

[136]赵淑华. 张宝林. 离合词的确定及对其性质的再认识[A]//胡明扬. 词类问题考察[C]. 北京:北京语言大学出版社,1996.

[137]赵元任,吕叔湘. 汉语口语语法[M]. 北京:商务印书馆,1979.

[138]赵元任. 汉语口语语法中文本[M]. 北京:商务印书馆,1968.

[139]钟褆. 谈怎样区别词和语[J]. 中国语文,1954(12).

[140]周明强. 汉语量词"个"的虚化特点[J]. 语文学刊,2002(1).

[141]周上之. HSK双音动宾结构考察[A]. 对外汉语论丛. 上海:上海外语教育出版社,1998.

[142]周上之. 对外离合词循环递进复式教学法[J]. 汉语学报,2000(1).

[143]周上之. 离合词是不是词[J]. 济南大学华文学院学报,2001(4).

[144]周上之. 论离合词与词组的区分[J]. 语文论丛,2001(7).

[145]周上之. 离合词研究——汉语语素、词、短语的特殊性[M]. 上海:上海外语教育出版社,2006.

[146]朱德熙. 语法答问[M]. 北京:商务印书馆,1985.

[147]朱德熙. 语法讲义[M]. 北京:商务印书馆,1997.

[148]朱德熙. 定语和状语[J]//朱德熙文集:第1卷[C]. 北京:商务印书馆,1999.

[149]朱行帆. 轻动词和汉语不及物动词带宾语现象[J]. 现代外语,2005(3).

[150]朱秀兰,李巧兰. 从轻动词理论角度看汉语方言中的"使感结构"[J]. 兰州学刊,2007(8).

[151] Chomsky, N. 2000. *New Horizons in the Study of Language and Mind* [M]. Cambridge: Cambridge University Press.

[152] Chomsky, N. 1995. *The minimalist Program* [M]. Cambridge Mass. MIT Press.

[153] Chomsky, N. 1998. *Minimalist inquiries: The framework* [A]. MIT Occasional Papers in Linguistics 15 [C]. Cambridge, Mass. : MITWPL.

[154] Chomsky, N. 1999. *Derivation by phase* [A]. MIT Occasional Papers in Linguistics 18 [C]. Cambridge, Mass. : MITWPL.

[155] Huang, C. – T. J. 1991. *On verb movement and some syntax – semantics mismatches in Chinese* [A].

[156] Huang, C. – T. J. 1997. *On lexical structure and syntactic projection*[J]. Chinese Languages and Linguistics.

附 1

现代汉语离合词词表

A

āi 挨班儿 挨边 挨个儿 挨近

ái 挨批 挨宰 挨整

ài 爱国

　　碍口 碍事 碍眼

ān 安家 安身 安神 安心 安营

àn 按理 按脉

áo 熬夜

B

bā 扒车 扒带 扒皮

bá 拔份 拔高 拔河 拔尖儿 拔脚 拔节 拔锚 拔丝 拔腿 拔营

bǎ 把舵 把风 把关 把牢 把脉 把门 把斋

bà 罢笔 罢工 罢官 罢教 罢考 罢课 罢练 罢赛 罢市 罢手
　　罢演 罢职

bǎi 摆功 摆好 摆局 摆阔 摆平 摆谱儿 摆手 摆桌

bài 败火 败家 败兴 败阵
　　拜忏 拜佛 拜节 拜客 拜盟 拜年 拜票 拜师 拜寿 拜堂

bān 扳本 扳倒 扳道
　　颁奖
　　搬兵 搬家

bàn 办案 办公 办事 办罪
　　扮酷 扮靓 扮戏 扮装
　　拌蒜 拌嘴

bāng 帮厨 帮工 帮忙 帮腔

219

bǎng　绑票

bàng　傍边儿

bāo　包产　包场　包车　包饭　包房　包费　包伙　包席　包圆儿　包月
　　　包桌

bǎo　保本　保镖　保底　保级　保驾　保媒　保密　保命　保暖　保胎
　　　保温　保息

bào　报案　报仇　报到　报德　报恩　报废　报关　报国　报价　报捷
　　　报警　报矿　报科　报名　报幕　报丧　报时　报数　报税　报喜
　　　报信　报怨　报站　报账
　　　抱屈　抱拳　抱团儿　抱窝
　　　暴光
　　　曝光
　　　爆表　爆料　爆胎

bēi　背榜　背债

bèi　备案　备荒　备货　备课　备料　备战
　　　背理　背气　背人　背书　背约

bēn　奔丧

bèn　奔命

bēng　崩盘

běng　绷劲　绷脸

bèng　蹦迪　蹦高

bī　逼债

bǐ　比武

bì　毕业
　　　闭幕　闭气　闭市　闭眼　闭嘴
　　　辟邪
　　　避风　避讳　避难　避暑　避税　避嫌　辟邪　避孕

biān　编队　编号　编剧　编码　编目　编舞　编组

biǎn　贬官　贬值

biàn　变产　变调　变法　变法儿　变卦　变节　变脸　变声　变天　变
　　　味儿　变现　变心　变形　变样　变质
　　　便血

biāo　标价

　　　　飙歌　飙戏

biǎo　表功　表态

biào　摽劲儿

bǐng　屏气

bìng　并案　并肩　并线

bō　拨号　拨款播音　播种

bó　驳倒　驳价

　　　泊车

bǔ　卜课

　　　补仓　补差　补过　补假　补课　补苗　补票　补缺　补阙　补台

　　　补血　补液　补妆　补足

　　　捕食

bù　布菜　布道　布点　布防　布警　布雷　布网　布阵

　　　步韵

C

cā　擦澡

cāi　猜谜儿　猜谜　猜拳

cái　裁编　裁兵

cǎi　采风　采矿　采血　采油　采种

　　　踩道　踩点　踩雷

cān　参股　参军　参透　参展　参政

cáng　藏猫儿　藏闷儿　藏书

cāo　操盘　操琴　操神　操心

cè　侧身

　　　测字

chā　叉腰

　　　插队　插花　插话　插脚　插空　插口　插身　插手　插秧　插足

　　　插嘴

chá　查房　查岗　查铺　查哨　查夜　查账

chà　岔气

　　　差点儿

chāi　拆封　拆伙　拆散　拆散　拆台　拆账　拆字

221

chān　掺假　掺水
　　　　搀假

chán　缠手　缠足

cháng　长款
　　　　尝鲜　尝新
　　　　偿命

chàng　唱标　唱名　唱票　唱喏　唱戏

chāo　抄道　抄底　抄家　抄近儿　抄身　抄手
　　　　超标　超车　超员　超值　超重

chǎo　吵架　吵嘴
　　　　炒房　炒股　炒汇

chě　扯白　扯淡　扯谎　扯皮　扯平　扯臊　扯腿

chè　撤案　撤编　撤标　撤兵　撤差　撤防　撤军　撤展　撤职　撤资

chèn　称身　称心　称愿
　　　　趁便　趁钱　趁心

chēng　撑腰

chéng　成材　成堆　成婚　成家　成交　成名　成亲　成人　成事　成套
　　　　承情
　　　　乘凉

chěng　逞能　逞强

chī　吃醋　吃饭　吃货　吃劲　吃惊　吃苦　吃亏　吃透　吃心　吃斋
　　　　吃准　吃嘴

chì　赤背　赤膊　赤脚

chōng　冲凉　冲喜　冲澡　冲账
　　　　充电　充公　充饥　充军　充数　充值

chóng　重样

chòng　冲劲儿
　　　　劲儿

chōu　抽成　抽丁　抽风①②　抽奖　抽筋　抽空　抽签　抽青　抽身
　　　　抽水①②　抽税　抽穗　抽薹　抽头　抽芽　抽样

chóu　筹资

chǒu　瞅见　瞅空

chū　出榜　出殡　出兵　出彩　出操　出槽①②　出差　出厂　出场　出

车 出丑 出道 出伏 出阁 出格 出工 出恭 出轨 出国 出
海 出航 出活儿 出货 出家 出价 出嫁 出界 出境 出镜
出九 出局 出圈 出科 出口 出来 出栏 出力 出笼 出炉
出马 出梅 出门 出面 出苗 出名 出牌 出偏 出票 出气
出勤 出糗 出去 出圈儿 出丧 出山 出神 出声 出师 出事
出手 出台 出摊儿 出庭 出头 出徒 出土 出戏 出险 出
线 出血 出洋 出狱 出院 出月 出账 出诊 出阵 出资

chú 除根 除名 除权 除息

chù 触底 触电 触礁 触雷

chuāi 揣手儿

chuān 穿帮 穿孔 穿孝

chuán 传代 传道 传话 传教 传经 传令 传情 传人 传种

chuǎn 喘气

chuàn 串供 串行 串门 串皮 串气 串味儿 串戏 串线 串烟

chuǎng 闯关 闯祸

chuī 吹灯 吹风 吹牛

cí 辞工 辞活儿 辞灵 辞岁 辞行 辞灶 辞职

cì 刺字

cóng 从良

còu 凑钱 凑趣 凑手 凑数 凑整儿

cuān 蹿个儿 蹿火

cuàn 篡国 篡权 篡位

cuī 催产 催命 催奶 催生

cuì 淬火

cún 存案 存档 存货 存款 存粮 存盘 存身 存食 存心

cuō 搓麻 搓澡

cuò 措词 措辞
错车 错开 错位

D

dā 搭班 搭伴 搭帮 搭茬儿 搭碴儿 搭车 搭话 搭伙 搭脚儿
搭客 搭腔 搭桥 搭手 搭台 搭戏 搭线
答茬儿 答碴儿 搭腔 答言

dá 达到
　　答卷　答礼　答题
dǎ 打靶　打败　打包　打奔儿　打表　打叉　打岔　打场　打车　打怵
　　打憷　打春　打倒　打的　打赌　打盹儿　打更　打嗝儿　打工
　　打钩　打鼓　打卦　打鬼　打滚儿　打鼾　打夯　打横　打晃儿　打
　　伙儿　打价　打架　打尖①②　打醮　打紧　打卡　打开　打垮　打
　　雷　打擂　打愣　打猎　打鸣儿　打蔫儿　打泡　打破　打谱　打气
　　打千　打枪　打趣　打拳　打闪　打扇　打食①②　打胎　打铁
　　打通　打头①②　打围　打旋　打眼①②③　打伴儿　打样　打烊
　　打印　打油　打援　打杂儿　打仗　打折　打针　打皱　打住　打桩
　　打字　打嘴　打坐
dài 代课　代职
　　带班　带刺儿　带电　带好儿　带话　带菌　带路　带头　带职
　　贷款
　　怠工
　　戴孝
dān 担名　担心
　　耽心
dāng 当差　当家　当面　当权
dǎng 挡车　挡横儿　挡驾
dàng 当当
dáo 捯根儿　捯气儿
dǎo 捣蛋　捣鬼　捣乱
　　倒班　倒仓①②　倒车　倒戈　倒汇　倒霉　倒票　倒嗓　倒手　倒
　　台　倒头　倒牙　倒运　倒灶
dào 到场　到底　到点　到顶　到家　到期　到任　到手　到头　到位
　　到职
　　倒车　倒过儿
　　盗版　盗汗　盗墓
　　道别　道乏　道劳　道歉　道喜　道谢
dé 得病　得宠　得到　得分　得济　得空　得力　得胜　得时　得势
　　得手　得闲　得志
dēng 登场　登场　登顶　登基　登极　登记　登陆　登门　登山　登台

224

　　　　　蹬腿

dèng　　澄清

　　　　　瞪眼

dī　低头

dǐ　抵命　抵事　抵数　抵债　抵账

diǎn　点火　点饥　点将　点卯　点名　点题　点手　点头　点心　点穴
　　　　点赞　点种

diàn　垫背　垫底　垫话　垫圈

diào　吊顶　吊丧　吊线　吊孝
　　　　调包　调档　调防　调过儿　调卷　调坎儿　调侃儿　调头　调职
　　　　掉包　掉膘　掉秤　掉点儿　掉队　掉过儿　掉价　掉色　掉头
　　　　掉线

diē　跌份　跌价　跌交

dīng　盯梢
　　　　钉梢

dǐng　顶班　顶包　顶风　顶缸　顶杠　顶命　顶牛儿　顶事　顶数　顶
　　　　天　顶用　顶账　顶职　顶嘴　顶罪

dìng　订婚　订货　订位
　　　　定案　定都　定岗　定稿　定格　定婚　定级　定价　定居　定名
　　　　定亲　定神　定位　定弦　定型　定性　定影　定罪

diū　丢丑　丢份　丢脸　丢人　丢手

dǒng　懂事

dòng　动笔　动兵　动粗　动工　动火　动怒　动气　动情　动身　动手
　　　　动土　动窝　动武　动心　动刑　动嘴

dōu　兜底　兜风

dòu　斗法　斗狠　斗鸡　斗牛　斗牌　斗气　斗趣　斗智　斗嘴
　　　　逗哏　逗乐儿　逗趣　逗笑儿

dú　读秒　读书

dǔ　堵车　堵嘴
　　赌气　赌钱　赌球　赌石　赌咒

dù　镀金

duǎn　短秤　短款

duàn　断案　断层　断炊　断代　断档　断顿　断根　断后　断交　断句

　　　　断粮　断流

　　　　断垄　断奶　断片儿　断篇儿　断七　断气　断市　断弦　断种

duī　堆笑

duì　对标　对茬儿　对词　对光　对号　对火　对奖　对味儿　对眼
　　　对症

　　　兑奖

dūn　蹲班　蹲膘　蹲点

duō　多事　多心　多嘴

duó　夺杯　夺标　夺冠　夺金　夺魁　夺权

duǒ　躲懒　躲债

duò　堕胎

　　　跺脚

E

è　饿饭

F

fā　发榜　发报　发标　发飙　发兵　发病　发财　发颤　发车　发痴
　　发愁　发怵　发憷　发呆　发电　发疯　发福　发稿　发光　发汗
　　发狠　发恨　发横　发花　发话　发慌　发昏　发火　发急　发迹
　　发家　发贱　发酵　发狂　发愣　发力　发亮　发毛　发霉　发面
　　发墨　发难　发怒　发球　发热　发丧　发痧　发傻　发烧　发市
　　发誓　发水　发帖　发威　发文　发噱　发券　发芽　发言　发音
　　发愿

fá　罚款　罚球

fān　翻案　翻本　翻场　翻车　翻船　翻番　翻个儿　翻工　翻供　翻浆
　　　翻脸　翻盘　翻篇儿　翻身　翻天

fán　烦神

fǎn　反手　反水

　　　返场　返潮　返防　返岗　返工　返青　返俗

fàn　犯案　犯病　犯愁　犯怵　犯法　犯规　犯讳　犯浑　犯忌　犯贱
　　　犯戒　犯禁　犯困　犯难　犯傻　犯上　犯事　犯疑　犯罪
　　　泛酸

贩假

fàng 放步 放电 放刁 放定 放毒 放风 放工 放话 放荒 放火
　　放假 放空 放款 放量 放盘 放炮 放屁 放青 放晴 放
　　哨 放生 放手 放水 放血放心 放学 放羊 放样 放债 放
　　账

fēi 飞眼

féi 肥田

fèi 费工 费话 费劲 费力 费难 费神 费事 费心

fēn 分成 分肥 分工 分红 分家 分界 分居 分开 分栏 分类
　　分清 分身 分神 分手 分心 分忧 分赃

fén 焚香

fēng 封笔 封河 封火 封口 封门 封斋 封嘴

fèng 奉令 奉命

fú 伏输 伏罪
　　扶乩 扶箕 扶鸾 扶正
　　服毒 服软 服输 服刑 服药 服役 服罪

fù 付账
　　负伤 负债
　　复仇 复电 复岗 复工 复函 复会 复婚 复旧 复刊 复课
　　复位 复信 复学 复元 复员 复原 复职
　　傅粉

G

gǎi 改版 改产 改道 改点 改行 改嫁 改刊 改口 改期 改线
　　改样 改辙 改嘴

gài 盖帽儿

gān 干杯

gǎn 赶场 赶场 赶车 赶点 赶工 赶海 赶汗 赶集 赶脚 赶街
　　赶路 赶上 赶趟儿 赶圩
　　感恩 感光
　　擀毡

gàn 干掉 干活儿 干架 干仗

gǎo 搞掂 搞定 搞鬼 搞笑

gào　告便　告别　告急　告假　告捷　告老　告密　告饶　告状
gē　搁浅
　　割地　割肉
gé　革命　革职
　　隔断　隔热　隔夜　隔音
gè　硌窝儿
gěi　给力　给脸
gēn　跟班　跟梢　跟趟儿　跟帖
gēng　耕地
gōng　攻擂
gǒng　拱火　拱手
gòng　共事
　　　供事　供职
gōu　勾魂　勾脸　勾芡
gòu　够本　够格
gū　估产　估堆儿　估价
gǔ　鼓包　鼓劲　鼓掌
gù　顾家　顾脸
　　雇工
guā　刮宫　刮脸　刮痧
guà　挂彩　挂锄　挂挡　挂钩　挂果　挂号　挂花　挂机　挂镰　挂名
　　挂牌　挂失　挂帅　挂孝　挂账
guǎi　拐弯
guān　关机　关门　关饷　关张
　　　观风
guǎn　管事　管用
guàn　冠名
　　　掼跤
　　　灌肠　灌浆　灌篮　灌水　灌音
guāng　光火　光头
guàng　逛灯
guī　归案　归档　归队　归公　归口　归类　归天　归位　归西　归阴
gǔn　滚蛋

guǒ　裹脚　裹乱

guò　过磅　过秤　过电　过冬　过分　过关　过户　过话　过火　过季
　　　过节　过境　过来①②　过礼　过量　过罗　过门　过目　过年　过
　　　期　过气　过去①②　过时　过世　过手　过数　过堂　过头　过眼
　　　过夜　过瘾　过硬　过账　过招儿

H

hā　哈气　哈腰

hài　害病　害口　害怕　害臊　害喜　害羞　害眼

hán　含恨　含怒　含笑　含羞　含冤
　　　寒心

hǎn　喊话　喊价　喊冤

háo　号丧

hào　号脉
　　　耗神

hé　合脚　合口　合龙　合拢　合拍　合身　合体　合心　合眼　合意
　　　合影　合辙

hè　和诗
　　　贺年　贺喜
　　　喝彩

hěn　狠心

héng　横心

hóng　红脸　红眼

hū　溻浴

hù　护短　护秋

huá　滑冰　滑精　滑雪

huà　化冻　化名　化脓　化缘　化斋　化妆　化装
　　　划价　划清
　　　画到　画符　画供　画卯　画图　画像　画押　画知　画字
　　　话别

huái　怀恨　怀胎　怀孕

huài　坏事

huán　还本　还魂　还价　还口　还礼　还情　还手　还俗　还席　还阳

还原　还愿　还债　还账　还嘴

huǎn　缓气

huàn　换班　换茬　换挡　换防　换岗　换个儿　换工　换汇　换季　换
　　　肩　换届　换钱　换手　换帖　换文　换血　换牙

huāng　慌神儿

huī　灰心

　　　挥手

huí　回潮　回电　回锅　回话　回火　回口　回来①②　回礼　回笼　回
　　　炉　回门　回棋　回青　回去①②　回身　回神　回帖　回头　回戏
　　　回信　回嘴

huǐ　悔婚　悔棋　悔约　悔罪

　　　毁容　毁约

huì　汇款

　　　会餐　会操　会钞　会客　会面　会齐　会师　会水　会账　会诊

hùn　混事

huó　活命

J

jī　积德　积肥　积分　积善　积食　积水　积怨

jí　及格

　　　即位

　　　急难　急眼

　　　集邮

jì　计数

　　　记仇　计分　记工　记功　记过

　　　忌口　忌嘴

　　　继位

　　　祭灶

jiā　加班　加倍　加餐　加点　加封　加工　加劲　加料　加码　加密
　　　加冕　加热　加塞儿　加速　加温　加刑　加油

jiǎ　假手

jià　驾辕

jiān　监场　监工　监考

兼差　兼课　兼职

jiǎn　捡漏儿

检漏　检票

减磅　减仓　减产　减肥　减价　减速　减刑　减压　减员

剪报　剪彩　剪票

jiàn　见报　见鬼　见礼　见面　见新

间苗　见底　见顶

建仓　建党　建档　建都　建国　建交

jiāng　将军

jiǎng　讲和　讲话　讲价　讲课　讲理　讲情　讲学

jiàng　降班　降格　降级　降价　降旗　降温　降压　降职

jiāo　交班　交棒　交保　交差　交底　交锋　交工　交火　交九　交卷

交手　交心　交战　交账

教书　教学

jiǎo　绞脸

搅动　搅浑　搅局

缴械

jiào　叫板　叫好　叫号　叫魂　叫价　叫苦　叫门　叫屈　叫响　叫真儿

叫阵

校准

较劲　较真儿

jiē　结果　结实

接班　接棒　接产　接茬儿　接防　接羔　接轨　接柜　接火　接机

接警　接客　接龙　接气　接腔　接亲　接生　接榫　接头　接吻

接戏　接线　接站

揭榜　揭底　揭短　揭牌

jié　劫道　劫机　劫狱

结案　结伴　结彩　结仇　结关　结婚　结伙　结盟　结亲　结项

结业　结缘　结怨　结账

截断　截屏　截肢

jiě　解馋　解愁　解冻　解毒　解饿　解乏　解恨　解禁　解渴　解码

解闷　解密　解难①②　解聘　解气　解手　解套　解题　解围　解

压　解疑　解忧　解约　解职

jiè 介意

戒毒 戒严

借光 借火 借款 借势 借宿 借位 借债 借账

jìn 尽力 尽孝 尽心 尽责 尽职 尽忠

进餐 进贡 进货 进口 进来①② 进门 进去①② 进香 进言 进账

晋级 晋职

浸种

禁毒 禁赌 禁赛

jīng 经商 经手

jìng 净手

竞标 竞价

敬礼

静场 静心 静园

jiū 纠错 纠偏

究根儿

揪痧 揪心

jiù 救场 救国 救荒 救火 救急 救驾 救命 救市 救灾

就伴 就业 就医 就诊 就职 就座

jū 居心

鞠躬

jú 焗油

jǔ 举槌 举例

jù 具结 具名

聚餐 聚齐

juān 捐款 捐资

juǎn 卷款

juē 噘嘴

jué 决标 决口

绝版 绝后 绝迹 绝交 绝路 绝情 绝食 绝望 绝育 绝种

K

kǎ 咯血

kāi	开班　开笔　开标　开衩　开场　开车　开秤　开锄　开槌　开春　开刀　开道　开冻　开恩　开饭　开方①②　开房　开工　开光　开锅　开航　开河①②　开户　开花　开怀　开怀儿　开荒　开会　开荤　开火　开伙　开机　开价　开奖　开胶　开戒　开课　开口①②　开矿　开犁　开例　开镰　开脸　开锣　开门　开蒙　开幕　开盘　开炮　开瓢儿　开票　开气儿　开腔　开窍　开缺　开刃儿　开墒　开市　开膛　开题　开庭　开头　开线　开学　开言　开眼　开业　开园　开斋　开战　开绽　开张　开仗　开账
	揩油
kān	看家　看青　看摊
kǎn	砍价
kàn	看病　看穿　看见　看开　看破　看上　看透　看相　看中　看座
káng	扛活
kàng	抗旱　抗洪　抗捐　抗涝　抗税　抗灾
kǎo	考博　考级　考取　考试　考学　考研
	烤电　烤火
kào	靠边　靠谱儿　靠准
kē	磕头
ké	咯血
kě	可心　可意
kēng	吭气　吭声
kōng	空仓　空身　空手　空心
kòng	控股
kǒu	口轻　口小
kòu	叩头
	扣题
kū	哭灵　哭穷　哭丧
kuā	夸口　夸嘴
kuǎ	垮台
kuà	跨栏
kuān	宽限　宽心　宽衣
kuàng	旷工　旷课　旷职
kuī	亏本　亏秤　亏心

kuì　溃口

kùn　困觉

kuò　扩股

L

lā　拉丁　拉风　拉夫　拉钩　拉呱儿　拉黑　拉话儿　拉架　拉脚　拉锯
　　拉客　拉皮　拉票　拉平　拉纤　拉套　拉稀　拉线　拉秧　拉账

là　落空

lái　来潮　来电　来稿　来函　来火　来劲　来信

lài　赖婚　赖账

lán　拦路　拦网

lǎn　揽活儿

lāo　捞本　捞着

láo　劳驾　劳军　劳神

lào　唠嗑

　　烙花

　　落汗　落价　落架　落色　落枕

lěng　冷场

lèng　愣神儿

lí　离队　离格儿　离婚　离开　离谱儿　离任　离题　离辙　离职

lǐ　礼佛

　　理财　理茬儿　理发

lì　立案　立春　立冬　立法　立功　立户　立脚　立秋　立誓　立夏　立
项　立业　立约

　　立账　立志　立字

lián　连线

　　联网　联宗

liǎn　敛财　敛钱

　　脸红　脸热　脸软

liàn　练笔　练兵　练队　练功　练手　练摊

　　炼丹　炼焦　炼油

　　恋家

liàng　亮底　亮分　亮剑　亮相

liáo　聊天儿

liǎo　了事　了账

liào　撂荒　撂跤　撂手

liě　咧嘴

liè　列队　列席

　　　裂缝　裂口　裂璺

lín　临帖

lǐng　领班　领道　领路　领命　领情　领头　领先

liū　溜边　溜冰　溜号　溜桌

liú　留成　留级　留门　留情　留神　留心　留学　留言　留洋　留意
　　　留影
　　　流产

liù　遛马　遛鸟　遛弯儿
　　　蹓弯儿

lóng　笼火

lǒng　拢岸　拢音

lòu　漏电　漏风　漏光　漏税　漏题　漏网　漏嘴
　　　露白　露丑　露底　露风　露富　露脸　露面　露苗　露怯　露头
　　　露相　露馅儿

lù　录音　录影

luàn　乱套　乱营

lún　轮班　轮岗

lùn　论理　论罪

luò　落榜　落标　落膘　落槽　落潮　落槌　落地　落第　落发　落后
　　　落户　落脚　落空　落款　落马　落幕　落难　落水　落网　落伍
　　　落选　落音　落账　落座

M

mā　抹脸

mà　骂架　骂街　骂阵

mái　埋单　埋头

mǎi　买单　买官　买好　买账

mài　迈步

卖唱　卖呆　卖底　卖功　卖乖　卖官　卖国　卖好　卖劲　卖老
　　　　卖命　卖俏　卖身　卖艺　卖淫　卖嘴　卖座儿

mǎn　满仓　满额　满服　满师　满孝　满员　满月　满座

máng　忙活儿

māo　猫腰

mǎo　铆劲儿

mào　冒顶　冒富　冒功　冒火　冒尖　冒名　冒头　冒险

méi　没边儿　没词儿　没底　没法儿　没劲　没脸　没门儿　没命　没谱
　　　儿　没事　没完　没戏　没样儿　没影儿　没辙　没准儿

mēn　闷头儿

méng　蒙难　蒙冤

měng　猛劲儿

mī　眯盹儿

mí　迷路

miǎn　免单　免费　免税　免职　免罪

miáo　描图
　　　　瞄准

miè　灭顶　灭火　灭迹　灭口

míng　明誓
　　　　鸣笛

mìng　命大　命名　命题

mō　摸彩　摸底　摸黑儿　摸奖　摸门儿　摸哨　摸头　摸营

mó　磨牙　磨嘴

mǒ　抹黑　抹零

móu　牟利
　　　　谋事

mù　募股　募捐
　　　慕名

<h2 style="text-align:center">N</h2>

ná　拿大　拿顶　拿龙　拿乔　拿权　拿人　拿事　拿糖

nà　纳贡　纳粮　纳闷儿　纳聘　纳妾　纳税

nài　奈何

　　　　耐劳

náo　　挠秧

nào　　闹房　闹鬼　闹荒　闹架　闹气　闹事　闹天儿　闹灾　闹贼

nǐ　　拟稿

nì　　逆风　逆水

niān　　拈阄儿

niǎn　　碾场

niàn　　念经　念书　念咒

niào　　尿床　尿炕　尿血

niǔ　　扭头

nòng　　弄鬼

nǔ　　努力　努嘴

nuǎn　　暖房　暖心

nuó　　挪窝儿

O

ǒu　　呕血

òu　　沤肥

　　　　怄气　怄人

P

pā　　趴活儿　趴窝

pá　　扒灰

　　　　爬灰

pà　　怕事　怕羞

pāi　　拍板　拍手　拍戏　拍照　拍砖

pái　　排版　排毒　排队　排涝　排雷　排卵　排名　排位　排污　排戏

　　　　排险　排序　排字

pài　　派饭　派位

pān　　攀亲

pán　　盘底　盘货　盘库　盘腿　盘账

pàn　　判案　判分　判刑　判罪

　　　　叛国

pāo　抛荒　抛锚

páo　刨根儿

pǎo　跑步　跑车　跑电　跑调儿　跑肚　跑反　跑官　跑光　跑马　跑偏
　　　跑墒　跑题　跑腿

pào　泡汤　泡澡

péi　陪餐　陪床　陪酒　陪客
　　　赔本　赔话　赔款　赔礼　赔钱　赔情　赔笑　赔账　赔罪

pèi　配菜　配餐　配对　配方①②　配股　配货　配角　配料　配套　配
　　　戏　配药　配音　配乐　配种

pēn　喷粪　喷漆

pēng　烹茶

pěng　捧杯　捧场　捧哏　捧角

pèng　碰杯　碰壁　碰见　碰面　碰头

pī　批条　批准

pǐ　劈叉　劈账

pì　辟谣

piáo

piǎo

piàn　骗税

piē　撇开

piě　撇嘴

pīn　拼版　拼车　拼命　拼图

ping　平槽　平地　平账
　　　评分　评功　评级　评奖　评卷　评理

pò　破案　破财　破产　破戒　破局　破例　破谜儿　破土　破相

pū　扑空　扑灭
　　　铺床　铺轨　铺路

pǔ　谱曲

Q

qǐ　启碇　启封　起草　起场　起床　起底　起碇　起稿　起更　起哄　起
　　　火　起家　起圈　起课　起来　起灵　起锚　起名儿　起身　起誓　起
　　　头　起夜　起疑　起意　起赃

qì 弃权

qiǎ 卡壳

qiān 迁都

　　　牵手　牵头　牵线

　　　签单　签到　签名　签约　签字

qiàn 欠产　欠火　欠款　欠情　欠身　欠薪　欠债　欠账

qiāng 戗风

qiǎng 抢工　抢镜　抢亲　抢戏　抢先

qiàng 炝锅

qiáo 瞧见

qiào 翘课

qiē 切片

qiè 怯场　怯阵

　　　窃密

qīn 亲嘴

qīng 清仓　清场　清火　清栏　清盘　清热　清账

qǐng 请安　请功　请假　请客　请赏　请降　请愿　请战　请罪

qiú 求和　求婚　求签　求亲　求情　求饶　求人

qū 屈才

qǔ 取保　取经　取景　取巧

　　　娶亲

qù 去火　去任　去势　去暑　去职

quān 圈钱

quàn 劝驾　劝架　劝酒　劝降

quē 缺德　缺课　缺勤　缺席　缺阵　缺嘴

R

rǎn 染病

ràng 让步　让利　让零　让路　让位　让贤　让座

ráo 饶命

rǎo 扰民

rào 绕道　绕弯儿　绕远儿

rě 惹祸　惹气　惹事

rè　热场　热身

rěn　忍心

rèn　认错　认罚　认命　认亲　认输　认头　认账　认真　认罪
　　任便　任教　任课　任职

róng　容人　容身

rú　如意　如愿

rù　入保　入场　入伏　入股　入伙　入货　入籍　入境　入口　入殓
　　入门　入梅　入迷　入魔　入神　入土　入网　入围　入伍　入席
　　入戏　入学　入眼　入狱　入院　入账　入座

rùn

S

sā　撒村　撒刁　撒谎　撒欢儿　撒娇　撒赖　撒尿　撒泼　撒气　撒手
　　撒腿　撒野

sāi　塞车

sài　赛车　赛马

sǎn　散架

sàn　散步　散场　散工　散会　散伙　散闷　散席　散戏　散心

sàng　丧胆　丧命　丧气　丧身　丧生

sǎo　扫地　扫毒　扫黄　扫货　扫雷　扫盲　扫墓　扫尾　扫兴

shā　杀毒　杀价　杀菌　杀生
　　刹车
　　煞笔　煞车　煞尾

shǎ　傻眼

shà　煞气

shāi　筛糠

shài　晒图

shǎn　闪光　闪身

shàn　苫背

shāng　伤风　伤热　伤神　伤生　伤心

shǎng　赏光　赏脸

shàng　上班　上报　上膘　上操　上场　上朝　上床　上蔟　上当　上吊
　　　　上冻　上坟　上纲　上岗　上工　上供　上钩　上火　上架　上

　　　　　　浆　　上劲　　上课　　上来　　上脸　　上路　　上马　　上门①②　　上去　　上
　　　　　　人　　上任　　上色　　上山　　上身　　上市　　上手　　上书　　上税　　上台
　　　　　　上膛　　上天　　上头　　上网　　上线　　上鞋　　上心　　上刑　　上学　　上瘾
　　　　　　　　上账　　上阵　　上装　　上座儿

　　　　　　绱鞋

shāo　　捎脚

　　　　　　烧荒　　烧火　　烧钱　　烧香　　烧纸

shào　　捎色

shē　　赊账

折本　　折秤

shě　　舍脸　　舍命

shè　　设局　　设卡

　　　　　　射箭　　射精　　射门

shēn　　申冤

　　　　　　伸手　　伸腿　　伸腰　　伸冤

shěn　　审题

shēng　　升班　　升格　　升官　　升级　　升旗　　升天　　升位　　升学　　升职
　　　　　　生病　　生根　　生火　　生气　　生人　　生事　　生息　　生效　　生锈

shěng　　省事　　省心

shī　　失宠　　失盗　　失欢　　失火　　失脚　　失节　　失禁　　失利　　失恋
　　　　　　失密　　失眠　　失明　　失窃　　失群　　失身　　失声　　失时　　失事　　失势
　　　　　　失手　　失效　　失信　　失学　　失言　　失业　　失意　　失音　　失约　　失着
　　　　　　失贞　　失真　　失职　　失重　　失踪　　失足
　　　　　　施肥　　施工　　施礼　　施斋　　施诊

shí　　识货　　识破　　识字

　　　　　　蚀本

shǐ　　使绊儿　　使坏　　使假　　使劲

shì　　试表　　试车　　试岗　　试工　　试婚　　试机　　试镜　　试手　　试水
　　　　　　是个儿　　是味儿　　是样儿

shōu　　收报　　收兵　　收操　　收场　　收车　　收工　　收回　　收活儿　　收监　　收
　　　　　　口　　收镰　　收盘　　收篷　　收秋　　收尸　　收市　　收手　　收摊儿　　收尾
　　　　　　收效　　收心

shǒu　　手大　　手黑　　手紧　　手快　　手辣　　手慢　　手巧　　手勤　　手轻　　手软

手生　手松　手痒　手重

守法　守寡　守节　守灵　守门　守丧　守时　守岁　守孝
守信　守业　守职

shóu　受病　受潮　受罚　受粉　受过　受害　受寒　受贿　受奖　受戒
受惊　受精　受窘　受苦　受累(lěi)　受累(lèi)　受礼　受凉
受难　受骗　受聘　受气　受穷　受屈　受热　受辱　受伤　受赏
受审　受胎　受托　受降　受刑　受训　受孕　受灾　受制　受
罪

授粉　授奖　授课　授衔　授勋

瘦身

shū　梳头

输理　输血　输氧　输液

shú　赎身　赎罪

shǔ　署名

数伏　数九

shù　述职

shuā　刷卡　刷屏

shuǎ　耍横　耍猴儿　耍钱　耍人

shuāi　摔跤

shuǎi　甩货　甩客　甩手　甩站

shuì　睡觉

shùn　顺风　顺气　顺水　顺心　顺意

shuō　说服　说话　说谎　说理　说媒　说亲　说情　说书　说戏

sī　思乡

撕票

死机　死心

sōng　松绑　松劲　松口　松气　松手　松心　松嘴

sǒng　耸肩

sòng　送别　送殡　送礼　送命　送亲　送丧　送行　送信儿　送葬　送
终

sōu　搜身

sù　诉苦　诉冤

塑像

suàn 算卦 算命 算数 算账

suí 随便 随心 随意

suì 遂心 遂意 遂愿

sǔn 损人

suō 缩手 缩水

suǒ 索贿

T

tā 塌方 塌架 塌台 塌心 塌秧

tái 抬杠①② 抬高 抬价 抬手 抬头

tān 坍方 坍台

　　 贪财 贪赃

　　 摊场 摊牌

tán 谈话 谈天 谈心

tàn 叹气

　　 探班 探病 探底 探风 探家 探监 探矿 探路 探亲 探伤

　　 探头 探险

tōng 蹚道 蹚路

tǎng 躺枪

tàng 烫发 烫花 烫金 烫蜡 烫头

tāo 叨光

　　 掏底

táo 逃反 逃荒 逃婚 逃课 逃命 逃难 逃票 逃税 逃席 逃学

　　 逃债

　　 淘货 淘金 淘气

tǎo 讨饭 讨好 讨价 讨巧 讨俏 讨亲 讨情 讨饶 讨嫌 讨厌

　　 讨债 讨账

tào 套版 套车 套磁 套红 套牌 套色

téng 疼人

tí 提成 提词 提干 提高 提行 提货 提级 提价 提名 提亲 提

　　神 提速

　　 提味儿 提醒 提职

　　 题词 题款 题名 题签 题字

tì　剃头

　　替班　替工　替考　替手

tiān　天亮　天明

　　添彩　添丁　添乱　添色　添箱

tián　填仓　填词　填房　填空

tiāo　挑刺儿　挑脚　挑礼　挑眼

tiáo　调级　调价　调酒　调速　调味　调资

tiǎo　挑灯　挑事　挑头　挑战

tiào　跳班　跳槽　跳行　跳级　跳脚　跳伞　跳神　跳舞　跳闸

tiē　贴本　贴边　贴金　贴谱儿

tiě　铁心

tīng　听便　听房　听喝　听话　听会　听见　听讲　听课　听信儿

tíng　停摆　停车　停工　停火　停刊　停课　停牌　停食　停手　停学
　　停业　停战　停职

tǐng　挺身　挺尸

tōng　通便　通车　通敌　通电　通分　通风　通过　通话　通婚　通奸
　　通经①②　通名　通气　通窍　通商　通信

tóng　同班　同房　同路　同事　同学

tǒng　统稿

tōu　偷空　偷懒　偷巧　偷情　偷税　偷闲　偷嘴　偷营

tóu　头大
　　投案　投保　投标　投弹　投档　投毒　投稿　投工　投篮　投料
　　投票　投亲　投生　投师　投胎　投药　投医　投注　投资

tòu　透底　透风　透话　透亮儿　透气　透水

tū　突围

tú　秃顶　秃头

tǔ　吐槽　吐口　吐气　吐穗

tù　吐血

tuī　推倒　推动　推翻　推头

tuì　退兵　退步　退场　退潮　退磁　退岗　退婚　退火　退伙　退货
　　退票　退聘　退坡　退亲　退热　退色　退烧　退市　退税　退位
　　退伍　退席　退休　退学　退押　退役
　　退赃　退职

　　　　蜕皮

　　　　褪色

tūn　吞金

tùn　褪套儿

tuō　托福　　托梦　　托情

　　　　拖腔　　拖堂

　　　　脱靶　脱班　脱产　脱档　脱发　脱肛　脱岗　脱稿　脱钩　脱轨

　　　　脱货　脱胶　脱节　脱臼　脱困　脱粒　脱盲　脱毛　脱帽　脱坯

　　　　脱皮　脱贫　脱坡　脱期　脱色　脱涩　脱身　脱手　脱水　脱俗

　　　　脱胎　脱位　脱险　脱相　脱销　脱瘾　脱脂

tuó　驼背

W

wài　崴泥

wán　完成　　完蛋　　完稿　　完工　　完婚　　完粮　　完事　　完税

　　　　玩火　　玩儿命　　玩儿票

wǎn　晚点

wáng　亡国

wàng　忘本　　忘掉

　　　　望风

wéi　违法　　违规　　违纪　　违约　　违章

　　　　围城

wèi　喂食

wēn　温居

wén　文眉　　文身

　　　　纹身

wèn　问安　　问案　　问好　　问话

wō　窝工　　窝火　　窝气　　窝赃

wò　卧果儿

　　　　握拳　　握手

wǔ　捂盘

wù　务实　　务虚

　　　　误场　　误点　　误岗　　误工　　误期　　误事

悟道

X

xī　吸毒

熄灯　熄火

xǐ　洗车　洗底　洗脑　洗牌　洗盘　洗钱　洗三　洗肾　洗手　洗澡

xiā　瞎眼

xià　下班　下绊儿　下本　下笔　下操　下场　下船　下单　下蛋　下地

下定　下碇　下凡　下岗　下工　下海　下架　下脚　下界　下劲

下酒　下课　下来　下令　下马　下奶　下聘　下去　下神　下市

下手　下水　下台　下套　下网①②　下线　下乡　下学　下药

下野　下狱　下葬　下账　下种　下装　下子

吓人

xiǎn　显灵　显能　显圣　显形　显影

xiàn　现形　现眼

献宝　献策　献丑　献花　献计　献礼　献旗　献身

xiāng　相亲　相中

镶牙

xiáng　降伏

xiǎng　享福

想法　想开

xiàng　向火

相面

像话　像样

xiāo　消磁　消毒　消气　消声　消食　消暑　消炎　消音　消灾　消肿

销案　销差　销号　销户　销假　销密　销赃　销账

xiào　效劳　效力

xiē　歇班　歇笔　歇菜　歇顶　歇乏　歇伏　歇工　歇肩　歇脚　歇凉

歇气　歇晌

歇手　歇腿　歇窝　歇夏　歇心　歇业　歇阴　歇枝

xiè　泄底　泄愤　泄恨　泄劲　泄密　泄气　泄题

泻肚

卸车　卸货　卸任　卸载　卸职　卸妆　卸装

	谢顶　谢恩　谢幕　谢罪
	懈气
xīn	心服　心浮　心寒　心黑　心慌　心急　心宽　心软　心盛　心酸
	心跳　心细　心虚　心硬　心窄　心重　心醉
xíng	行房　行好　行贿　行军　行礼　行令　行窃　行善　行刑　行凶
	行医
xǐng	醒盹儿　醒酒
xìng	性急
xiū	休会　休假　休学　休业　休战
	修道　修好　修脚　修面　修仙
	羞人
xiù	绣花
xǔ	许愿
xù	叙旧
	续假　续聘　续弦　续约
	絮窝
xuān	宣誓　宣战
xuán	悬赏　悬腕　悬心
xuǎn	选材　选题　选项　选样　选址　选种
xué	学好　学坏　学舌
xún	寻死
xùn	训话
	逊位
	殉国　殉节　殉难　殉情　殉职

Y

yā	压宝　压场　压车　压船　压倒　压低　压锭　压队　压服　压港
	压货　压价　压惊　压客　压库　压气　压台　压韵　压阵
	押宝　押车　押当　押队　押款　押题　押韵　押账
yǎ	哑场　哑火
yà	轧场
yán	延期
	言声儿

　　　　沿边儿

yǎn　眼毒　眼花　眼尖

　　　演戏

yàn　咽气

　　　验车　验秤　验关　验光　验尿　验尸　验血

yáng　扬场　扬名　扬帆

yǎng　养兵　养病　养地　养家　养老　养路　养伤　养神

yàng　漾奶

yáo　摇动　摇号　摇奖　摇手　摇头

yǎo　咬牙

yào　要饭　要谎　要价　要命

yí　移民　移位

　　遗精　遗尿

yì　议价

yǐn　引火　引例　引路

　　　饮茶

yìn　印花

　　　饮场

yīng　应名儿　应声

yíng　迎风　迎面　迎亲　迎头

yìng　应标　应急　应景　应卯　应门　应拍　应诉　应战

yòng　用兵　用餐　用典　用饭　用功　用劲　用力　用人　用膳　用心
　　　用刑　用印

yóu　游街　游水　游乡　游泳

yǒu　有底　有劲　有救　有门儿　有名　有盼儿　有谱儿　有数　有喜
　　　有戏

yū　淤血

　　瘀血

yú　逾期

yù　育苗　育秧　育种

　　遇害　遇见　遇救　遇难　遇险

yuán　圆场　圆房　圆谎　圆梦

　　　援例

yuē 约分 约稿

yuè 阅兵 阅卷

　　　越轨 越过 越级 越境 越权 越狱

yūn 晕菜

yún 匀脸

yùn 运气

yùn 晕场 晕车 晕池 晕船 晕高儿 晕机 晕堂 晕血 晕针

Z

zā 咂舌 咂嘴

zá 砸锅 砸钱

zāi 栽赃

zǎi 宰客 宰人

zài 在心 在意

zāo 遭劫 遭难 遭殃 遭罪

zào 造反 造句 造林 造孽 造神 造谣

zēng 增仓 增产 增光

zhā 扎堆 扎根 扎花 扎营 扎针

zhá 轧钢

zhǎ 眨眼

zhà 诈尸

　　　炸群 炸市 炸窝

zhāi 摘挡 摘牌 摘由

zhái 择菜

zhān 占卦 占课 占梦 占星

　　　沾边 沾光 沾亲 沾手

zhǎn 展开

zhàn 占先 占线

　　　站队 站岗 站台 站住

　　　蘸火

zhāng 张榜 张口 张嘴

zhǎng 长膘 长脸

　　　涨潮 涨价

HSK 汉语离合词词表

HSK 一级

说话　看见　睡觉　（3个）

HSK 二级

说话　看见　睡觉　跑步　起床　跳舞　上班　生病　游泳
（9个,新增6个）

HSK 三级

帮忙　担心　发烧　放心　关心　害怕　见面　结婚　看见　考试　离开
努力　跑步　起床　上班　上网　生病　生气　睡觉　说话　提高　跳舞
同事　同学　完成　洗澡　游泳　有名　遇到　着急
（30个,新增21个）

HSK 四级

帮忙　报名　毕业　超过　吃惊　出差　打印　打折　打针　担心　到底
道歉　得意　堵车　发烧　放心　干杯　鼓掌　关心　过去　害怕　害羞
加班　减肥　见面　结婚　看见　考试　离开　理发　聊天　留学　努力
跑步　起床　起来　请假　请客　散步　伤心　上班　上网　生病　生气
睡觉　说话　提高　提醒　跳舞　通过　同事　同学　完成　握手　洗澡
游泳　有名　遇到　着急
（59个,新增29个）

HSK 五级

帮忙　保险　报名　毕业　操心　超过　吵架　吃惊　吃亏　出差　出口
出席　辞职　达到　打工　打印　打折　打针　贷款　担心　倒霉　到底
道歉　得意　登记　点头　堵车　发愁　发烧　发言　罚款　放心　废话

付款　干杯　干活儿　告别　革命　鼓掌　挂号　拐弯　关心　过分
过期　过去　害怕　害羞　合影　滑冰　灰心　及格　加班　减肥　见面
结婚　结账　进口　尽力　看见　考试　劳驾　离婚　离开　理发　聊天
留学　录音　落后　冒险　迷路　免费　努力　排队　跑步　碰见　批准
破产　起床　起来　签字　请假　请客　认真　入口　散步　伤心　上班
上当　上网　生病　生气　失眠　失业　使劲儿　受伤　睡觉　说服
说话　随便　讨厌　提高　提醒　挑战　跳舞　通过　同事　同学　投资
突出　退步　退休　完成　握手　洗澡　移动　应聘　游泳　有名　遇到
展开　占线　着急　着凉　注册　抓紧　(125 个, 新增 66 个)

HSK 六级

把关　罢工　拜年　帮忙　绑架　保密　保险　抱怨　报仇　报到　报名
曝光　毕业　变质　表态　播种　裁员　操心　超过　吵架　吃惊　吃苦
吃亏　抽空　出差　出口　出神　出席　喘气　吹牛　辞职　达到　打包
打工　打架　打猎　打印　打仗　打折　打针　贷款　担心　当面　倒霉
捣乱　到底　道歉　得力　得意　登记　登陆　点头　丢人　动身　动手
堵车　对话　发财　发愁　发呆　发火　发烧　发誓　发言　发炎　罚款
放手　放心　废话　分手　付款　干杯　干活儿　告别　告辞　革命
鼓掌　挂号　拐弯　关心　过分　过期　过去　过瘾　害怕　害羞　合身
合影　狠心　滑冰　化妆　怀孕　还原　灰心　及格　加班　加工　兼职
剪彩　减肥　见面　将军　结婚　结账　进口　尽力　经商　敬礼　就业
鞠躬　绝望　看见　考试　靠拢　旷课　劳驾　离婚　离开　理发　聊天
领先　留神　留学　录音　落后　冒险　没辙　迷路　免费　命名
纳闷儿　努力　排队　跑步　配套　碰见　批准　拼命　破产　破例
起草　起床　起哄　起来　签字　潜水　请假　请客　缺席　让步　惹祸
认真　任命　入口　撒谎　散步　刹车　伤心　上班　上当　上任　上网
上瘾　生病　生气　生效　生锈　失眠　失业　失踪　使劲儿　受伤
受罪　睡觉　说服　说话　算数　随便　随意　叹气　淘气　讨厌　提高
提醒　挑战　跳舞　通过　同事　同学　投票　投资　突出　突破　推翻
退步　退休　完成　握手　务实　洗澡　消毒　泄气　宣誓　延期　要命
移动　移民　迎面　应聘　用功　游泳　有名　遇到　运气　在意　遭殃
沾光　展开　占线　着急　着凉　着迷　照样　争气　值班　致辞　注册
注意　抓紧　做东　做主　作弊　作废(233 个, 新增 108 个)